REINHOLD MESSNER

L'ASSASSINIO DELL'IMPOSSIBILE

Grandi scalatori di tutto il mondo discutono sui confini dell'alpinismo

A cura di **LUCA CALVI** e **SANDRO FILIPPINI**

Rizzoli

L'ASSASSINIO DELL'IMPOSSIBILE 1968-2018

Nel 1968, cinquant'anni fa, ha luogo un cambiamento epocale nei valori che guidano l'alpinismo su roccia: Reinhold Messner riesce nella sua prima ascensione più difficile, quella al Pilastro di Mezzo sul Sass dla Crusc in Dolomiti, il tutto mentre Royal Robbins lancia dalla Yosemite Valley l'appello per il *clean climbing*.
Dieci anni prima, nel 1958, la *Direttissima* sulla Nord della Cima Grande di Lavaredo e il *Nose* a El Capitan erano stati celebrati come il "non plus ultra" e l'arrampicata artificiale era diventata di moda: «Per noi i chiodi sono a pieno diritto ottimi sostituti di appigli e appoggi.» (Dietrich Hasse).
Nell'anno della rivoluzione studentesca, Reinhold Messner con il suo articolo *L'assassinio dell'impossibile* lancia l'appello per la rinuncia agli aiuti tecnologici nelle scalate. A seguirlo saranno gli esordienti, non gli appagati pronti a lasciare. Ha così inizio il movimento dell'arrampicata libera al quale, dopo l'apertura verso l'alto della scala delle difficoltà, farà seguito una grande crescita.
In questo libro si esprimono sullo sviluppo e sullo stato attuale dell'arrampicata tradizionale e di quella libera i migliori scalatori del mondo, che discutono sulle tesi di Royal Robbins e sull'articolo di Messner, continuando così a raccontare l'arte di scalare le montagne e le pareti rocciose più difficili.

Art Direction e impaginazione: Richard Ferrari - Studio Bi Quattro, Trento
Traduzioni: Luca Calvi, Sandro Filippini
Coordinamento tecnico: Alessandro Mattedi - Studio Bi Quattro, Trento

Libri Illustrati Rizzoli

Prima edizione: ottobre 2018
www.electa.it

In copertina:
Reinhold Messner, di Roberto Carnevali
Nicola Tondini sul 13° tiro di *Colonne d'Ercole*, parete Nord-Ovest del Civetta, archivio Baù - Beber - Tondini

SOMMARIO

PARTE SECONDA

E DOPO CINQUANT'ANNI...

LA PAROLA AL FUTURO 80

PARTE TERZA

CONCLUSIONE

L'idea di questo libro, come spesso accade, si è presentata ai curatori quasi per caso: in occasione di un appuntamento in centro a Milano in cui, mentre facevano il punto su possibili future collaborazioni per il Trento Film Festival, sono emersi i ricordi di fatti e aneddoti personali relativi al Sessantotto e alla contestazione giovanile. Vista la comune passione per l'alpinismo, il collegamento con il cinquantenario del famoso articolo di Reinhold Messner su *L'assassinio dell'impossibile* è stato automatico. E, in un divertito gioco al rilancio, dall'idea di una serata al Festival dello stesso Messner che collegasse il suo '68 a quello di un'intera generazione, si è arrivati a immaginare di chiedere ai migliori scalatori cosa rimanga dell'*impossibile*. Un progetto immediatamente sposato da Reinhold Messner e dalla Rizzoli.
Reinhold stesso ha poi deciso di partecipare in prima persona e di far diventare suo il libro aggiungendovi molto di più di quel suo articolo di 50 anni fa, rivisto e commentato. Ha infatti messo mano ad altri scritti con i quali aveva portato avanti la discussione con l'UIAA per perorare l'apertura verso l'alto della scala delle difficoltà. A cominciare da quello sul settimo grado, poi divenuto la base del famoso - e ormai introvabile - libro, dal quale Messner ha ora ripreso e riscritto gran parte dei capitoli che trovate qui e che permettono di ricostruire l'evoluzione del suo pensiero attraverso il suo stesso agire di giovane alpinista innamorato del mondo verticale. Sono lavori attualizzati nel tempo, fino a inserire anche la questione dell'ossigeno sugli Ottomila nell'ampia problematica dell'etica, o, per meglio dire, di un alpinismo non dei numeri. Il problema come si vedrà è sempre lo stesso: fare chiarezza sul comportamento. Rifuggire i trucchi, che non sono solamente quelli offerti dall'evoluzione tecnologica. Come suggerisce ironicamente l'episodio finale dell'albero della cuccagna, in cui è proprio un Messner universitario a utilizzare la "progressione artificiale"...
Il progetto si è poi impreziosito grazie all'entusiasmo e alla partecipazione di molti dei più grandi alpinisti e arrampicatori, che hanno contribuito con riflessioni di grande interesse, partendo dai più vari spunti e punti di vista.

Un totale di 42 contributi provenienti da ogni area del mondo in cui si pratica alpinismo e ogni genere di arrampicata ai massimi livelli e alla ricerca di sempre nuovi *impossibili* che consentano a tutti i conquistatori dell'inutile di trovare la propria avventura e di riconoscere i propri limiti per il gusto di poterli infrangere o ricreare, a piacimento.

Per correttezza d'informazione segnaliamo che tanto i brani riveduti e corretti di Reinhold Messner che i contributi dei partecipanti sono stati tradotti in italiano, dalle rispettive lingue madri dei singoli Autori, da Luca Calvi, fatta eccezione per gli articoli di P. Mazeaud e di B. Petrov che sono stati tradotti in italiano dal francese e dal bulgaro da Sandro Filippini.

Ci piace segnalare, oltre alle 42 firme poste in calce ad altrettanti contributi, anche gli altri grandissimi che, troppo presi da attività alpinistica, letteraria o lavorativa, non sono riusciti a inviare le proprie riflessioni, ma che non hanno voluto far mancare i saluti e i migliori auguri per questo progetto: Joe Brown, Catherine Destivelle, Silvo Karo, Woytek Kurtyka, Steve House, Denis Urubko, Alex Txikon, Angela Eiter, Aleksej Lončinskij, Colin Haley e Lynn Hill.

Un saluto particolare va a Boyan Petrov che, dopo aver consegnato il contributo, è partito per continuare la sua personale ricerca e si è fuso con il mondo a lui caro dei ghiacci perenni e dell'aria sottile sullo Shisha Pangma.

Prima di dare alle stampe la presente opera, i curatori vogliono ringraziare innanzitutto l'amico Reinhold Messner per aver creduto e dato un così ampio respiro al progetto, le case editrici Rizzoli/Mondadori Electa e BQE Bi Quattro Editrice, assieme a Loris Lombardini e ai suoi collaboratori dello Studio Bi Quattro, che hanno reso possibile la realizzazione di ciò che un anno fa sembrava poco più di un piacevole sogno. E inoltre gli amici Roberto Carnevali, che ci ha concesso per la copertina il magnifico ritratto di Messner, ed Eugenio Cipriani, per i preziosi consigli.

Luca Calvi e Sandro Filippini
Milano, ottobre 2018

“La solitudine può portare a forme straordinarie di libertà”.

Fabrizio De André

POSSIBILE O IMPOSSIBILE

L'alpinismo tradizionale si è sviluppato fin dai suoi albori, nel 1786 con la prima salita del Monte Bianco, sulla base del *possibile o impossibile*. Ogni nuova generazione ha cercato di rendere possibile quel che i diretti predecessori avevano definito come impossibile. Per oltre un secolo ciò è avvenuto esclusivamente grazie alle conoscenze dell'uomo, affinate nel continuo sviluppo delle sue capacità. Non esisteva proprio la preoccupazione che l'impossibile potesse scomparire diventando fattibile. Arrivarono poi il postulato di Albert Frederick Mummery "*by fair means* – con mezzi leali" e il principio di Paul Preuss per cui "le capacità determinano la possibilità", il tutto ovviamente senza prendere in considerazione aiuti o aiutini. Dopo la sua prima fase, quella della conquista, l'alpinismo tradizionale ha così potuto mutare aspetto, passando con continuità dall'alpinismo delle difficoltà a quello di rinuncia. Anche l'alpinismo eroico, che venne praticato soprattutto in Italia e Germania tra le due guerre mondiali, era guidato dall'idea di far aumentare le capacità dell'uomo più che l'utilizzo degli ausili tecnologici. Rimangono semplici eccezioni l'uso di aerei, da parte di Paul Bauer sul Nanga Parbat nel 1938, oppure l'apertura di vie di arrampicata dall'alto, tipo quella di Wastl Weiss sulla parete Ovest della Maukspitze realizzata tra il 1941 ed il 1942.

Dagli anni Cinquanta del secolo scorso i progressi nel campo della chimica, della meccanica e della tecnologia in generale hanno reso possibile anche l'eliminazione dell'*impossibile* dalle sfide alpinistiche. Sulle pareti rocciose, quando non si riusciva più ad andare avanti si passava all'utilizzo dei trapani. In occasione delle prime ascensioni dell'Annapurna nel 1950 e del Nanga Parbat nel 1953 si fece uso di anfetamine. Sull'Everest nel 1953 e sul K2 nel 1954 fu l'uso dell'ossigeno artificiale a consentire il successo. Sul Dhaulagiri ci fu un fallimento nonostante l'utilizzo della dinamite. La *via del Compressore* sul Cerro Torre, nel 1970, non fu altro che il passo successivo, conseguente allo sviluppo di una società che credeva nel "progresso grazie alla tecnologia". A testimonianza del fatto che noi alpinisti siamo pur sempre figli del nostro tempo.

Nel 1968 ero un alpinista appassionato che andava forte nell'arrampicata su roccia. Dopo aver scalato alcune delle *direttissime* allora di moda e che erano state aperte per la maggior parte solo grazie a chiodi normali e chiodi a espansione, mi dedicai esclusivamente a un'arrampicata nella quale utilizzavo i chiodi normali solo per le soste e, nelle protezioni intermedie, solo per assicurarmi, rinunciando invece del tutto ai chiodi a espansione.

Fu in quel periodo che comparve il mio saggio *L'assassinio dell'impossibile*. In un accesso di disperazione riuscii a venir fuori dalla "placca" sul Pilastro di Mezzo del Sass dla Crusc, nelle Dolomiti, e questa salita fu seguita da una grande serie di altre prime ascensioni. Osai perfino salire in solitaria una mezza dozzina di quelle che all'epoca erano le vie più grandiose delle Dolomiti, pur autoassicurandomi nei punti chiave.

Ero ben distante dall'idea di usare *L'assassinio dell'impossibile* come critica all'utilizzo delle maschere a ossigeno per le scalate in alta quota, oppure dall'includere il doping nella discussione sull'alpinismo pulito. Nel 1968 l'uso di droghe era certamente presente tra gli hippies, con i quali condividevamo, è vero, il nostro rifiuto dell'*establishment*, ma certamente non il loro atteggiamento di chiusura e riluttanza. Noi volevamo essere della partita, non starcene fuori! Nella mia immaginazione l'alpinismo tradizionale non testimoniava la mia esistenza dal punto di vista sportivo, bensì da quello culturale.

Gli Ottomila e la domanda "con o senza maschera" arrivarono solo più tardi, così come il rifiuto di qualsiasi droga in montagna. Ciò che mi premeva e mi preme è la questione relativa alla forma dell'incontro tra uomo e natura, anzi,

I due fratelli Messner
in cammino per il Sass dla Crusc.

per dirla meglio, è la tensione esistente nel rapporto tra natura umana e natura montana. Io, però, volevo andare incontro alle mie sfide alpinistiche come persona, non come un androide e volevo arrivare soltanto là dove le mie conoscenze, la mia esperienza, la mia capacità di soffrire e la mia resistenza me lo consentivano. Solo più tardi arrivai a formulare il mio teorema, una sorta di ABC dell'alpinismo tradizionale. Peraltro, non una regola valida per chiunque, bensì rivolta a me stesso!

No **A**rtificial oxygen - niente ossigeno artificiale.

No **B**olts - nessuno spit.

No **C**ommunications; - nessun mezzo di comunicazione, altrimenti va perso il senso dell'isolamento.

No **D**rugs; - nessuna droga: il *Natural High*, l'euforia naturale, è più forte. Anche se quella dalle montagne è una non-dipendenza.

Il mio tipo di rinuncia non voleva essere un divieto indirizzato ad altri, era invece teso a esprimere il mio rispetto di fronte alla montagna, e anche il sapersi limitare con l'avanzamento dell'età, quando ciò che è ancora possibile lascia sempre meno spazio d'azione al nostro esplicitarci.

L'alpinismo tradizionale non è misurabile né in metri di sviluppo o di altitudine, né in secondi, ore o giorni: si nutre del continuo spostamento del limite tra possibile e impossibile. È questo il motivo per cui l'impossibile non può essere ignorato, aggirato oppure banalizzato con l'utilizzo di ausili moderni. L'impossibile è come il nulla o l'infinito, va solo portato a compimento.

A 50 anni di distanza dal mio articolo sull'*Assassinio dell'impossibile*, ho scelto di ripresentare qui i passi attraverso i quali arrivai a sostenere quella tesi e anche, rivisitandoli e raccordandoli, parte degli scritti con i quali, subito dopo, affrontai la discussione sull'apertura verso l'alto della scala delle difficoltà. Allora ostinatamente la si voleva bloccata al sesto grado. Sono testi che illustrano lo sviluppo del mio pensiero attraverso la mia attività di rocciatore e, grazie a essa, attraverso la conoscenza diretta delle vie che avevano fatto la storia dello sviluppo dell'arrampicata come avventura, cioè di quella estrema. In maggioranza questi scritti facevano parte del libro *Settimo grado*, del 1974, che, dopo una seconda versione uscita nel 1982, non è più stato ripubblicato.

Possibile o impossibile e scala delle difficoltà: il nocciolo della questione, come si può vedere, era ed è lo stesso.

L'assassinio dell'impossibile

di Reinhold Messner

Che cosa ho, personalmente, contro le «direttissime?». Ma proprio nulla; anzi. La «via della goccia cadente» è una cosa quanto mai logica, e del resto è sempre esistita; purché, però, la montagna la ammetta. Ma a volte la fessura continua più a sinistra o più a destra; e allora è dato di vedere gli scalatori — quelli della prima ascensione, intendo — procedere diritti come se nulla fosse: piantando, ovviamente, chiodi ad espansione. Ma perché passare proprio di là, ed in quel modo? «Per la libertà», dichiarano; e non s'accorgono di essere schiavi del filo a piombo.

Si ha orrore delle deviazioni. «Davanti alle difficoltà, la logica non comanda di aggirarle, ma di vincerle» — dichiara Paul Claudel. È quel che dicono pure i protagonisti delle direttissime, i quali sanno già in partenza che l'armamentario di cui sono forniti consentirà loro di superare qualunque ostacolo. Essi parlano dunque di problemi che non esistono più. Potrebbe la montagna arrestarli con difficoltà inattese? Sorridono: quei tempi sono passati da un pezzo! (Il che, purtroppo, risponde a verità.) L'impossibile in montagna è stato eliminato, ucciso dalle direttissime.

Le direttissime non sarebbero di per sé un gran male, se lo spirito che le informa non si fosse propagato a tutto l'arrampicamento. Ecco qui uno scalatore in parete. Mette i piedi nelle staffe; tutt'intorno, nient'altro che roccia gialla strapiombante. Sta facendo un foro sopra l'ultimo chiodo; è già stanco, ma non rinuncia: ha ancora cinque giorni di ferie! Chiodo su chiodo, egli avanza caparbio: vuole imporre alla parete la *sua* via, e null'altro.

Il chiodo ad espansione è divenuto una cosa ovvia: lo si tiene sempre a portata di mano, per l'eventualità che non si riesca a passare con i mezzi ordinari. L'arrampicatore di oggi non vuole precludersi la via della ritirata, e si porta appresso il coraggio nel sacco, in forma di ferramenta. Le pareti non vengono più vinte in arrampicata, bensì umiliate con un lavoro manuale e metodico, una lunghezza

di corda dopo l'altra, e quel che non si fa oggi si farà domani. Le vie di arrampicata libera sono pericolose, perciò ci si cautela piantando chiodi. La volontà non fa più assegnamento sulla capacità, ma sugli attrezzi e sul lungo tempo disponibile. Non è più il coraggio, bensì la tecnica il fattore decisivo; l'ascensione può durare giorni e giorni, i chiodi si contano a centinaia. Il ripiegare diventa disonorevole, poiché ormai tutti sanno che con i chiodi ad espansione e con la costanza si viene a capo di tutto, anche della più repulsiva «direttissima».

Un tempo, la storia dell'alpinismo si scriveva sulle muraglie di roccia con la penna simbolica dell'ardimento; oggi, si scrive con i chiodi. Mutano i tempi, e con essi le concezioni e i valori. L'assicurazione strumentale ha preso il posto della sicurezza interiore, la bravura di una cordata si valuta in base al numero dei bivacchi, mentre il coraggio di chi arrampica ancora in «libera» viene squalificato come manifestazione di incoscienza.

Chi ha intorbidato la pura fonte dell'alpinismo?

Forse, i primi volevano soltanto avvicinarsi ancora di più al limite del possibile: oggi, invece, ogni limite è svanito, cancellato. In principio non sembrava una cosa grave, ma sono bastati dieci anni per eliminare dal vocabolario alpinistico la parola «impossibile».

Progresso? Oggi, a dieci anni dagli inizi, molti non fanno più nemmeno caso a dove piantano i chiodi ad espansione, se su vie nuove o su quelle classiche. Si fora sempre di più e si arrampica sempre di meno.

L'impossibile è sgominato, il drago è morto avvelenato e l'eroe Sigfrido è disoccupato. Ognuno si lavora la parete piegandola con il ferro alle proprie possibilità.

Taluni l'avevano previsto da tempo, ma continuarono tuttavia a forare, sulle direttissime ed altrove, finché perdettero il gusto dell'arrampicare: perché osare, perché rischiare, quando si può procedere in perfetta sicurezza? Divennero allora i profeti della direttissima: «Non perdete tempo sulle vie classiche, imparate a forare, imparate a servirvi di staffe e cordini. Fatevi furbi, raggirate la montagna con qualunque mezzo se volete avere successo. L'era delle direttissime è appena iniziata, ogni cima attende la sua via del filo a piombo: non c'è fretta, tanto la montagna non può fuggire né difendersi».

«Hai già fatto la direttissima? E la superdirettissima? No?». Questo è il criterio con cui si misura oggi il valore alpinistico. E allora il giovane va, si arrabatta lungo la scala di chiodi e poi chiede al prossimo venuto: «Hai già fatto la direttissima?».

Chi non sta al gioco viene deriso se osa pronunciarsi contro l'opinione corrente. La generazione del filo a piombo si è ormai affermata, e senza tanti riguardi ha ucciso l'impossibile. Chi non vi si oppone si rende complice dell'assassinio, e quando poi gli alpinisti apriranno gli occhi e si accorgeranno di quel che è venuto loro a mancare, sarà troppo tardi: l'impossibile, e con esso l'ardimento, sarà sepolto, marcito e dimenticato per sempre.

Non tutto è ancora perduto, ma «essi» torneranno all'assalto; e se non saranno i medesimi, saranno altri come loro. Faranno un gran chiasso già molto tempo prima di attaccare, ed ogni ammonimento sarà di nuovo inutile. Avranno l'ambizione, avranno una lunga vacanza, ed ecco che qualche nuovo «ultimo problema» sarà di nuovo risolto... Lasceranno al rifugio, come storico documento, altre fotografie con una fila di puntini in linea retta, dalla base alla cima; e in parete, qualche centinaio di chiodi. Stampa e radio ci informeranno ancora che l'impossibile è stato superato...

Se qualcuno è già indotto a pensare ad una possibile regolamentazione, vuol dire che la situazione è seria; ma noi giovani non vogliamo alcun codice alpinistico: «Noi vogliamo trovare lassù i giorni ardui, nei quali non si conosca al mattino la ricompensa della sera». Fino a quando ci sarà ancora data questa possibilità?

Io mi preoccupo per il drago ucciso: dobbiamo fare qualcosa prima che l'impossibile venga del tutto sotterrato. Noi ci siamo cacciati a furia di chiodi sulle pareti più selvagge: la prossima generazione dovrà sapersi liberare da tutta questa zavorra. Noi abbiamo imparato a salire lungo la via del filo a piombo, quelli che verranno dopo dovranno tendere nuovamente alle cime per *altre* vie. La cambiale sta per scadere, dobbiamo ritrovare il *limite del possibile*: dovrà pur esserci questo limite, se vorremo avvicinarci ad esso con la virtù dell'ardimento! E mai più dovremo abbatterlo, neanche se ci sarà impossibile raggiungerlo! Dove ci potremmo rifugiare, altrimenti, per sfuggire all'oppressione del grigiore quotidiano? Sull'Himalaya? Sulle Ande? Sì, anche là se ci sarà possibile: ma per la maggioranza non ci saranno che le vecchie Alpi.

Salviamo dunque il drago; e, in avvenire, proseguiamo sulla via indicataci dagli uomini del passato: io sono convinto che sia ancora quella giusta!

Calza gli scarponi e parti. Se hai un compagno, porta con te la corda ed un paio di chiodi per i punti di sosta, ma nulla di più. Io sono già in cammino, preparato a tutto: anche a tornare indietro, nel caso ch'io m'incontri con l'impossibile. Non ucciderò il drago; ma se qualcuno vorrà venire con me, proseguiremo assieme verso la vetta, sulle vie che ci sarà dato di percorrere senza macchiarci d'assassinio.

Reinhold Messner
(Portatore del C.A.I.)

(Traduzione di Willy Dondio)

Concorrente al Premio «Primi Monti» 1968.

1
LA LINEA IDEALE DI VINATZER

La parete Nord della Furchetta si erge proprio al di sopra della Gschmagenhard-Alm, alpeggio dove trascorsi le estati della mia infanzia assieme ai miei fratelli. Conoscevo bene la storia delle salite di quella parete, tentata dapprima da Angelo Dibona e poi da Hans Dülfer con Luis Trenker. Nel 1925 Emil Solleder e Fritz Wiessner riuscirono a salire la parete, alta 800 metri, lungo una successione di fessure a destra della linea diretta che porta alla vetta. In seguito, fu Hias Auckenthaler a trovare una linea sulla sinistra, mentre nel 1932 Gian Batista Vinatzer e Johann Rifesser riuscirono a salire in linea diretta e in pura arrampicata libera quella favolosa parete. La via ideale: quale migliore esempio per una *direttissima*?

Ho avuto parecchie occasioni di parlare con Vinatzer, che faceva parte dei migliori scalatori su roccia della sua epoca, assieme a Hias Rebitsch dal Tirolo Settentrionale e a Raffaele Carlesso dalle Dolomiti meridionali. Ho discusso con lui del suo modo di approcciarsi alla montagna, dell'attrezzatura dei suoi tempi e delle sue possibilità. Così sono diventato un suo grande ammiratore: per le sue capacità e per quella sua arte di saper leggere la roccia.

Sono andato a ripetere le sue vie con enorme rispetto e a tutt'oggi per me la linea ideale rimane la *Vinatzer* alla Nord della Furchetta.

Malauguratamente, allora non ho mai trascritto le sue risposte alle mie domande, ma per fortuna altri ci hanno pensato al posto mio (vedi di seguito l'intervista rilasciata nel 1984 a Egon Stuflesser e Adam Holzknecht, *n.d.r.*).

G.B. Vinatzer (*a sinistra*) e Raffaele Carlesso (*a destra*),
cordata straordinaria sulla *Comici* della Cima Grande di Lavaredo in arrampicata libera. 1934!

Intervista a
Batista Vinatzer De Val

di Adam Holzknecht e Egon Stuflesser

Sei uno che ha fatto grandi salite. Com'è nato il tutto?

Negli anni Trenta sono arrivati italiani e austriaci a scalare sulle nostre montagne e noi, molto semplicemente, non volevamo essere da meno.

Qual è la tua via più importante?

La Furchetta. L'ho fatta assieme a Guani da Stufan – Florian Rifesser-, quando io avevo vent'anni e lui ventuno. Avevamo sentito dire da Solleder che aveva provato quella via nel 1925 e volevamo salirla noi, anche se non avevamo praticamente

Giovan Battista Vinatzer e Vinzenz Peristi.

nessuna informazione. Non sapevamo nemmeno che per arrivare all'attacco saremmo potuti salire attraverso la Forcella di Mesdì, così siamo passati per la Forcella della Porta. Siamo partiti alle tre del mattino dell'otto agosto del 1932 da Stufan e della parete settentrionale della Furchetta non sapevamo assolutamente nulla. Alle otto eravamo all'attacco e da lì siamo saliti senza far uso della corda fino al pulpito Dülfer. Lì abbiamo visto che la roccia della parete era piuttosto friabile e siamo arrivati al chiodo dove nel 1914 Dülfer ha deciso di rinunciare. Mi sono fatto un tiro da quaranta metri, mentre quello successivo l'ha tirato Guani. Dopo cinque lunghezze di corda le difficoltà andavano scemando. Con noi avevamo un solo martello, cinque o sei chiodi e quell'unica corda. I chiodi, peraltro, tenevano piuttosto male.

Chi vi ha dato i chiodi?

Li abbiamo trovati, qualcuno l'abbiamo estratto da qualche parete. Solo in seguito i primi chiodi ci sono stati dati dal fabbro Dekassian. Questi, però, voleva produrne solo pochi, così me lo sono portato a scalare e sono riuscito ad averne qualcuno.

I tuoi genitori cosa dicevano?

Mio padre era morto in guerra e mia madre non sapeva nulla delle nostre salite.

Cosa dicevano invece gli alpinisti anziani?

Che eravamo fuori di testa e che sbagliavamo tutto.

Ci racconti delle tue vie?

Nel 1932 ho fatto la Furchetta, poi la Piralongia, nel 1933 la fessura alla parete Nord dello Stevia, quindi nel 1936 la Direttissima alla Marmolada di Rocca, nel 1945 la parete Nord del Rodelheilspitze, il Sass dla Luesa.

Vi studiavate prima le vie?

No, prendevamo e partivamo. Non stavamo dietro alle donne, no, a noi interessava la roccia.

Dove avete acquistato la corda?

La corda l'abbiamo comperata assieme io, Vinzenz (Peristi, n.d.r.) e Guani da Stufan.

Tecnica di corda?

Abbiamo imparato a fare i nodi dai carrettieri.

Come hai conosciuto Castiglioni?

Quando Vinzenz Peristi iniziò a dedicarsi più al legno che all'arrampicata mi misi a cercare altri compagni di scalata e presi Rudi de March da Bolzano e Castiglioni (*Ettore, n.d.r.*).

Vi siete sempre mossi a piedi, vero?

Sì. Per esempio, per scalare in giornata la parete Nord-Ovest del Sass Pordoi, ci siamo fatti a piedi i venti chilometri da Ortisei fino all'attacco per poi tornare la sera tardi. Per la parete Sud della Marmolada ci siamo fatti a piedi tutto il tratto che dalla Val Gardena porta fino al Rifugio Contrin.

Ti tenevi sempre allenato?

Sì, da Stufan c'era una sbarra per far trazioni, con la quale ci allenavamo per la potenza. A parte quello camminavamo parecchio e molto velocemente. In più ci dedicavamo anche al Ranggln, la nostra lotta tipica.

Ma sei andato a piedi anche quando sei andato a farti la via di Comici alla Cima Grande?

No, in quell'occasione il viaggio me l'ha pagato Carlesso (*Raffaele, n.d.r*).

Vi trovavate bene assieme?

Sì, ma avevamo due teste ben differenti. Avevamo una corda da 16 mm di diametro, molto pesante, in alcuni punti quasi lesionata. A guidare era Guani e mi aveva detto di portare la corda. Arrivati alle rocce pensò bene di dirmi che la corda non gli serviva. Abbiamo quindi lasciato la corda all'attacco e siamo saliti tutti e due in libera.

C'erano già delle tracce per arrivare agli attacchi?

Sì, ma Guani non seguiva mai i sentieri. "Prima non c'erano sentieri o tracce, quindi anche noi saliremo senza seguire la traccia": Di solito camminavamo trenta metri sopra o sotto la traccia o il sentiero.

Com'era il materiale all'epoca?

Chiodi grossi così, con i quali si spaccava anche la roccia. Riuscivamo a usarli con gran fatica.

Cosa mangiavate?

Gallette di segale e speck, ma al mattino sempre due uova.

Arrampicavi anche d'inverno?

Sì, sempre da solo. Arrampicavo molto sulle Torri del Fermeda, sempre su punti differenti e mai sulla stessa via. Ho fatto spesso da solo la fessura alla Piccola Fermeda oppure il camino Schmitt.

Hai mai avuto paura?

No, paura no, volevo bene alla roccia. Se tu fai la corte alla roccia, se la corteggi bene, questa ti consentirà l'impossibile.

Hai fatto molte salite su roccia friabile?

Sì, mi piaceva salire su roccia friabile, lì scali con più attenzione. La parete dello Stevia era piuttosto marcia e una volta ho pure provato a salirla in solitaria, ma, arrivato alla terza lunghezza, dove si restringe, ho rinunciato e sono tornato giù.

Messner dice che sei stato tu il primo a salire una via di settimo grado.

Sì, lo Stevia era una via di quel tipo. L'ho fatta assieme a Vinzenz Peristi e il passaggio più difficile era molto delicato.

Ti incontri ancora con i tuoi vecchi compagni di cordata?

Sono tutti morti. March, Castiglioni, Guani, Luisl, Vinzenz, Sickele da Feure, Guani, Salman. Vinzenz è caduto in guerra.

Con chi ti trovavi meglio a scalare?

Con Vinzenz. Con lui potevo parlare di tantissime cose. Era un intellettuale e in più un buon artista. Non parlavamo mai di arrampicata.

Vi siete mai beccati un temporale?

No, ho avuto davvero fortuna, ero sempre fiducioso, sapevo che non mi sarebbe successo nulla.

Ti sarebbe piaciuto fare spedizioni?

No, non avevamo soldi e qui da noi c'è una gran quantità di montagne bellissime. Oggi come oggi Messner si muove spesso, tranquillamente, noi, ai nostri tempi, invece no.

Com'è che sei andato a farti il Pilastro Micheluzzi?

Una certa Tutina, dall'Inghilterra, voleva salirlo assieme a Ferdinand Glück, ma i due non ci riuscirono. Allora ci sono andato io e alla fine sono anche stato pagato come guida.

Siete saliti in giornata?

Sì, era il 1932. Avevamo davanti Stösser (*Walter, n.d.r.*) e Kast (*Fritz, n.d.r.*), che volevano diventare i primi salitori. I fassani, però, avevano già salito la parete prima di tutti. Anche Cucia Tomanus aveva tentato di salire la *Micheluzzi*...

All'epoca era quella la via più grandiosa nelle Dolomiti?

Sì, solo Rebitsch (*Mathias, n.d.r*), che aveva un anno più di me, era riuscito a salire vie simili in Tirolo.

Qual è la salita più bella delle Dolomiti?

Lo Spigolo del Velo, per via di quella roccia magnifica.

Come ve la cavavate con pernottamenti e cibarie?

Non avevamo soldi, ma alla Stufanhütte Josefina ci ha sempre viziati. Ci potevamo permettere solo una tazza di latte, ma lei ci offriva sempre tutto il resto.

Quand'è che hai cominciato a lavorare come guida?

Ho cominciato nei primi anni Trenta, ma mi ci sono voluti nove anni prima di poter sostenere l'esame da portatore.

Dov'è che portavi più spesso i tuoi clienti?

Sulla Fessura della Piccola, sul Camino Adang, sulla Est del Catinaccio, sulle Torri del Vaiolet, sullo Spigolo del Velo, molto spesso con ospiti dalla Svizzera.

Tua moglie è mai venuta a scalare con te?

Raramente. Mia moglie è venuta con me a scalare la Nord del Sassolungo e arrivata già in alto si è messa a piangere perché con noi c'era March che era piuttosto insicuro. Con me ha fatto anche lo Spigolo del Burgstall, Cima Castello, sullo Sciliar.

Altre donne?

Certo, qualcuna.

La tua più grande impresa rimane la Marmolada?

Originariamente Castiglioni voleva salire la *Soldà* con Detassis (*Bruno, n.d.r.*). Sono arrivati alla prima terrazza e poi sono dovuti scendere. Ho chiesto a Francesco de Giulian se Castiglioni avesse bisogno del mio aiuto. Quello però mi assoldò solo più tardi e nel frattempo la parete Sud-Ovest era già stata scalata. A quel punto, assieme a una guida di un gruppo di studenti ho provato a salire la parete Sud di Punta Rocca, per poi dover rinunciare pure noi. Nel frattempo Luis da Stufan era caduto sullo Stevia e solo allora Castiglioni mi chiese di salire assieme a lui la parete Sud di Punta Rocca. Era il 1936 e me la sono tirata tutta da primo. Ci siamo anche dovuti fare un bivacco.

Com'è stato il bivacco?

Io non avevo nulla, mentre lui aveva un sacco a pelo. Castiglioni se lo poteva permettere. Non avevo nemmeno nulla da bere e lui aveva un limone, del quale però non mi volle dare nemmeno una fettina.

I fogli sparsi di un libro

All'inizio, anche le mie possibilità erano limitate. Con la bicicletta si arrivava solo in fondovalle, mentre qualche tempo dopo, con le motociclette, riuscivamo a portarci fino alle vicine **Val Gardena** *e* **Val Badia**. *Lì, dove terminavano vie e strade, iniziavano le nostre avventure: passando per boschi e prati d'alpeggio, alti sopra i mughi e i ghiaioni arrivavamo all'attacco. Iniziavano allora le ascensioni che ci avrebbero portati a salire le pareti delle* **Dolomiti**, *verticali e spesso strapiombanti, non di rado con qualche* **bivacco**.

All'inizio andavamo a ripetere le vie difficili, poi, più tardi, abbiamo cercato vie nostre, tentando sempre di leggere fra le pieghe della roccia quali fossero le migliori soluzioni per salire. Per me le pareti delle Dolomiti erano tutte come fogli sparsi di un libro pieno zeppo di misteri, al cui interno era scritto tutto ciò che gli uomini vi avevano vissuto. La decisione sulla via da scalare dipendeva sempre anche dai suoi primi salitori ed è per questo che nel **1966** *partimmo per andare a tentare una ripetizione della parete dello* **Stevia**, *ai margini dell'Altipiano del Puez,* ***salita per la prima volta nel 1934 da Vinatzer.***

Reinhold e Günther Messner sulla loro Lambretta, in partenza per una salita.

2
LA FESSURA VINATZER SULLA NORD DELLO STEVIA

Stevia, parete Nord. La Fessura Vinatzer (1933) è subito alla sinistra della grande parete illuminata.

A Cisles l'atmosfera era tranquilla, cabinovia e seggiovia erano ormai ferme da un po'. Da Santa Cristina eravamo saliti fino al rifugio Firenze mentre i larici spiccavano con il loro colore rosso-giallastro contro la massa nerastra dei pini. Le solatie pareti meridionali delle Odle di Cisles creavano un brusco contrasto con il giallo bruno dei prati degli alpeggi. Ero a Cisles, a quell'Alpe di Cisles che così bene conoscevo sin dalla mia infanzia.

Dall'alto, alla mia destra, le pareti dello Stevia sembravano arrivarci addosso. "Lì dev'esserci una via di Vinatzer che ancora oggi viene considerata di 'sesto' nel suo significato originale", ci era stato detto. Curioso, mi misi a cercare tra le pareti una fessura, la *Fessura Vinatzer*. Lì dove la parete strapiomba maggiormente, questa spaccatura bianca e giallastra taglia tutta la parete fin sotto a un tetto. In quel momento abbiamo capito perché quella fessura fosse ritenuta una delle scalate dolomitiche più dure.

Al rifugio incontrammo Kuno Rainer, guida alpina e compagno di cordata di Hermann Buhl. Anche lui era interessato a una ripetizione della parete dello Stevia, ma dopo due o tre lunghezze di corda aveva dovuto rinunciare. Ci diede coraggio per il nostro tentativo, ci fornì alcuni buoni consigli e poi partì per tornare a Santa Cristina.

All'epoca funzionava così tra gli scalatori: nessuno di noi era tanto pazzo da non trovarne uno ancora più pazzo col quale riuscire a capirsi immediatamente.

Era già chiaro il cielo quando il giorno successivo lasciammo il rifugio e c'erano nuvoloni pesanti, mentre sopra il Sassolungo un cappello grigiastro scendeva fin sotto alla Pichl-Warte. Dalle grondaie del tetto scendeva acqua, ma ce la cavammo bene e in un'oretta giusta arrivammo alla base della fessura strapiombante. Già nei primi cento metri sporge per ben dieci metri all'infuori...

Arrampicata sulle rocce dell'Elbsandsteingebirge.

E questa dovrebbe essere tutta scalabile in libera? Mi innalzai in spaccata all'esterno e raggiunsi un buco profondo della fessura. Era tutto friabile e gli appigli non dovevano essere tirati, bensì solo tenuti. Gli appoggi per i piedi, una volta caricati, cedevano come ghiaino e non c'erano chiodi intermedi. L'attraversamento del tetto, con sotto due chiodi per far sicura, ben piantati, più un fittone davvero sovradimensionato sul bordo, fu un qualcosa di ancor più "criminale" del superamento dell'ultimo strapiombo della fessura. Dopo il tetto tutto filava via liscio. Sotto i piedi vedevo solo i blocchi alla base della parete e fu la visione in profondità del vuoto e darmi forze nuove e a far scomparire l'immagine della paura che avevo negli occhi. Aveva piovuto un po' e l'ultimo diedro era bagnato e muschioso. Per fortuna le difficoltà si erano ridotte e sotto un grande tetto finale traversammo a destra e uscimmo dalla parete, su un prato. Qui ci mettemmo stesi sull'erba a godere il silenzio.

Preuss, la mia bussola

Non finirò mai di ringraziare la mia conoscenza della lingua italiana per avermi permesso di arrivare a conoscere ***Paul Preuss*** *come uno dei padri filosofici dell'arrampicata libera. Lo scalatore ebreo viennese era caduto sul* ***Mandlkogel*** *nel 1913 ed era poi stato fatto sparire dalla letteratura alpinistica tedesca. Nelle riviste specializzate e nei libri di montagna italiani, invece, la sua figura aveva assunto un ruolo sempre maggiore e fu proprio così che potei conoscere quel* ***visionario*** *che da subito aveva compreso che solo la* ***rinuncia****, intesa come atto volontario di rifiuto dell'uso di mezzi artificiali per la salita, avrebbe garantito agli scalatori* ***la dimensione dell'avventura*** *in aggiunta a ciò che in termini sportivi può essere misurato con i numeri. Le idee di Preuss sono state per me una sorta di bussola per orientarmi nel mondo della montagna. Lo sviluppo dell'alpinismo classico, però, aveva preso una via contraria all'approccio di Preuss e sempre di più erano i mezzi tecnici utilizzati per le scalate – dai chiodi a espansione e dagli spit alle staffe e alle bombole con l'ossigeno artificiale – tanto che, alla fine,* ***l'alpinismo tecnologico*** *aveva cominciato a far sparire l'alpinismo tradizionale.*

3
I VALORI DELL'ALPINISMO TRADIZIONALE

Torre Delago, gruppo del Catinaccio.

L'alpinismo tradizionale si basa su pochi principi, peraltro non scritti da nessuna parte e che vengono invece dettati dal buonsenso. Dato che noi andiamo in cerca di sfide di nostra spontanea volontà, dovremmo anche essere capaci di riuscire a venirne fuori grazie alle nostre capacità. Il tutto dipende soprattutto dal "come". Per gli scalatori moderni la vetta conta meno della via seguita per arrivarci e, oltre ai "problemi", particolare importanza riveste la rinuncia agli aiuti per la progressione. Le scalate di tipo tradizionale hanno dunque inizio là dove sono gli scalatori stessi a porsi precise limitazioni. Essi vogliono superare i problemi con l'entusiasmo, con le proprie forze, con dedizione e capacità. Secondo me, obiettivo primario nell'alpinismo di oggi è la volontaria rinuncia dell'uomo a molte delle sue conquiste tecnologiche moderne. Con ciò intendo un'inversione di tendenza, sin qui sempre più in crescita, all'utilizzo di mezzi tecnologici, impiego che era il modo per ottenere una "superiorità" alpinistica. In quest'ottica, oggi valgono per l'alpinismo sportivo le stesse regole che Paul Preuss nel 1912 – quindi più di cento anni fa – ha riassunto nei suoi sei principi basilari. Trasposte ai giorni nostri le regole suonano così:

1) Tra i principi più importanti troviamo la sicurezza. Per sicurezza, però non intendo la correzione spasmodica della propria insicurezza tramite mezzi artificiali, bensì quella sicurezza primaria che per ogni singolo scalatore deve basarsi sulla giusta valutazione delle proprie capacità rispetto ai propri desideri.
2) Chi intende effettuare ascensioni e spedizioni dovrebbe, grazie a esperienza e allenamento, riuscire a essere all'altezza di tali obiettivi e mentalmente preparato a essi.
3) Uno scalatore può arrivare con le sue ascensioni fino al punto in cui le sue capacità e la sua condizione fisica gli consentono di percorrere a ritroso la stessa via fino al punto di partenza.
4) Spit e chiodi a espansione non sono gli elementi basilari per un'opera da compiere, ma solo una riserva per emergenze e un mezzo di assicurazione. Allo stesso modo la maschera per l'ossigeno va utilizzata solo come "cura" nei casi d'emergenza.
5) La corda può essere una facilitazione, ma in nessun caso può diventare il mezzo attraverso il quale consentire a chiunque di salire una montagna.
6) In condizioni normali uno scalatore dovrebbe fare in modo di servirsi di una quantità di ausili tecnologici pari, se non inferiore, a quella utilizzata dal primo salitore. Per le prime ascensioni vale il principio per cui a esse dev'essere dato più valore quanto minore è l'utilizzo di tecnica, tempo e denaro.

Ogni singolo scalatore difende il proprio tipo di alpinismo, quello che lui stesso pratica. Perché andare a forzare un'ascensione usando la tecnologia e privare di quelle sfide le generazioni a venire? In linea di principio ogni tratto di parete chiodato funge solo da dimostrazione del fatto che i suoi primi salitori non erano "cresciuti" abbastanza per quella loro via. Non sono forse la debolezza e la vanità a farci ricorrere al trapano?

Le pareti impossibili dovrebbero poter rimanere tali fino a quando le corde diventeranno così leggere e le scarpe così buone che i migliori potranno riuscire a salirle in libera. Io sono ottimista e mi aspetto proprio da questo punto l'ulteriore sviluppo dell'arte di arrampicare.

Giochi da studenti

Ci trovavamo spesso in ***palestra di roccia*** *nel pomeriggio, subito dopo la scuola. Su una placca di porfido rivolta a Sud, sopra* ***Bolzano****, erano piantati alcuni vecchi chiodi arrugginiti. Faceva davvero caldo quando vi batteva il sole, e gli appigli diventavano lucidi per il sudore delle dita.*

Altri due ragazzi della mia scuola, più o meno della mia età (venivamo tutti da parti differenti dell' ***Alto Adige****), avevano voglia di arrampicare, come me. Per noi non era un allenamento, e neppure lo chiamavamo* bouldering, *era solo un gioco. Ogni volta che uno riusciva a superare un nuovo passaggio ne era felice e gli altri provavano a fare altrettanto.*

Dalle automobili che passavano sotto quelle rocce di ***porfido*** *ci arrivavano gli insulti delle persone che temevano potessimo cadere sulle loro auto. Noi, però, arrampicavamo lo stesso e anche durante le lezioni i miei pensieri andavano spesso a quelle rocce.*

Erano gli ultimi tempi prima della ***maturità****; uno doveva andare a Medicina, l'altro a Economia, mentre io volevo studiare* ***architettura****. Nessuno sapeva quale sarebbe stato il proprio futuro.*

A me, a quel tempo, molto più della scuola interessava andare a scoprire quali fossero le vie più difficili delle ***Dolomiti*** *e leggevo le riviste specializzate in alpinismo. Nel* Bergkamerad *del 1963 scoprii qualcosa sul 7° grado in un articolo di* ***Dietrich Hasse****: fu così che "la prima metà della lunghezza di corda sotto la grande cengia della parete Nord-Ovest della Torre Delago" divenne uno dei miei grandi sogni.*

Torri Vajolet: a destra la parete Nord-Ovest della Torre Delago.

4
TORRE DELAGO, PARETE NORD-OVEST

La parete sopra di noi era gialla e non c'era nessuno che potesse dissipare i dubbi miei e di Sepp Mayerl, perché più in alto il terreno diventava strapiombante e doveva raggiungere il settimo grado di difficoltà. Per il settimo, però, è necessario avere il morale alto, una bella carica di forza mentale. Raccogliemmo tutto il nostro coraggio e attaccammo. Tracce di chiodi portavano in direzione di una pancia strapiombante sotto la quale presumevamo ci fosse la sosta successiva. Riuscimmo a passare quel tratto ancora in libera. I primi passi su quelle placche slavate furono un po' maldestri, ma ben presto ci abituammo alla roccia e la salita divenne una piacevole e ritmica arrampicata.

L'umore, che al mattino era un po' nero, si fece gioioso non appena sentimmo sotto le mani gli appigli saldi del primo risalto verticale che porta dalla prima alla seconda rampa di placche. Arrivammo rapidamente nella zona gialla della parete. In quel tratto gli appigli erano piuttosto scarsi e bisognava mettere un chiodo in una fessura o in un buco per venir fuori da strapiombi o da traversi lisci. Tuttavia, a differenza di quanto ci eravamo aspettati, nella zona strapiombante della parete trovammo piacevoli tratti di arrampicata libera. La roccia offriva parecchi buchetti e cavità grazie ai quali potevamo salire come su una scala. La giornata era calda anche in montagna e quasi non si sentiva alito di vento. L'aria, però, all'ombra della parete Nord, era fresca e risultava quasi fredda per chi era costretto a rimanere fermo in sosta. Al di sopra del primo grande strapiombo eravamo ormai belli baldanzosi.

Alle soste trovai chiodi a espansione, ai quali ci assicurammo anche se non mi sembrava del tutto indispensabile. Tra le varie soste, peraltro, avevo trovato perfino qualche chiodo che per i miei gusti era davvero di troppo.

Non avevo visto che alla nostra destra facevano capolino due scalatori e li notai soltanto dopo che questi erano arrivati ormai alla seconda lunghezza dello Spigolo Delago. Mi ero fermato a osservare un sasso che Sepp aveva fatto cadere salendo e che era arrivato in fondo senza andare a sbattere contro la parete una sola volta. Quando guardai di nuovo in quella direzione vidi quei due. Mi accorsi che sentivo di essere più forte di loro. Erano comparsi da dietro un angolo cieco e ben presto erano nuovamente spariti dietro allo Spigolo. Diventavano visibili per noi solo quando finivano sulla parete Nord-Ovest da dietro lo Spigolo affilato.

Per quale motivo mi sia messo a fare a gara con loro proprio non lo so, forse volevo dimostrare che la vera arrampicata consisteva nel salire completamente in libera, nel cavarsela senza alcun mezzo artificiale per la progressione.

Ciò facendo non volevo e non voglio dire nemmeno ora che altri tipi di prestazione non avessero alcun valore. Per quanto fosse evidente, erano davvero pochi quelli che lo ammettevano e, anche se lo facevano, quasi nessuno era pronto a rinunciare alle grandi vie famose soltanto perché non erano scalabili in libera. Lo Spigolo Delago era facile da salire in libera, mentre la parete Nord-Ovest dava l'aria di essere molto più difficile e non scalabile in libera. O forse sì?

Tutto d'un tratto, io e Sepp ci trovammo a scalare senza attaccarci ai chiodi, con le staffe che fluttuavano libere nell'aria. Utilizzando i chiodi solo per assicurazione, salimmo fino alla vetta alternandoci al comando. Una volta arrivati lassù e fatta sicura per riposare, vedemmo sbucare dal vuoto la chioma del primo dei due scalatori dello Spigolo Delago.

Il "non plus ultra"

Mi ci sono voluti anni per riuscire a fare chiarezza a me stesso sulla valutazione delle **difficoltà** *per l'alpinismo. Per me, all'epoca, il* **settimo grado** *era una sorta di "non plus ultra" non fattibile. Pensavo che al settimo grado ci saremmo sempre e soltanto avvicinati, ma che mai avremmo potuto raggiungerlo. La parete Nord-Ovest della Torre Delago, quindi, non poteva essere davvero un settimo grado.*

5
IL VICOLO CIECO DELLE DIRETTISSIME

Il giovane Messner in arrampicata artificiale.

Quando, a metà degli anni Sessanta, iniziai a percorrere le vie estreme delle Dolomiti, ad andare per la maggiore erano le *superdirettissime*, l'uso dei chiodi a espansione veniva dato per scontato e le staffe fungevano da sostituti per appigli e appoggi.

Come tanti altri giovani scalatori dell'epoca, dai tempi della *Direttissima* alla Cima Grande del 1958, della quale avevo letto sui giornali, anch'io ero affascinato da strapiombi, chiodi e trapani a mano. L'arrampicata artificiale era diventata di moda. Alla *Direttissima* fece poi seguito la *Superdirettissima*. Questa, esaltata da stampa, radio e televisione, provocò un'incontrollabile mania di imitazione, soprattutto tra gli scalatori più giovani.

Gli ideologi dell'arrampicata artificiale erano entusiasti per la grandiosità degli scenari e delle esperienze che i chiodi stavano rendendo possibili. Anch'io, dopo la parete Nord del Pelmo e la Nord-Ovest del Civetta, sognavo pareti strapiombanti, seggiolini e cordini di collegamento con la base, nonostante fossi maturato come scalatore di grandi pareti grazie a migliaia di salite in arrampicata libera.

Iniziai ben presto a capire che l'arrampicata artificiale basata sui chiodi rispondeva allo spirito dell'epoca di chi credeva nel "progresso grazie alla tecnologia". E che l'idea della *direttissima* aveva arrestato l'ulteriore sviluppo dell'arrampicata libera.

Grazie alla ricerca del nuovo, gli obiettivi alpinistici erano diventati sempre più pretenziosi e impegnativi, ma allo stesso tempo anche l'utilizzo degli ausili tecnologici necessari per vincere gli ultimi problemi era andato aumentando, al punto da compromettere lo sviluppo dell'arte dell'arrampicata.

Questa tendenza, iniziata già negli anni precedenti la Prima guerra mondiale, dovette portare a un'insulsa chiodatura selvaggia perché si capisse una volta per tutte che eravamo finiti in un vicolo cieco:

«Che io utilizzi per salire appigli e appoggi offerti dalla roccia oppure chiodi perché manca-

Arrampicata in libera sul Campanile di Brabante.

no le strutture naturali è un fatto che rappresenta nel migliore dei casi solo una differenza di atteggiamento. In buona sostanza lo sforzo fisico richiesto è lo stesso tanto per l'arrampicata libera quanto per l'arrampicata artificiale» (*Dietrich Hasse*).

I seguaci delle scalate su chiodi, che avevano ben individuato la tendenza, non riuscirono purtroppo a riconoscere la vera e unica possibile via di sviluppo, ovvero proprio la rinuncia ai chiodi. Secondo l'approccio mentale delle *direttissime*, una parete il più possibile alta e strapiombante doveva alla fine essere percorsa su una "scaletta da pompieri".

Lo scopo alpinistico originario, che prevedeva anche in condizioni estreme di individuare i singoli tratti di terreno arrampicabile e di riunirli in un'unica via, aveva lasciato spazio alla tendenza che portava a costruire scale per il cielo.

Una volta esauritosi "l'ideale" della *direttissima* ci vollero ancora dieci anni abbondanti prima che l'arrampicata libera, lasciata sempre più in disparte sin dai tempi di Paul Preuss, potesse avere un nuovo impulso. Non c'era ancora stato spazio per una rivisitazione dei valori e l'idea di andare a mettere in discussione i chiodi come ausilio per la progressione arrivò dalla Yosemite Valley e dalla penna di uno scalatore dolomitico poco più che ragazzino che aveva letto Paul Preuss e Rudolf Fehrmann.

Renato Reali sul Piz Ciavazes.

L'arrampicata su roccia naturale era per me un'autoesplicitazione più culturale che sportiva. Si trattava di trovare con la mente una linea fattibile nelle strutture naturali della roccia e andare a provare la percorribilità di quella linea con la punta delle dita delle mani e dei piedi, invece di attrezzare una specie di via ferrata. Chi era in grado di dire cosa fosse scalabile o meno senza aiuti per la progressione?

Il trionfo delle linee astratte, acquisito grazie a file intere di chiodi a espansione, aveva eliminato il superamento dell'incertezza e dell'impossibile. Solo più tardi arrivò l'intuizione:

"Solo l'arrampicata libera richiede il massimo delle capacità e solo l'arrampicata libera offre il massimo delle esperienze vissute appieno. Con la glorificazione, alla fine degli anni Cinquanta, delle vie in artificiale su chiodi, l'arrampicata libera dall'inizio degli anni Sessanta cadde in un letargo sempre più profondo, mentre il suo reale valore veniva sempre più sminuito".

Con la presa d'atto che un progresso dell'arte di arrampicare è possibile solo con la rinuncia agli ausili per la salita, quindi con l'arrampicata libera, e grazie all'esemplare sviluppo dell'alpinismo americano, alla fine degli anni Sessanta si formarono nel mondo gruppi di "liberisti" che voltarono definitivamente le spalle all'ideologia della *direttissima* e si riallacciarono alle idee di Paul Preuss. A interessare era il settimo grado: non "l'impossibile reso possibile", bensì ciò che era ancora possibile al di là di ciò che fino ad allora era stato impossibile. Allenamento, esperienza e concentrazione dovevano aiutare a risparmiare i chiodi. Non si guardava più a linee rigide e fisse, ma si mirava a una migliore e più raffinata arte di arrampicare.

All'epoca vivevo come un compromesso ogni chiodo di progressione, mentre l'ideale divennero per me le vie salite completamente in libera, la "sfida del settimo grado", ciò che altri ebbero a definire "ideologia della follia".

La Nord della Cima Grande di Lavaredo con la via Comici-Dimai (4) affiancata da dirette e direttissime: 1 via Minuzzo, 2 Hasse-Brandler, 3 via dei Colibrì, 5 via Abram, 6 via degli Spagnoli.

Lo spirito del Sessantotto

Alla fine degli ***anni Sessanta*** *l'alpinismo, come la società, stava vivendo un periodo di trasformazioni: agitazioni studentesche negli Stati Uniti d'America contro la guerra nel* ***Vietnam****, manifestazioni di studenti a Parigi, a Berlino, a Roma, l'assassinio di* ***Martin Luther King****, quello di* ***Robert Kennedy*** *e l'attentato contro* ***Rudi Dutschke****.*

Mi trovai a chiedermi se il cosiddetto "alpinismo tecnologico" avesse raggiunto e ormai superato il livello di guardia. Negli Stati Uniti e nelle Alpi alcuni scalatori, purtroppo pochi, capirono che l'alpinismo stava andando a infilarsi in un vicolo cieco. Una rinascita dell'arrampicata libera sembrava lontana dal poter diventar realtà.

È stato in questo periodo di rivolgimenti e in pieno ***spirito del Sessantotto*** *che ho scritto il mio articolo* L'assassinio dell'impossibile. *Venne pubblicato dapprima nella pagina alpinistica del quotidiano sudtirolese* Dolomiten, *quindi in* Alpinismus, *nella* Rivista del CAI *e successivamente in tutti i Paesi in cui viene praticato l'alpinismo.*

Ho rieditato spesso la prima versione, martoriata dalle varie traduzioni e non solo, rivedendola, integrandola con aggiunte e allegati. Presento ora, in forma di una sorta di tarda versione riveduta e corretta, la versione originale del testo (quella utilizzata da ***Toni Hiebeler****, all'epoca caporedattore di* Alpinismus, *e abbreviata per ragioni di spazio), da confrontare con la versione pubblicata sulla* Rivista del CAI *nella traduzione di Willy Dondio, qui ripubblicata in fac-simile* (vedi pagine 12-13, n.d.r.).

6
L'ASSASSINIO DELL'IMPOSSIBILE

Che cosa ho, personalmente, contro le *direttissime*? Ma proprio nulla, anzi. Le "vie della goccia cadente" sono quanto mai logiche e sono sempre esistite. Non mi piacciono quando vanno a collidere con l'architettura della montagna, quando vengono testardamente tirate lungo la parete di una montagna come se fosse stato usato un righello. Spesso le fessure, i diedri e le placche non seguono una linea diretta che scende dalla vetta, magari ci passano vicino, un po' più a sinistra o un po' più a destra. Eppure ci sono primi salitori che aprono *direttissime* senza nemmeno prestare attenzione alle linee già fornite dalla natura: dall'attacco alla vetta seguendo un filo a piombo!

Si trovano così costretti a piantare sempre più chiodi, anche a espansione; devono farsi mandar su da sotto e issare a forza il materiale, bivaccare su amache appese alla parete. Ma perché proprio quella linea e con così tanti ausili? "Abbiamo la libertà", dicono, eppure non arrivano nemmeno a rendersi conto di essere completamente schiavi delle *direttissime*.

Hanno timore delle deviazioni, perché le linee complicate appartengono al passato! Non c'è placca liscia, tetto o strapiombo che sia in grado di fermarli. Grazie ai chiodi a espansione e al cordino di collegamento con la base, tutto è possibile. "Le difficoltà vanno superate, non aggirate", dice Paul Claudel. Della stessa opinione sono anche i giovani delle *direttissime*, che già all'attacco sanno bene che nessun ostacolo potrà fermarli. Per loro è assodato che sarà un duro lavoro, ma sanno anche che il raggiungimento della vetta è garantito. Perché il problema che si sono posti in realtà è un problema che non esiste. Mi è capitato di chiedere a uno di loro se ci fosse qualche tratto di arrampicata che potesse fermarli. Si è limitato a ridere: "Quei tempi sono passati e pure da molto!".

Purtroppo è tutto vero: l'impossibile può essere annullato. Le vie di salita in linea diretta,

Artificiale negli Usa: Warren Harding impegnato in Yosemite.

in quanto tali, non sarebbero nemmeno tanto male se il loro spirito non fosse poi trasferito all'alpinismo in generale. La conseguenza di tutto ciò è che poi si vanno a piazzare chiodi a espansione un po' dappertutto, anche su vie assolutamente classiche. Mi è capitato di trovarli davvero ovunque, quei chiodi a espansione! Quando uno arriva ad abituarsi a questi aiutini, se li porta sempre dietro, nello zaino, anche per la ripetizione di vie classiche. Molti scalatori vogliono avere fin da subito la certezza di farcela. Se per caso hanno una giornata storta oppure non riescono a passare un qualche tratto duro, senza pensarci troppo trapanano e ci ficcano dentro un chiodo a espansione, anche se magari fino a quel momento quel passaggio è sempre stato fatto in libera.

Proviamo a osservare uno di questi adepti delle direttissime: non conosce la paura, nonostante sopra di lui la parete si faccia gialla e strapiombante. Seduto su un seggiolino attaccato all'ultimo dei chiodi da lui piantati provvede a scavare col trapano un buco nella parete liscia, ci infila un tassello al quale appende le staffe, si alza fino all'ultimo o al penultimo

Anderl Heckmair in arrampicata libera.

piolo, si appende nuovamente e crea un nuovo buco circa ottanta centimetri più sopra. Dopo qualche giorno è facile che si senta stanco, ma non molla. Ha ancora cinque giorni di vacanza e ai piedi della parete ha chiodi a sufficienza. Quindi, chiodo dopo chiodo, non fa altro che imporre a forza la sua via alla parete.

I chiodi a espansione sono diventati un'opzione scontata, quanto meno da parte degli scalatori di oggi. Ormai si sono abituati a portarseli dietro per il caso in cui non ce la facciano ad andare avanti con i mezzi ordinari. Adesso chi non è disposto a tornare indietro porta con sé una ricarica di coraggio in forma di ferraglia. Con questi sistemi non si va a scalare una parete: semplicemente si va su ad attrezzare una lunghezza dopo l'altra. Quello che non riesce oggi sarà fatto domani. Non passa per la testa a nessuno che certi passaggi, resi oggi fattibili grazie all'aiuto dei chiodi a espansione, potrebbero essere saliti in arrampicata libera dalle generazioni future?

Se lasciamo aperta la possibilità di aprire vie nuove, gli scalatori del futuro continueranno a provare e riprovare, fino a quando riusciranno a passare lì dove adesso, senza chiodi a espansione, si è costretti a fare marcia indietro.

Per dare un'immagine positiva di sé stessi i miei critici, guardando con orgoglio al proprio curriculum di salite in artificiale, dicono che molte delle vie in arrampicata libera sono pericolose, troppo pericolose. È stato quindi solo per pura cautela che hanno dovuto aggiungere ai chiodi normali quelli a espansione. I fattori decisivi per l'alpinismo non sono più capacità e coraggio, bensì la tecnologia. È questo il motivo per cui le ascensioni spesso durano parecchi giorni e i chiodi si contano a centinaia. Una ritirata viene vista come disonorevole, perché ormai tutti sanno che con i mezzi moderni tutto è possibile, anche una *direttissima* strapiombante dall'inizio alla fine.

Tempo fa, all'epoca dell'arrampicata libera tradizionale, gli alpinisti, se mi è consentito esprimermi per simboli, lasciavano scritto sulle pareti il proprio entusiasmo. Oggi sulle pareti scrivono solo della propria ambizione usando chiodi e chiodi a espansione. È subentrato il fare assicurazione e ha preso il posto della sicurezza interiore, che è sempre la somma di esperienza e capacità. Spesso il coraggio di una cordata viene misurato sulla base dei chiodi piantati e le prestazioni sulla base della quantità dei loro bivacchi. Al contrario, invece, capacità ed eleganza in arrampicata libera vengono bollate di irresponsabilità.

Mi chiedo chi abbia snaturato i valori dell'alpinismo moderno. Da quando è stato tolto di mezzo l'impossibile, infatti, l'alpinismo ha perso i suoi contenuti originari e si è ridotto a essere qualcosa che somiglia più che altro a mediocrità sportiva. Forse i primi a utilizzare i chiodi a espansione, i cordini di collegamento con la base e le corde fisse non volevano far altro che andare al di là di quanto era stato considerato fattibile fino a quel momento, arrivare ai limiti del possibile. Adesso però sono spariti tutti i limiti e solo chi sarà in grado di dotarsi di regole potrà ritrovare i valori originari. Sono bastati dieci anni per far sparire il termine "impossibile" dal lessico dell'alpinismo. Quanto potrebbe volerci adesso per restituire a quel termine i suoi contenuti e per farlo tornare a nuova vita? Trattando il tutto in maniera superficiale, potrebbe sembrare un passo in avanti il fatto che "tutto ciò che è impossibile è stato fatto sparire". In realtà l'alpinismo tecnologico è un'aberrazione. Si chioda troppo, davvero troppo, e si scala troppo poco.

L'impossibile, ovvero il "drago", è morto… Il moderno Sigfrido è ormai disoccupato. Non è che io prenda questo esempio dalle saghe della mitologia germanica perché sono del parere che gli alpinisti debbano essere degli eroi. No di certo. Però per gli uomini il coraggio va istintivamente alla ricerca di ciò che è quasi impossibile, per poter crescere. Se però l'impossibile viene eliminato, viene meno anche il quasi impossibile, condannando così l'alpinismo estremo al declino. Solo chi avrà capacità e coraggio a sufficienza per salire una parete difficile con pochi mezzi tecnologici riuscirà ancora a trovare quell'avventura che rende l'alpinismo così prezioso.

Agli albori dell'alpinismo ciò che contava era solo la vetta. In occasione della prima ascensione del Monte Bianco di certo avrebbero utilizzato l'elicottero se solo fosse già esistito. Oggi, però, quando la stragrande maggioranza delle vette è stata raggiunta e l'alpinismo è diventato uno sport, gli aiuti come l'abbigliamento ricavato dalla chimica e i ritrovati della tecnica sono presenti in quantità tali da far sì che tutto sia possibile. Grazie alla tecnologia! Per il futuro sarà importante pure il rispetto di regole sportive, anche in considerazione del fatto che il numero degli alpinisti sta aumentando e la quantità di sfide aperte, invece, si ridurrà di anno in anno.

Pochi sono stati coloro che hanno compreso l'illogicità dell'uso dei chiodi a espansione e ne hanno preso le distanze. Alcuni, per colpa di quel lavoro monotono, hanno perso la

L'arte dell'arrampicata in libera nell'Elbsandsteingebirge, anni Trenta.

voglia di scalare, mentre altri non riescono a staccarsi da questo sistema. Per quale motivo rischiare di cadere se con l'uso di chiodi normali e chiodi a espansione si può passare con sicurezza al cento per cento? I profeti delle direttissime su chiodi a espansione hanno raccolto una prima ascensione dopo l'altra e non hanno più perso tempo con le vie classiche.

L'epoca delle *direttissime* ha avuto inizio nel 1952. Ben presto ogni parete aveva la propria via diretta e subito si è andati a cercarne altre, ancora più dirette. Cosa peraltro difficile... Quindi hanno aperto una nuova linea, invero un po' sfalsata rispetto alla diretta, ma con in cambio un uso ancora più massiccio di mezzi tecnologici: la *superdirettissima* era stata inventata. Poi basta, il limite era stato raggiunto!

Così facendo la "generazione-direttissima" aveva assassinato l'impossibile. Non l'aveva superato, ma soltanto aggirato con mezzi sleali. Quel sistema è stato responsabile del vicolo cieco in cui l'alpinismo estremo si è ritrovato nel 1968. Quando gli alpinisti riapriranno gli occhi sarà troppo tardi! Non sarà così facile andare a riprendere quell'impossibile e ridargli vita. Non tutto comunque è perduto, i presupposti per una svolta ci sono tutti. I proseliti delle *direttissime* però torneranno e dimostreranno di essere in grado di eliminare l'impossibile. Alle prossime ferie lunghe ricominceranno a "risolvere problemi", a lasciare nei rifugi grandi foto da parete piene di puntini che indicano i loro bivacchi e le centinaia di chiodi lasciati in parete. I giornali, la radio e la televisione racconteranno della conquista dell'impossibile. Io invece mi preoccupo del drago morto...

La generazione che ci ha preceduti è andata a chiodare rimanendo incrodata sulle pareti strapiombanti e il nostro compito, dunque, non poteva essere altro che liberare tutti da quella aberrazione. Ci è stato insegnato a saper usare chiodi e staffe e a scalare lungo la linea della goccia cadente. Il nostro compito, invece, è consistito e consiste nel tentare di indicare alle generazioni future le vie di arrampicata libera.

Dobbiamo trovare il nostro limite personale e rispettarlo, un limite al quale possiamo soltanto avvicinarci e, se per caso dovessimo mai raggiungerlo, dobbiamo fare in modo di non lasciarci attrarre dal desiderio di superarlo con qualche trucchetto.

In Himalaya, in Alaska, in Patagonia, sulle Ande il futuro farà trovare abbondanza di nuovi territori e di grandi problemi per tutti. Per la maggior parte di noi, comunque, quelle montagne resteranno solo un sogno. Ma i veri grandi esperti sanno trovare la propria realizzazione anche sulle Alpi.

Immedesimarsi con la roccia

In risposta agli esperti della tecnologia che utilizzano i ***trucchetti*** *io sto dalla parte dell'arrampicata libera, senza compromessi. Le aree dove è praticata offrono a chi scala in quello stile sfide davvero grandi e vere. In ambedue i casi si tratta di un "gioco in verticale". I movimenti, la concentrazione e l'immedesimazione con la roccia, però, si differenziano in modo totale tra le due tipologie di arrampicata. Identiche possono essere al massimo le viste panoramiche dalla parete o, dalle soste, verso il basso. Per i* ***chiodatori****, però, si tratta solo di assicurarsi, garantendosi così quel che gli altri si costruiscono, invece, sulla base della loro sicurezza interiore. La natura della montagna e la natura umana si incontrano in modo totale e radicale solo con* ***l'arrampicata libera****.*

In quel ***1968*** *sono anche riuscito a portare a termine la prima ascensione al* ***Pilastro di Mezzo al Sasso della Croce****, Sass dla Crusc o Heiligkreuzkofel, in quella che è stata la mia scalata più difficile di sempre. Quattro metri di parete liscia che dapprima mi hanno fermato e poi mi hanno obbligato a far ricorso a tutte le mie riserve.*

Monte Cavallo con i tre Pilastri: Livanos, Messner e Pilastro di Destra.

7
IL PILASTRO DI MEZZO DEL SASS DLA CRUSC: LA MIA SCALATA PIÙ DIFFICILE

Era l'inizio dell'estate 1968. Mio fratello Günther e io avevamo bivaccato in un buco sulla grande cengia e alle 8 eravamo partiti. Dopo tre brevi lunghezze di corda il Pilastro diventava giallo e verticale. Solo verso destra si presentava la possibilità di continuare in libera. Traversammo fino a che fu possibile, piantammo un chiodo ad anello e facemmo un pendolo a destra fino a una rampa. Da questa ci portammo a un piccolo pulpito sul verticale spigolo del Pilastro. Fino a qui era andato tutto bene. La natura ci aveva indicato la via e noi l'avevamo seguita. Ma a quel punto?

Ancora due metri in libera, straordinariamente difficili, ma passammo. Per un momento mi trovai alla fine delle mie abilità di scalatore. Trovai un buco minuscolo, profondo due o tre centimetri, nel quale piantai un chiodo corto a lama. Teneva. Un altro chiodo, poi di nuovo bellissima arrampicata libera

Finalmente un paio di appigli. Riposi il martello nella tasca. Tramite una sottile fessura sul fondo di un diedro appena accennato riuscii ad alzarmi con un'ardita arrampicata libera e a raggiungere, appena in tempo, una stretta cengetta. Qui era proprio finita. Una placca liscia, priva di fessure e con pochissimi appigli, impediva di continuare. Quattro, cinque metri più in alto c'era una fessura; sotto di me la cengia sulla quale a malapena riuscivo a posare i piedi. E poi un grande vuoto, un salto strapiombante. Andare avanti sembrava proprio impossibile! Nessuna via d'uscita.

Non mi diedi comunque per vinto. Provai e riprovai a salire, ma, dopo mezz'ora, non ero riuscito al alzarmi nemmeno di un centimetro. Anche tornare indietro non era più possibile. Mi sforzai di ridiscendere in arrampicata, inutilmente. Non ce la facevo e anche per saltare giù non avevo coraggio a sufficienza. Non avevamo con noi chiodi a pressione.

Peccato, dobbiamo dichiararci sconfitti, pensavo. Dobbiamo calarci in doppia... Sì, ma da dove? Non c'era, in lungo e in largo, una fessurina che fosse una. Tentativi disperati. Con il proposito di provare la discesa, ritornavo sempre al punto di uscita sulla piccola cengia, prima di perdere l'equilibrio. E appena mi ritrovavo sulla cengetta, riprendevo le capacità di riflettere logicamente. Indietro non si poteva andare.

Provai a salire un'altra volta e subito ridiscesi. Feci un tentativo disperato, per vedere se era possibile scendere, fin quasi a perdere l'equilibrio, per poi tornarmene alla posizione di partenza. Non appena mi ritrovai sulla cengia mi tornò ancora la capacità di ragionare in maniera logica. In discesa non si poteva andare, a sinistra nemmeno e per aggirare il passaggio non avevamo abbastanza corda. Mi asciugai di nuovo la punta delle dita sui pantaloni. Dovevo farcela! Solo quei primi quattro metri sopra di me! Quel pensiero era come un ordine nella mia testa. La salvezza era solo lì in alto.

Ci devo provare! In alto a destra c'è un piccolo appiglio. Spazio appena sufficiente per piantarci le unghie. Se arrivo a prenderlo non posso più tornare indietro, non lo devo più lasciare e poi devo alzare il piede destro, sollevarmi con una mossa di puro equilibrio e poi andare ad afferrare con la mano sinistra più in alto la lama risolutrice, tirarla e issarmi!

In testa mi frullava un unico pensiero: su, fino all'appiglio in alto a destra! Ero ormai un tutt'uno con la roccia e le mie dita erano parte di essa.

Oggi come oggi non so più come ho fatto a passare. Mi ricordo solo di essermi trovato lì sopra, sollevato, pieno di gioia, e tutto improvvisamente mi sembrava facile. In vetta non abbiamo parlato di quel particolare passaggio, ma della situazione che l'aveva preceduto.

Se oggi penso al Pilastro di Mezzo, vedo tutto come allora. Un'unica via d'uscita rimasta. Sotto di me una cengia larga quanto i miei piedi, sulla quale mi trovo. Sotto di me parecchia aria, un salto strapiombante. Una placca liscia, senza fessure e con pochissimi appigli; pochi metri più in alto una fessura, la continuazione. Un'impressione che rimane.

In quel momento non potevo pensare che quella sarebbe rimasta la più difficile delle mie prime ascensioni; passarono dieci anni prima di poter vedere la prima ripetizione. In quel periodo mi fu chiaro una volta per tutte che la mia strada doveva essere quella della rinuncia: rinuncia agli ultimi accorgimenti della tecnologia. Solo così sarebbe stato possibile far crescere l'arte di arrampicare. E l'allenamento, assieme a un vissuto "qui e ora", ne sarebbe stata la premessa fondamentale.

Solo quattro metri

Pilastro di Mezzo al Sass dla Crusc

di Alessandro Gogna

Al di sopra degli incantati boschi di Val Badia e dei luminosi prati che circondano l'Abbazia dla Santa Crusc s'erge la scura muraglia Nord-Ovest del Sass dla Crusc, che comprende le pareti del Piz dl'Pilato 2825 m e del Ciavàl (Monte Cavallo) 2907 m. Tra esse un'enorme struttura, il Pilastro di Mezzo, s'appoggia sul friabile zoccolo comune a tutta la parete. Sono ancora di scena i fratelli Messner, Reinhold e Günther, il 6 e 7 luglio 1968. Con le pedule rigide, senza cunei, senza nut e con l'uso di soli 60 chiodi.

Passarono circa dieci anni prima che si fosse informati di cosa realmente era avvenuto sul Pilastro di Mezzo. Ci furono poi parecchie ripetizioni, ma tutti evitarono il passaggio-chiave con una lunghissima deviazione a destra e ritorno a sinistra. Si disse che Messner aveva mentito, che il VII+ o forse l'VIII- non poteva essere una realtà storica così vecchia. Oggi, sotto il passaggio, c'è un chiodo abbastanza buono, proprio sulla cengia alla base dei 4 metri. Heinz Mariacher ha ripetuto da capocordata il passaggio nel 1979. Ma la spitdipendenza degli ultimi tempi non favorirà certo le ripetizioni frequenti. Se qualcuno non avrà la pessima idea di spittare quel muretto, su quei 4 metri si potrà ancora leggere quanto la disperazione si tramuti a volte in energia. Il muro grigio è impassibile, compatto e solido. Nulla è cambiato. Mathias Rebitsch e Giovan Battista Vinatzer avevano toccato il VII, Messner lo ha superato. «Quando ero in difficoltà o dove era marcio, io pensavo: la roccia mi vuole un po' bene. Allora mi facevo passare dalla roccia»: così diceva Vinatzer. Il segreto è tutto lì.

Il 16 luglio 1978 alla base della via arrivò il 24enne Heinz Mariacher. Con lui c'erano la fortissima 19enne Luisa Iovane (sua compagna di sempre) e il personaggio di Luggi Rieser (oggi Swami Prem Darshano). Passato il tiro con la manovra di corda, arriva il tiro con i famosi 4 metri "impossibili". Ma lì Heinz non si trova più, non gli è chiaro dove Messner racconta d'essersi trovato in una posizione da cui non poteva più scendere. Allora, convinto di fare la cosa più logica, opta per la soluzione che gli sembra più evidente, quella della via di "minor resistenza". Quindi: traversa per circa 12 metri a destra, sale dritto per altri 4 e poi ri-traversa a sinistra per riprendere la fessura che sta sopra al muro di 4 metri del "passaggio Messner". Da lì la cordata prosegue fino alla vetta, convinta di aver effettuato la prima ripetizione. Ma in seguito, parlando con Messner, Mariacher comprende di aver aperto una variante. Appunto quella che prende il suo nome e che sarà la più seguita dai futuri ripetitori.

L'anno dopo, nel 1979, Mariacher con Luisa Iovane ritorna al Sass dla Crusc e fa la Messner tutta in libera. È la prima libera integrale, visto che non si cala con la corda, ma scala in libera anche sul tratto in discesa, con difficoltà di VIII-, che porta al tiro chiave. Poi, sul muretto del famoso passaggio, sale 2 metri a sinistra di quello che ormai tutti considerano il passaggio originale, superando difficoltà di VIII-. È la prima *rotpunkt* della via! Intanto, nello stesso momento, i tirolesi Reinhard Schiestl e Luggi Rieser liberano la loro *Mefisto* (VIII-)!

Il tracciato della via Messner sul Pilastro Centrale del Sass dla Crusc.

L'indagine

di Nicola Tondini

Il Pilastro di Mezzo al Sass dla Crusc è da anni legato al nome dei fratelli Messner. Chi ha ripetuto le vie che Reinhold ha aperto in Dolomiti sa dell'attrazione che il forte arrampicatore aveva per le placche. Pur disponendo solo di chiodi e indossando robusti scarponi rigidi, Messner spesso si è lanciato alla ricerca della sequenza di appigli che gli avrebbero permesso di avere ragione di quei muri compatti di calcare grigio: la parete Nord della Seconda Torre di Sella, la parete Nord del Sass da Putia, la parete Nord della Cima della Madonna, la parete Sud della Marmolada, le placche d'aderenza del Sasso delle Nove e appunto il Sass dla Crusc furono alcuni dei suoi terreni di gioco e testimonianza del suo grande intuito. Vie, queste, che ancora oggi mettono timore: i lunghi tratti sprotetti e la capacità necessaria per saper leggere le placche frenano molti alpinisti a cimentarsi con le vie dell'alpinista altoatesino.

Sul Pilastro di Mezzo del Sass dla Crusc, Reinhold Messner con il fratello Günther compì il capolavoro. Già nei primi tiri i due fratelli dovettero cercare a fatica una linea di passaggio. Furono costretti, infatti, a un lunghissimo traverso con un pendolo per passare una zona estremamente liscia. Poi ecco al quarto tiro quel muretto di 4 metri appena sopra una piccola cengetta. Gli appigli si intuivano, ma erano decisamente piccoli. Messner starà quasi un'ora a provare e pensare come passare. Poi tenterà il tutto per tutto, riuscendo. Sarà il primo grado VIII della storia, percorso in libera.

Con gli anni cresce sempre più la fama di quel passaggio. Qualcuno leggendo sui forum in internet pare abbia trovato altri punti deboli, oltre alla variante Mariacher, dove salire. Sta di fatto che il passaggio originale continua tutt'oggi a mettere in crisi. Io stesso ho letto e sentito vari commenti su quel passaggio: avrà piantato un chiodo, si sarà rotta una scaglia, com'è possibile che lui sia passato e tanti forti rinunciano? E così via. Io l'ho ripetuta la prima volta nel 1992 e allora ero andato deciso per la variante Mariacher. La curiosità di provare il passaggio Messner è ovviamente tornata fuori, così propongo a Massimo Lucco, mio fortissimo cliente/compagno di andare a metterci le mani per capirne un po' di più. Fissiamo la salita per il 3 settembre 2010.

I giorni precedenti sento Andrea Tosi e Paola Finali, amici esperti in fotografia e filmati, che ultimamente mi seguono in qualche avventura e propongo loro di documentare il famoso passaggio Messner.

Il 3 settembre io e Massimo andiamo all'attacco del Diedro Mayerl, che percorriamo fino alla cengia mediana. Da qui, seguendo la cengia verso sinistra, in 10 minuti raggiungiamo l'attacco della *Messner* al Pilastro di Mezzo (nella realtà l'originale raggiunge la cengia direttamente seguendo 300 m su un pilastro di roccia estremamente friabile e pericoloso di V grado). Sono le 10 appena passate. Sento per telefono Andrea, che con Paola, Ingo e Mario hanno raggiunto la cima a piedi. Finché io e Massimo scaliamo sui primi tiri della *Messner,* loro attrezzano le corde statiche per fare i filmati e le foto. Così quando arrivo al 4° tiro della *Messner,* Andrea e Paola sono già posizionati. Ho fatto sosta per provare il passaggio-Messner, alla fine del traverso del tiro precedente, come indicato nella precisa relazione di Ivo Rabanser. Prima di provare il passaggio della placca-Messner dal basso, lo studio con la corda dall'alto. Mi ci vuole un po' per capire come farlo senza renderlo estremo. Alla fine riparto dal basso e lo faccio. È un bel singolo di VIII (7a). Gli appigli duri da tenere sono 3. Ma come mai è così difficile da fare a vista? Presto spiegato.

– Come tanti *boulder* "strani" è difficile impostare la partenza: viene spontaneo partire con un piede, ma così facendo ci si pianta subito. Partendo con il piede "sbagliato", poi tutto torna giusto e il passaggio è fatto, basta avere buone dita e certamente a Messner non mancavano.

– Si è psicologicamente non in una bella situazione:

a) il compagno che fa sicura non ti vede o, se si decide di fare sosta prima del passaggio, si rischia un volo diretto sulla sosta stessa;

b) se si cade, facilmente si va a sbattere con i piedi sulla cengetta da dove inizia il passaggio, a meno di non lanciarsi decisamente verso il vuoto;

c) la protezione non è distante, ma comunque sotto i piedi;

d) si capisce che se si sbaglia il movimento non si riesce a tornare indietro.

e) c'è la via d'uscita: la variante Mariacher.

Concludo dicendo che Messner ha fatto proprio un capolavoro a superare quel muretto di 4 metri. Per me è passato in libera e non si è rotto nessun appiglio fondamentale. Lui è stato lì un'ora a studiarlo, poi con la determinazione che lo ha sempre contraddistinto è partito col piede giusto, ha tirato con tutta la forza che aveva i due o tre appigli chiave e ha raggiunto quelli buoni successivi grazie ai quali è uscito dalle difficoltà.

La rinuncia, garanzia per il futuro

*Il **progresso** è una molla per tutti gli sport più importanti e la competizione produce sempre nuove prestazioni da **record**. Nell'alpinismo tradizionale, però, la competizione è troppo pericolosa e quindi fuori luogo. Per lo stesso motivo non possiamo parlare delle grandi pareti come terreno di gioco per i record. Lo sviluppo, dunque, sta tutto nel "come". Ho sempre cercato di affinare la mia arte di arrampicare, di esercitare gli occhi a ricercare la **linea ideale** e di far aumentare la mia resistenza. Il mio obiettivo era raggiungere la maggior sicurezza possibile su qualsiasi tipo di terreno. Anch'io volevo riuscire a dimostrare i miei progressi, cosa possibile al meglio tramite **prime ascensioni** di nuove vie.*

*Un'ascensione sarà tanto più audace quanto minore sarà l'utilizzo di **materiali** in rapporto alle difficoltà totali.*

*Se impareremo a rinunciare sempre di più, l'esplorazione delle montagne non avrà mai fine. L'alpinismo avrà quindi un corso sano e adeguato, descrivibile come un rapporto corretto tra problema posto e utilizzo di materiali, non tramite il solo uso di numeri. Erano questi i miei **postulati**.*

*Il progresso in montagna non è scandito dall'uso di elicotteri, di staffe o di chiodi a espansione. Può sembrare assurdo al giorno d'oggi, all'inizio del **ventunesimo secolo**, respingere la tecnologia accusandola di essere un passo indietro, perché tecnologia equivale a **progresso**. Ma per l'alpinismo tradizionale vale il contrario.*

*All'epoca ho valutato tutte le mie prime ascensioni più difficili con i gradi da V+ a VI. Il **settimo grado** era solo immaginazione e in nessun modo trovava consenso. Soprattutto non c'era spazio per l'apertura verso l'alto della scala. Il Pilastro di Mezzo del Sass dla Crusc per me era di VI grado, l'estremamente difficile, definito da **Willo Welzenbach** il limite del possibile. Per la **UIAA** (*Union Internationale des Associations d'Alpinisme, l'Unione Internazionale delle Associazioni di Alpinismo, in inglese International Climbing and Mountaineering Federation, *n.d.r.) non poteva esserci nulla di più difficile. In quel tempo mi trovavo da solo a lottare per l'apertura verso l'alto della scala delle difficoltà.*

L'ultimo sole illumina i tre Pilastri del Sass dla Crusc.

8
ROCCIA ESTREMA NELLE PICCOLE DOLOMITI

Le foglie dei castagni erano ancora giovani e tenere e io ero in piedi, vicino alla mia automobile, all'ombra degli alberi, intento a leggere l'ultima lettera di Claudio Cima. Non ci conoscevamo di persona, ma ci eravamo dati appuntamento per quel fine settimana allungato. Mi passavano vicino, valigie in mano, accalcati, i passeggeri provenienti dalla stazione ferroviaria. Gente che arrivava da Torino, da Milano, da tutta la Pianura Padana, tutti pieni di fretta. Uscivano e, arrivati sul piazzale asfaltato, salivano sui taxi oppure svanivano lungo le vie della città.

Improvvisamente sentii una voce: "Ciao Reinhold! Aspetti da tanto?". Era Claudio. Non aveva per nulla l'aria di uno scalatore, così pallido in volto e vestito in jeans come tutti gli altri giovani.

Durante la salita verso il rifugio il caldo sole primaverile ci bruciò per bene i volti, cosa che notammo il pomeriggio seguente mentre stavamo scalando lo Spigolo Sud del Primo Apostolo. Al mattino avevamo ripetuto la classica via *Soldà* al Baffelan, un sistema di diedri in parte attraversato da acqua di scioglimento. Sullo Spigolo affilato la roccia era asciutta e l'erba alle soste era gialla, fragile e al minimo alito di vento sembrava avere un fremito. Alto sopra le nostre teste sporgeva uno strapiombo che, nel sole a picco, dava l'idea di essere fattibile.

La sosta successiva era in vetta. Il verde tenue della pianura si perdeva quasi senza soluzione di continuità nel pallido azzurro dell'orizzonte. Dal rifugio sottostante si alzava diritta un'esile nuvoletta di fumo. La neve, sui pendii rivolti a Nord, brillava. Era ancora spessa e dura come il ghiaccio. Il terreno era umido, ma non ancora gelato. Nella notte avrebbe fatto freddo.

Il mattino successivo andammo a scalare la parte superiore della via *Carlesso* al Baffelan, o, meglio, quella che noi ritenevamo esserlo. In realtà ci eravamo allontanati dalla via vera e propria ed eravamo andati a finire sul Spigolo Soldà, estremamente difficile. L'ultima lunghezza di corda era stata dura, tutta su tacchette, senza che fossi riuscito a trovare un solo chiodo: sesto grado. In mezzo a un ciuffo d'erba si poteva intuire una sosta, idea confermatami dalla presenza di un vecchio chiodo piazzato sotto una lama stabile. Mi assicurai a quel chiodo di sosta, che era stato sistemato all'altezza della pancia dall'alto verso il basso. Aveva l'aria di tenere, ma feci comunque in modo di piantarne un secondo.

Quella di piantare sempre due chiodi di sosta era una delle mie abitudini. Appena sopra la testa trovai un foro naturale e ci piazzai dentro un chiodo Cassin medio, quindi mi assicurai anche a quello con un nodo a otto. Ecco, in quel momento ero soddisfatto e Claudio poteva raggiungermi. Arrivò piuttosto velocemente e, dato che il terreno sopra le nostre teste

Gino Soldà in libera sulle Piccole Dolomiti.

aveva l'aria di non essere difficile, continuò per il tiro successivo. Un grande chiodo ad anello lo portò ad andare a destra, verso un diedro. Consigliai al mio amico di passare un cordino attorno a quel chiodo ad anello che sporgeva di circa dieci centimetri, cosa che lui fece con un semplice *prusik* passato attorno al chiodo, nel quale poi infilò un moschettone per farci passare la corda. Dopo una decina di metri il diedro si perdeva nello spigolo verticale, e lì c'era un altro chiodo, che Claudio rinviò prima di proseguire. Pensai che doveva essere piuttosto difficile. Poco dopo Claudio piazzò un altro chiodo e poi scomparve dietro lo spigolo. Percepivo l'odore del pericolo, era più distinto del solito.

All'improvviso un rumore di ferraglia, uno strattone: pensai che il chiodo in alto fosse saltato fuori e subito dopo arrivò un altro strattone. Mi sentii portar via dalla sosta, ma continuai a pensare che era tutto a posto, perché il secondo chiodo aveva tenuto. Proprio in quel momento sentii un altro strattone e mi trovai strappato verso l'alto.

Una volta tornata la calma potei rendermi conto della nostra pericolosissima situazione. Claudio era appeso alla corda e si trovava circa dieci metri sotto di me. Il vecchio chiodo di sosta, a causa dello strattone, era venuto fuori e anche il secondo chiodo di passaggio lo aveva seguito. Eravamo quindi appesi solo al vecchio chiodo ad anello e al chiodo Cassin con il quale prima avevo rinforzato la sosta. Non mi restò altro che fissare la corda e recuperare Claudio, appeso come un salame, per farlo tornare su da me. Dopodiché ci calammo in doppia e tornammo a valle.

In quell'occasione incontrammo Gino Soldà. Seduti su una panca al margine della strada, ci raccontò della

Elbsandsteingebirge: l'arrampicata libera non è mai stata dimenticata in quella zona.

sua grande epoca. “L’alpinismo estremo non si è potuto sviluppare sotto i riflettori della notorietà” disse. “Allora era tutto diverso da oggi. Le nostre prime ascensioni abbiamo potuto farle solo a base di difficoltà, di ritirate e di umiliazioni”. Quando però mi lasciai scappare di aver fatto la sua via al Piz Ciavazes in solitaria, lo vidi ridere.

Sei mesi dopo scrissi a Claudio che ero riuscito a fare la solitaria della *Soldà* al Sassolungo. Claudio stava studiando a New York e la sua risposta fu piuttosto triste: “La città è così fredda!”, e non si riferiva al ghiaccio. “La cosa peggiore è essere soli in mezzo a così tanta gente. Mi tornano spesso in mente le nostre giornate passate a scalare… C’era così tanto sole”.

Invernali e solitarie

Due sono le mode che hanno segnato gli anni Sessanta: le ***invernali*** *e le* ***solitarie****. Anch’io non mi sono sottratto.*

La Direttissima *della parete Sud del Dachstein, una via dritta lunga quasi novecento metri, fu vinta nel 1967 dalla guida di Heeresberg* ***Leo Schlömmer*** *assieme a* ***Peter Perner*** *e diventò così da ogni punto di vista la pietra di paragone per il superamento dell’impossibile. Quello che era uno dei tetti più grandi delle* ***Alpi*** *da un lato assurgeva a punto massimo dell’epopea dell’arrampicata artificiale e dall’altro si distingueva per l’uso parco di chiodi a pressione sia su quella* big wall *sia per il superamento dell’impressionante tetto.*

Forse i protagonisti, ottimi scalatori, erano già in grado di padroneggiare il ***settimo grado****, anche se questo ancora ufficialmente non esisteva. Leo Schlömmer ai suoi tempi era* ***all’avanguardia*** *per quanto riguardava l’arrampicata, artificiale e in libera.*

Due anni dopo la prima ascensione, nel 1969, andò a effettuare la solitaria della Direttissima *alla parete Sud: “Dopo sette ore in solitudine nel mezzo di questa parete pazzesca, tremando per la gioia e la felicità, sono arrivato alla croce di vetta, che, riconoscente, ho preso tra le braccia”, scrisse in seguito.*

9
UNA SOLITARIA ALLA SUD DEL BURÉL

Ero in auto ormai da due ore e viaggiavo in direzione di Belluno. Per la prima volta a primavera avevo già un obiettivo preciso e un piano chiaro da attuare. Un piano così ben pensato fin nel minimo dettaglio da non sembrarmi nemmeno troppo audace: mi ero preparato al massimo e non poteva che andarmi bene. Mi avviai dunque verso l'attacco lentamente, per non arrivare troppo stanco.

Una volta al rifugio, mi cambiai nello stanzone. Oltre ai gestori non c'erano altre persone. In quel periodo dell'anno gli escursionisti da Belluno tendevano ad andare in altre zone. Mi legai la corda alla schiena e un po' di chiodi all'imbrago, il tutto con una certa velocità, come avevo fatto spesso. Dopo essermi messo nello zaino una pila, una giacca a vento e un pugno di frutta secca, lasciai il rifugio.

Mentre camminavo lungo il sentierino che sale verso la Schiara giocherellavo con il caschetto. Arrivato sotto alla parete del Burél, poi, non riuscivo a orientarmi e in mio aiuto venne un ometto di pietre. Questo fu per me un motivo in più per studiare meglio quella muraglia. Una parete grigia, solida, portava verso una zona di roccia giallastra nella quale a impedire il passaggio era una fascia di tetti orizzontali.

Iniziai quindi a danzare lentamente verso l'alto lungo i primi salti. Da solo, senza nessuna assicurazione, ero veloce. Non avevo alcuna paura di poter cadere, perché ogni mio singolo movimento era già stato pensato in anticipo e in più, quando pensavo di non riuscire a terminare un qualche tratto, potevo sempre tornare indietro e riprovare, cosa che peraltro avvenne davvero pochissime volte.

Gli appigli erano ruvidi, lavati dall'acqua e si facevano sentire sulla punta delle dita. La roccia, però, non era così compatta come quella del Civetta o delle Tre Cime, tanto per fare degli esempi. Non capivo comunque per qual motivo avessi tutto così chiaro in testa. Una cosa, però, l'avevo capita, e pure bene: io, da solo, dovevo fare attenzione a tutto e non dovevo sprecare le forze prima di essere riuscito a passare la zona degli strapiombi.

La parete ormai si estendeva per cento metri sotto i miei piedi e io continuai a scalare lentamente finché non arrivai al tratto chiave, alla destra del secondo tetto. Questo tratto chiave è uno strapiombo avaro di appigli, sotto il quale si trova un chiodo a espansione.

Mi massaggiai l'avambraccio perché mi aspettavo un tratto di sesto grado, se non sullo strapiombo di sicuro al di sopra. Se si rimane appesi per troppo tempo, poi non c'è più nulla da fare. No, dai, un po' di forza sulle dita è rimasta, posso scalare anche con un po' di crampi... Questa forza, però, si consuma velocemente quando ci si trova su uno strapiombo e non si può più tornare indietro. Se si è in una situazione come questa, si vola. Non subito, ma di lì a poco. Si cade così all'improvviso che, per lo più, si lancia solo un urlo di terrore e si precipita rimbalzando contro la parete tanto lentamente da avere il tempo di veder scorrere tutta la propria vita.

Concentrazione totale

Nell'estate del ***1969*** *sono riuscito a scalare parecchie vie, soprattutto nelle* ***Dolomiti:*** *prime ascensioni, solitarie, ripetizioni delle vie più difficili. Ero in forma spettacolare, non sarei mai più riuscito a scalare con tutta quella sicurezza. Per fortuna non l'avrei più nemmeno dovuto fare, perché stavo sviluppando tutt'altri piani.*

Proprio nell'autunno di quell'anno si scatenò contro di me una marea di critiche. ***Toni Hiebeler:*** *"Se non metti un freno alle tue ambizioni presto sarai un uomo morto". Il mio modo di fare alpinismo era considerato "irresponsabile", "sconsiderato" , "al di là dell'accettabile". Io invece, mi sentivo sicuro di quel che facevo. Rinunciavo spesso ad assicurarmi perché la mia sicurezza era dentro di me. Non mi sono portato dietro quasi mai le* ***staffe*** *ma solo la* ***corda****, per potermi legare e assicurare in caso di necessità. Con ciò non mi sentivo per nulla uno "arrivato", ma, al contrario, un* ***principiante*** *totalmente concentrato sulle scalate più difficili su roccia e su ghiaccio.*

10
SICUREZZA E ASSICURAZIONE

Fin dall'inizio le cadute in montagna sono sempre state pericolose: lì non ci sono le reti di sicurezza che hanno invece gli acrobati. L'uomo del resto non nasce predisposto per "volare". Soprattutto nell'epoca eroico-romantica dell'alpinismo le cadute erano particolarmente temute. Oggi, invece, "volare" fa parte del gioco: grazie alle "assicurazioni a prova di bomba" le cadute sono state ridotte al rango di sciocchezze.

Io non faccio parte di quelli che vorrebbero che tutto rimanesse così com'è sempre stato. Una caduta sarà sempre pericolosa ed evitarla sarà di certo una delle priorità! Per principio io consiglio di non fare affidamento sulle assicurazioni e di scalare invece come se non ci fossero. Per avere la sicurezza necessaria a tale scopo sono indispensabili o le capacità o una brava guida alpina. Dietro a un'assicurazione a corda si cela l'insicurezza e questa va affrontata e combattuta con esercizio, allenamento e attenzione sempre maggiori. L'assicurazione non è l'aspetto più importante per le arrampicate estreme: se la mettiamo al primo posto, non potrà mai crescere la nostra sicurezza, quella che è dentro di noi. Se, invece, arriviamo a perfezionare la nostra sicurezza, quella che abbiamo raggiunto, non sarà più necessaria alcuna assicurazione. Gli uomini in montagna commettono errori, è per questi casi che andiamo a piazzare le assicurazioni. Là dove obiettivamente esistono pericoli mettere delle assicurazioni è certamente importante, purché le si sappia utilizzare debitamente.

Assicurarsi ed essere sicuri sono parte di un insieme che dev'essere modificato o rivisto in modo tale da lasciare alla sicurezza il primo posto. Corda e chiodi sono espedienti che consentono di arrivare al limite massimo delle nostre possibilità, là dove si trova il fascino dell'alpinismo estremo.

Se volessimo rendere sicura al cento per cento l'arrampicata estrema – e questo sarebbe teoricamente possibile con chiodi a espansione cementati nella roccia –, la quantità di scalatori estremi aumenterebbe a tal punto che, come effetto finale, avremmo una nuova crescita dei pericoli potenziali dovuti a nuove tipologie di incidenti.

La Nord della Cima Grande di Lavaredo e lo Spigolo Dibona (1).

Ciò che gli scalatori vogliono è arrivare al limite delle proprie capacità, non "volare" e finire di sotto. Sono pronti ad affrontare rischi, certo, ma non hanno intenzione di lasciarci la pelle. In questo dilemma trova le proprie radici la disponibilità al compromesso con le assicurazioni. Eppure, con queste "sicurezze a prova di bomba" non solo si vola più spesso, ma ci sono anche voli che hanno conseguenze fatali. Non è che scalare diventi più sicuro grazie alle assicurazioni: i voli sono meno pericolosi solo per alcuni degli attori, non certo per la massa.

La maggior parte degli incidenti durante le scalate avvengono per sicurezza personale carente e non per un'assicurazione mal fatta. Le sfide possono essere superate o si possono evitare, mentre spesso i pericoli oggettivi, come la caduta di pietre, le valanghe o il maltempo improvviso, si presentano senza lasciare possibilità di scelta.

In alcuni casi le cordate lente agiscono più irresponsabilmente di quelle veloci. Se c'è una scarica di sassi, oppure nel caso di un repentino cambiamento del tempo, l'aver messo assicurazioni in sé e per sé non garantisce alcunché.

A volte l'alpinismo è anche simile a un gioco. Finché è possibile interrompere

l'ascensione e non si presentano situazioni critiche, ognuno può scegliere liberamente se scalare lentamente o velocemente, o anche se fermarsi in sosta per due ore a godersi il sole. Il muoversi in assoluta libertà fa sì che talvolta questo gioco diventi pericolosamente spensierato. Ma è un gioco che può trasformarsi improvvisamente in una situazione di estrema gravità, e allora bisogna essere in grado di prendere la decisione giusta. Lo scalatore si trova, sulla base della propria esperienza, a dover fare calcoli quasi matematici e a prendere decisioni che richiedono notevoli sforzi a livello mentale.

Ci sono pericoli che possono solo essere evitati e per i quali non ci sono assicurazioni che tengano. La scelta del momento giusto, della stagione giusta è ben più importante di un chiodo in più o in meno. Non ci sarà mai la formula della sicurezza, non c'è algebra o algoritmo che riesca a calcolarla. Sono gli uomini, con la loro responsabilità personale, a prendere le decisioni e a subirne poi le conseguenze.

In montagna non vado di certo alla ricerca del pericolo e tanto meno a giocare con la vita. Quando però attacco una grande parete sono del tutto consapevole del fatto che sto andando incontro a pericoli e sarei incauto se facessi finta che il rischio non esiste.

L'impresa di Vinatzer e Carlesso

Sulla via Solleder *alla parete Nord della Furchetta,* ***Emil Solleder*** *e* ***Fritz Wiessner*** *(alpinista proveniente dall'Elbsandstein) scalarono nel 1925 il primo sesto grado ufficiale. La via di* ***Vinatzer****, anch'essa sulla parete Nord della Furchetta, è, come sappiamo oggi, una delle prime vie di settimo. Aperta nel 1932, percorre quasi totalmente lo spigolo arrotondato. Nel 1934, poi, Vinatzer e* ***Carlesso*** *salirono a comando alternato la parete Nord della Cima Grande di Lavaredo in libera, in un modo che oggi definiremmo* rotpunkt*: di nuovo settimo grado.*

Arrampicata libera sul granito del Monte Bianco (circa 1880).

11.
RITORNO ALL'ALPINISMO TRADIZIONALE

La rinascita dell'arrampicata libera e il ritorno all'alpinismo tradizionale sono fenomeni cresciuti lentamente. Entrambi avevano a che fare con la rinuncia agli ausili tecnologici. La giovane generazione aveva già raggiunto un punto di svolta, tornando al bivio aveva ripreso il cammino classico. Se G. B. Vinatzer avesse avuto nel 1936 sulla Marmolada di Rocca chiodi a espansione, con buona probabilità li avrebbe utilizzati. Dato che non li aveva, si trovò costretto a dare fondo alle sue capacità e alle sue forze, a tutto favore non solo dell'eleganza della sua via, ma anche della sua fiducia in sé stesso. La rinuncia che auspico, comunque, non va intesa come riferita ai soli chiodi a espansione; questa fase deve soltanto segnare un inizio.

Arrampicata in libera (*clean climbing*) sul granito della Yosemite Valley.

I primi alpinisti utilizzavano tutti gli ausili tecnici a disposizione. Pareti come lo Sperone Walker o la Nord dell'Eiger rimanevano però riservate solamente ai migliori. Il cambiamento arrivò dopo la guerra. Alle origini dello sviluppo dell'arrampicata artificiale ci furono i chiodi a espansione. Con il cordino per gli approvvigionamenti è stato eliminato anche l'isolamento sulla montagna e il tempo è stato come dilatato. Su una scala più grande, in Himalaya con quello che è stato definito "stile assedio" si è reso possibile quasi tutto perfino sulle montagne più alte della Terra. A quel punto la tecnologia aveva banalizzato l'alpinismo, aveva fatto sparire l'impossibile e, grazie a essa, tutte le montagne e tutte le pareti erano diventate fattibili.

L'evoluzione dei giovani scalatori dovrà adesso essere misurata sulla base di ciò a cui sapranno rinunciare. Oggi ci troviamo ad avere due possibilità: o cercare in montagna problemi sempre più difficili e aumentare l'utilizzo degli ausili tecnologici, oppure rimanere sempre sui grandi problemi però rinunciando sempre di più ai suddetti ausili.

Fino al 1970 gli scalatori hanno seguito la prima via: rimaneva e rimane ancora al loro acume decidere se scegliere o meno la seconda. Nelle Alpi è difficile trovare problemi più grandi di quelli sinora risolti tanto in estate che in inverno, quindi è la seconda via quella che consente un progresso pressoché illimitato.

Per rinuncia agli ausili della tecnologia, comunque, io non intendo fare a meno di migliori scarpe da arrampicata, corde più leggere, moschettoni più resistenti. La mia proposta è invece quella di rinunciare a tutto ciò che priva l'arrampicata di libertà, eleganza e leggerezza.

Lo sviluppo dell'arte di arrampicare è rimasto fermo al palo fintanto che a rendere possibile tutto in montagna c'erano gli ausili della tecnologia, tendenza che ora sembra prevalere anche in America. Sempre più frequentemente, a una prima ascensione ha fatto presto seguito sulla stessa via una prima salita in libera, alla quale viene attribuito un valore sensibilmente maggiore rispetto alla linea ottenuta con la forza. La sete di avventura dei giovani aumenta parallelamente alla sempre maggiore quantità di tempo libero: l'alpinismo potrà continuare a essere uno dei tanti campi di attività in grado di far vivere un'avventura soltanto se faremo in modo di preservare l'impossibile.

Una "vita" a sé

Una grande ascensione è come un'altra vita, una vita totalmente a sé, in qualche modo staccata da questo mondo, dalle preoccupazioni dalla ***quotidianità****. Non sono i timori esistenziali a riempirci la vita in quei momenti, ma solo un'attenzione aumentata. Poi, senza che lo si voglia, la vecchia vita torna a farla da padrona. Una* ***scalata*** *ha vita propria, inizia da qualche parte e ha termine in un qualche tempo. È come una storia che a volte non sono nemmeno sicuro che appartenga alla mia vita. Il Pilone del Freney, sul* ***Monte Bianco****, nel* ***1969*** *era una di queste grandi ascensioni e la via più difficile per salire sul Tetto d'Europa. Nel tentativo di prima ascensione nell'estate del 1961 avevano perso la vita, a causa di una terribile tempesta, quattro ottimi scalatori. Colpiti da allucinazioni, con congelamenti alle mani e ai piedi, altri due furono "riportati alla vita" da* ***Walter Bonatti****, che riuscì a guidarli nella bufera scavando una profonda traccia nella neve.*

Dru: parete Ovest e Pilastro Bonatti, oggi in gran parte crollato.

12.
IL PILONE CENTRALE DEL FRENEY IN GIORNATA

A Chamonix ad aspettarmi c'era Erich Lackner. Era tornato dalla parete Ovest delle Petites Jorasses ed era carico di energia. Aveva già alle spalle centinaia di vie su roccia di estrema difficoltà senza il più piccolo incidente, ed era stato invitato assieme a me a Chamonix per il raduno degli scalatori.

Partimmo subito verso il bivacco della Fourche col progetto di scalare il Pilone Centrale del Freney. Verso sera eravamo già a studiare la conca glaciale che si stende sotto il poderoso versante della Brenva fino alla parete Nord-Est dell'Aiguille Blanche. Ciononostante, alle prime ore del mattino seguente faticammo non poco per non perdere l'orientamento. Assieme a noi partirono altre due cordate dirette alla via *Major*.

Scesi per canaloni e pendii nevosi, attraversammo il bacino pianeggiante sotto il versante Sud del Monte Bianco. Faceva così buio che non si riuscivano a distinguere i singoli costoni e i pilastri della gigantesca fiancata che ci sovrastava. Spesso confondevamo con le stelle le luci portatili degli alpinisti. Durante la salita lungo la ripida gola ghiacciata che porta al Col de Peuterey finimmo in un caos di crepacci da cui riuscimmo a venir fuori solo quando ila luce arrivò da dietro le Grandes Jorasses.

Salimmo rapidi, alternandoci, facendoci sicura solo di tanto in tanto. Al Col de Peuterey la neve era dura, il sole cadeva sui tre compatti Piloni del Freney dando al granito un aspetto amichevole. La lunga, azzurrognola crepaccia terminale che si distendeva sinuosa ai piedi della parete aveva solo due punti deboli. Localizzammo quello a sinistra e traversammo il plateau nevoso là dove si lasciava intuire una traccia.

A scuoterci fu una voce proveniente da quei giganteschi e lisci pilastri rocciosi sovrastanti. Dapprima carpimmo solo parole spezzate, poi riuscimmo a sentire i comandi di cordata.

Guardammo a lungo verso l'alto, ma senza riuscire a scorgere alcuno. Nella parte superiore del Pilone Centrale, dove la roccia si inarca a strapiombo, l'aria era ancora tanto trasparente da lasciar riconoscere ogni fessura, ogni pulpito, ogni tetto.

"C'è uno appeso sotto al grande tetto!", esclamò Erich eccitato. Lo vidi subito anche io. Penzolava nell'aria circa seicento metri sopra di noi, con i gradini delle staffe che continuavano a riflettere la luce del sole. Improvvisamente quell'uomo microscopico si mosse e si mise a tremare come preso dai crampi.

"È volato!", dissi. Poco dopo riprese posizione eretta, scrollò un paio di volte le gambe e con due movimenti si issò sulla piccola piattaforma posta appena sopra.

Le sei del mattino. Le rocce dell'attacco, ricoperte da un sottile strato di ghiaccio, erano davanti a noi. Quando il sole giunse alla base del primo diedro, cominciarono a staccarsi pezzi di ghiaccio che precipitavano giù sulla ripida parete e si perdevano nella crepacciata fra rocce e neve sotto di noi. Avevamo attaccato la parete del Pilone a lato dello spigolo e da lì seguimmo a lungo diedri e fessure, finché una parete articolata ci consentì di traversare verso destra. Arrampicammo sullo spigolo del Pilone alternandoci al comando, salendo dritti, finché un chiodo mi portò a destra, verso una serie di paretine incredibilmente lisce.

Mi ci volle molta fatica per alzarmi dal piccolo pulpito sul quale stavo in piedi, per poi salire lentamente la parete, andando con la punta dei pesanti scarponi doppi su alcune lamette microscopiche. Riuscii a spingermi verso l'alto fino a una sporgenza e con la mano destra afferrai uno spuntone arrotondato e rugoso. Mancavano ancora due metri per raggiungere un terreno meno ripido. Rimasi fermo un po', alla ricerca di altri appigli. Tenendomi a sottili scaglie, cominciai ad ansimare e, tremando, riuscii a tornare indietro appena in tempo, prima che fosse troppo tardi. Rimasi a lungo sul quel piccolo pulpito, sentivo una momentanea stanchezza agli avambracci e perciò non feci un secondo tentativo. Per fortuna nell'unica fessura sotto di me riuscii a far entrare un chiodo che mi permise di far sicura a Eric. Lui, però, rimase sullo spigolo, lungo il quale riuscì a superare quel difficilissimo tratto di parete. A mezzogiorno eravamo intenti a studiare un passaggio completamente privo di appigli, appena sotto la "Candela".

Erich tirò la prima lunghezza di corda sulla "Candela". Si appese di forza a una lama staccata e fece sosta sotto un grosso strapiombo. A me toccò invece il traverso verso destra sotto al grande tetto. Poi, in sosta sulle staffe, osservai Erich risalire il diedro che portava al grande tetto. Si innalzò dapprima con un'ampia spaccata fino a strisciare nella fenditura che attraversa il tetto e vi si incastrò con le braccia, lasciando le gambe a dibattersi penzolando nel vuoto.

C'era un tale silenzio tutt'intorno che riuscivo a distinguere tutti i suoni che provenivano da lui: le sue imprecazioni, i suoi sospiri... Il granito era spaccato, percorso da rugosità che si ramificavano ovunque. Il cielo era sempre sereno, più chiaro verso Sud, mentre nelle valli giaceva una fitta nebbia. Al di sotto di quei pallidi campi nevosi si stendevano i boschi con un colore verde azzurro... A disturbare quell'aria meditativa fu una caduta di sassi. Erich uscì dalla fessura e si protese per arrivare ad afferrare due buoni appigli al margine sinistro del tetto. La lunghezza di corda più faticosa era ormai alle sue spalle e quelle seguenti non ci preoccupavano più. Proprio al tramonto ci trovammo in vetta al Monte Bianco. Come un enorme cono, la sua ombra cadeva verso Est. I pendii settentrionali giacevano sotto di noi in una luce fioca.

La prima grande parete su un Ottomila

I pilastri di granito posti sul versante del Freney del Monte Bianco erano allora totalmente lontani da qualsiasi forma di civiltà. Il Pilastro di mezzo, o **Pilone Centrale***, chiuso tra gli altri, rappresentava nel 1968 la più difficile delle vie di salita al Tetto d'Europa. Nel 1961, alcuni mesi dopo la famosa tragedia, in occasione della prima ascensione effettuata dai britannici* **Chris Bonington, Jon Clough** *e* **Don Whillans***, quest'ultimo cadde durante il tentativo di superare in libera, salendo da primo, il grande tetto che chiude l'uscita verso la vetta del Bianco, a quasi 4800 metri di quota.*

Nel 1970, nel quadro di una spedizione guidata da Bonington, lo stesso Whillans raggiunse assieme a **Dougal Haston** *la vetta dell'***Annapurna** *dopo averne vinto la parete Sud, alta 3500 metri. La prima grande parete di un Ottomila era stata superata. La grande* **esposizione***, le grandissime difficoltà e i tantissimi pericoli di questa via hanno portato l'alpinismo a una nuova dimensione. L'apertura della scala delle difficoltà dell'UIAA verso l'alto, poi arrivata nel* **1978***, rimaneva una mera formalità.*

13.
IL SETTIMO GRADO

Negli anni Settanta si potevano distinguere due tendenze nell'alpinismo: la ricerca di nuove e difficili vie dirette sugli Ottomila e il desiderio di sfide sempre più grandi sulle Alpi, nella Yosemite Valley, sui Pirenei. La scala di difficoltà a sei gradi "non doveva" essere allargata. "Ciò che si trova al di sopra è al di fuori delle possibilità umane", disse nel 1962 O. W. Steiner, a Vienna.

«La valutazione delle difficoltà dell'arrampicata libera pura viene indicata con l'uso dei numeri romani da I a VI, con gradi intermedi verso il limite inferiore (-) e superiore (+). Sono sufficienti sei gradi per valutare le difficoltà dell'arrampicata libera. L'arrampicata libera di un passaggio di VI+ è riservata ai soli scalatori eccezionali», scrisse la Commissione Sicurezza della UIAA presieduta da Fritz Wiessner nel 1971.

«Con VI+ si indica un passaggio in arrampicata libera il cui superamento per i migliori scalatori in ottima forma fisica, con condizioni favorevoli (roccia asciutta), con l'uso ottimale delle caratteristiche della roccia (appigli, appoggi, aderenza) e con equipaggiamento d'avanguardia (suole con profilo gommato), significa un movimento ai limiti della caduta», ebbe a dire l'elvetico Werner Munter.

All'inizio degli anni Cinquanta con l'ascensione del Diedro Nord-Ovest della Cima Su Alto in Civetta e con la salita della parete Ovest dei Dru furono risolti tramite un maggiore uso di mezzi artificiali problemi di fronte ai quali scalatori di punta avevano fallito con tecniche convenzionali. Questo sviluppo andò avanti e alla fine di quel decennio sembrava aver raggiunto una svolta con la salita della *Diretta* alla parete Nord della Cima Grande di

Lothar Brandler sulla *Direttissima* della Nord della Cima Grande di Lavaredo.

Lavaredo e con l'apertura delle vie di svizzeri e francesi alla Cima Ovest di Lavaredo.

Dato che l'arrampicata artificiale si era perfezionata sempre più, qualsiasi difficoltà poteva essere superata e ogni singolo problema relativo a una parete alpina poteva essere risolto, così gli scalatori estremi tornarono a orientarsi verso l'alpinismo tradizionale, quanto meno parzialmente.

L'alpinismo classico, contrariamente al cosiddetto "alpinismo di conquista", è determinato dall'ideale, non solo dal problema alpinistico. Lo scalatore tradizionale va alla ricerca delle sfide per poi vincerle in un modo ben preciso. Si sottomette al *by fair means*, quindi a ben precise regole del gioco, che hanno valore solo per lui, ma forse anche per lo sviluppo dell'alpinismo in generale. L'alpinismo classico non è una realtà del presente; non è né nuovo, né legato al suo tempo: è dei singoli.

In questo senso si è dimostrato ben più sportivo il britannico Albert Frederick Mummery quando ha imparato a rinunciare alle sue guide ed è riuscito a fare in autonomia le scalate più difficili dell'epoca. Paul Preuss rifiutò i chiodi e ciò nonostante riuscì a padroneggiare il più alto grado di difficoltà dei suoi tempi. In seguito ci furono soprattutto Rebitsch, Vinatzer e Carlesso, poi Bonatti, i quali, scalando con una quantità limitata di mezzi artificiali – Bonatti più volte addirittura in solitaria -, scesero in campo per il *by fair means* e contemporaneamente furono coloro che indicarono la strada da seguire nell'ambito delle massime difficoltà. Nell'estate del 1971 Enzo Cozzolino, che si opponeva all'uso dei chiodi a pressione, riuscì ad aprire con una dozzina di chiodi normali vie dove i più grandi scalatori prima di lui avevano fallito nonostante l'uso del trapano a mano.

Con ciò è interessante osservare che il quinto grado di difficoltà è maturato con Mummery, che il sesto è arrivato dopo Preuss e non è fuori luogo affermare che Bonatti e Cozzolino abbiano introdotto il settimo grado.

I migliori tra gli scalatori degli USA provarono all'epoca a portarsi a casa la prima salita in libera di vie parzialmente artificiali. A una via che con l'uso di cinquanta chiodi di progressione presenta il massimo grado di difficoltà, senza questi chiodi doveva essere attribuito secondo logica un grado di difficoltà ancora maggiore. Se poi tutte le vie più difficili delle Alpi dovessero essere salite in solitaria e senza assicurazioni, ciò vorrebbe dire che per una cordata ci sarebbero possibilità per imprese ancora maggiori di quelle fin lì affrontate.

Nonostante il sesto grado fosse stato introdotto più di cinquant'anni fa come limite ultimo e definitivo delle possibilità umane in arrampicata, questo limite, volenti o nolenti, è stato poi abbattuto. Quel testardo attaccamento ai sei gradi di difficoltà ha avuto come conseguenza il fatto che ogni dieci anni le vie dovevano essere "sgradate" e che ormai il sesto grado di difficoltà era diventato un termine generico che indicava tutta una serie di ascensioni di estrema difficoltà che, in realtà, presentavano tra loro dai due ai tre gradi di differenza.

Questo caos per la valutazione delle difficoltà più alte in arrampicata crescerà ancora negli anni a venire se non si apre verso l'alto la scala delle difficoltà: questa era nel 1970 la mia posizione.

Non definirei mai il sesto grado come il confine dell'umanamente possibile, perché se il sesto grado dovesse essere fissato come limite, esso stesso nella realtà non esisterebbe, poiché nessuno potrebbe con sicurezza affermare di essere riuscito a raggiungere il limite ultimo dell'umanamente possibile. Uno scalatore può, al massimo, arrivare fino a quello che è per lui il limite personale di prestazione; scalatori e scalatrici cercheranno sempre di arrivare al loro limite anche se questo, col passar del tempo, dovesse spostarsi in avanti.

L'ideale, ovvero una via elegante, quanto più possibile diritta e incomparabilmente difficile, non sarà mai raggiunto da nessuno. Ci possiamo solo avvicinare, ma ciò nonostante oso affermare che ci saranno scalatori in grado di superare di più di qualche grado le sfide di oggi.

Per questo la scala delle difficoltà dev'essere aperta verso l'alto, deve restare illimitatamente aperta. Il nostro futuro recita così: "Problemi maggiori da risolvere grazie alla rinuncia volontaria alla superiorità per mezzo della tecnologia".

Se è vero quanto gli scienziati hanno appurato in lunghi anni di ricerca, ovvero che "gli obiettivi vengono elaborati e posti principalmente in quelle aree in cui i risultati sono incerti", e se verrà introdotta una scala delle difficoltà aperta verso l'alto, allora anche sulle Alpi compariranno il settimo, l'ottavo e il nono grado. Solo allora l'arrampicata sarà capace di un progresso continuo, un progresso in linea di principio infinito.

Marmolada di Ombretta, parete Sud (*Via dell'Ideale, Via Attraverso il Pesce*)

Questione di fortuna?

All'improvviso quell'estate era arrivata al termine. Stavo di nuovo lavorando e ogni tanto tornavo a pensare a quei giri grandiosi come se ciò fosse la più assoluta normalità. Modalità di pensiero che prima io stesso avrei ritenuto fuori luogo, erano diventate realtà. Ero riuscito a salire **pareti** *che anni prima non avrei nemmeno osato sognare. Per lo più ero andato a scalare da* **solo**, *seguendo uno stile che altri, gli stessi che certamente non si davano pena per lo stile, bollavano come una* **imprudenza** *evidente. Ero al massimo della forma, quindi il tutto non mi interessava minimamente. Avevo la sensazione che quell'estate mi avesse arricchito la* **vita**.

Il tutto fino al giorno in cui qualcuno (forse più di uno) pensò bene di dover verificare la responsabilità nelle mie azioni. Come da slogan: "Ogni giorno a migliaia muoiono di fame, a migliaia sulle strade e altrettanti soffrono per le malattie della nostra epoca: infarto, arteriosclerosi, noia... E lei rischia la vita per imprudenza!"

"Evidentemente" dissero quelli che si vantavano di aver fatto essi stessi vie pericolose "lei cerca il pericolo per il pericolo!".

"No", risposi. "Proprio il contrario!".

"Lei fa queste ascensioni in solitaria" mi dissero "senza alcuna assicurazione e talvolta anche con il maltempo", per poi giungere alla conclusione (tenendo l'indice alzato, come se si fossero allenati assieme a farlo): "Una cosa pericolosa che andrà a finire male!".

Sorrisi, anche se stavo prendendo sul serio i loro pensieri e cercavo di comprendere il loro punto di vista.

"Andrà a finire male", ripeterono. Sorrisi, nonostante sapessi che in quel modo non me li stavo di certo facendo amici.

"Ma perché non ammette apertamente" mi dissero, incalzandomi senza eccessiva empatia "di essere un imprudente?".

Scossi la testa. Dovevano pur trovare una qualche motivazione e dietro di me li sentivo discutere di nevrosi.

"L'esperienza ha indicato" dissero con tono professorale, senza peraltro esse-

re in errore "che queste sono cose che vanno bene una volta soltanto, magari per un mese, al massimo per un'estate".

"Potrebbe essere".

"E lei lo fa lo stesso!".

"Mi sento sicuro, addirittura più sicuro di quando siamo in due".

"Ma non è possibile!".

"Io sono in grado di valutare me stesso, ma non il mio compagno e non mi piace giudicare gli altri".

"Lei rinuncia all'assicurazione a corda per non trovarsi nei guai a causa del compagno, se stiamo capendo correttamente?".

"Ero ben preparato".

"Possibile" dissero. "Ma lei non pensa a tutto quello che sarebbe potuto capitare quest'estate!".

"È evidente che sono ancora vivo".

Si infuriarono. "Ma perché non lo ammette una volta per tutte di aver avuto fortuna, tantissima fortuna?".

Tacqui, mentre nei miei pensieri vedevo rocce e detriti che al pomeriggio spazzavano lo scudo di ghiaccio della parete Nord delle **Droites** *mentre stavo salendo al rifugio; osservavo il manico del martello che mi era rimasto in mano sulla* via Soldà *al Sassolungo, sentivo le cascatelle nel canale d'uscita del Diedro Philipp-Flamm in* **Civetta**. *Vedevo i corpi dei miei compagni che cadevano sul* **Baffelan**, *nelle Piccole Dolomiti, e pensavo a quei sapientoni che sotto la parete Nord della* **Seconda Torre del Sella** *parlavano di soccorso alpino.*

A volte mi sono dovuto tenere davvero con forza per non cadere dalla parete.

14.
TUTTO ERA INIZIATO PER GIOCO

Era il secondo giorno della "Festa della Matricola". Sulla piazza davanti al "Pedrocchi", uno dei migliori caffè del centro di Padova, una massa di studenti stava seguendo la lotta dei "goliardi" sul "Palo della Cuccagna": saranno stati in sei o forse otto a concentrare su di sé l'attenzione di qualche migliaio di spettatori eccitati. Urla, musica, altoparlanti... Una festa studentesca italiana.

La "Festa della Matricola" durava tre giorni. L'università rimaneva chiusa e noi studenti eravamo liberi. Le strade venivano chiuse, i cinema venivano presi d'assalto e c'erano giochi e gare. Uno di questi giochi consisteva nello scalare il "Palo della Cuccagna", un palo alto una quindicina di metri che era stato posto in pieno centro città esattamente a questo scopo. Dato che quel palo era stato spalmato con uno strato di grasso spesso un centimetro, riuscire ad arrampicarcisi sembrava decisamente impossibile, per non parlare di quanto ci si sporcava! Per questo motivo gli studenti, detti "i goliardi", vestivano vecchie tute militari ed erano attrezzati con lenzuola e sabbia fine. Con ammirevole perseveranza cercavano di arrivare fino in cima al palo, ma inutilmente.

Erano svariati anni che il "Palo" non veniva scalato e forse anche per questo motivo erano state messe cinquemila lire come premio per chi fosse riuscito a raggiungere la corona posta sull'estremità superiore del palo stesso.

Sulla corona, un cerchione da biciclette arrugginito, erano appese un po' di cose: insaccati, pasta, un reggiseno. Il gruppo si rimise al lavoro. Urla, mugugni di disapprovazione, incoraggiamento attraverso l'altoparlante. Poi di nuovo musica. Le finestre delle case che davano sulla piazza erano aperte e la gente stava a bocca aperta a guardare. Dopo pochi metri l'uomo di punta scivolò giù, sotto lo sguardo dei suoi aiutanti, visibilmente abbattuti.

Si alzò, lanciò insulti, scosse la testa, guardò arrabbiato verso l'alto e tornò a provarci. Da sotto i suoi aiutanti lo sostenevano e lo spingevano. In alto, pendeva uno spezzone di corda, lungo all'incirca un paio di metri e attaccato con un anello al palo di legno ricoperto di grasso. Lo scalatore si alzò fino a prenderlo, lo afferrò e si issò sullo stesso per poi mettere il piede dentro l'asola che penzolava liberamente. Mentre lui lassù si aggrappava con forza al palo respirando affannosamente, al di sotto la folla urlava entusiasta ed esultava.

Lo spezzone, però, lentamente scivolava verso il basso, quasi impercettibilmente, ma scivolava. Subito ai piedi del palo andarono a sistemarsi due amici, ai quali si unì subito un terzo salito sulle loro spalle, sostenuto da un quarto e tutti assieme riuscirono a frenare quella discesa. L'uomo di punta scaricò il peso dallo spezzone di corda, cercò di spingerlo verso l'alto e di riuscire a issarsi nuovamente. Quelli che gli stavano sotto, però, iniziarono a contorcersi, a lamentarsi e improvvisamente lanciarono un urlo. La piramide umana si sbriciolò e crollò.

Fino a quel momento ero stato a guardare. A quel punto avevo capito che la salita in quel modo era impossibile. Però lo spezzone di corda appeso a circa un terzo dell'altezza del palo lasciava spazio per una possibilità. Andai così a informarmi dalla giuria se fosse consentito utilizzarlo.

"Ma certo!"

"E un altro oltre a quello?"

"Sicuro! Basta non usare né scale, né chiodi!".

Le regole erano quelle. Mi iscrissi dunque per fare un tentativo, come avevano fatto tutti gli altri prima di me. "Voglio provare", dissi.

"Da solo?"

"Sì, da solo!".

Gli studenti che stavano in giuria si misero a ridere. "Impossibile!", disse uno sarcastico. Io invece volevo provare lo stesso.

"E allora vai!"

"Datemi solo un momento, torno subito", dissi e sparii. Dieci minuti dopo ero di nuovo là, ma con una valigia in mano.

La piazzai sotto il palo, la aprii, tirai fuori alcuni abiti vecchi e mi cambiai. Feci capire a uno degli astanti che avrei avuto bisogno della sua divisa da militare. Me la diede e io la infilai sopra il resto degli abiti. Mi riempii quindi le tasche di sabbia fine e di pezzetti di gommapiuma, che erano stati ammucchiati ai piedi del palo nel caso qualcuno fosse caduto. Avevo un'aria goffa e grassa.

Presi un cordino, che mi ero portato nella valigia, e lo passai due volte attorno al palo, lo feci andare il più possibile verso l'alto e tirai. Teneva. Con il capo libero predisposi un'asola e ci salii sopra. Mi trovai così ben presto col piede dentro quell'anello e dopo un paio di movimenti veloci ritrovai l'equilibrio. Con una mano liberai l'anello che chi mi aveva preceduto aveva lasciato appeso. Con l'altro braccio mi tenevo stretto al palo. Con pochi movimenti passai anche il secondo anello doppiato attorno al palo e ci infilai l'altro piede.

Iniziai quindi ad alzare in alternanza gli anelli di cordino lungo il palo e guadagnai rapidamente metri. Mentre andavo a caricare il peso sul primo anello di corda, scaricavo l'altro e lo portavo un po' più in alto. Tutti quelli che fino a poco prima avevano sghignazzato erano fermi a bocca aperta. Tutta la piazza era in silenzio. Con la gommapiuma tiravo via il grasso, passavo con la sabbia i trenta centimetri appena guadagnati e spingevo verso l'alto un nodo a strozzo. Così, passo dopo passo, salivo.

Due ore dopo ero ormai vicino alla meta. La corona girava lentamente, avanti e indietro, avanti e indietro... Quando le mie riserve di sabbia iniziarono a scarseggiare, i miei compagni sudtirolesi mi lanciarono un sacchetto pieno che afferrai al volo. La folla urlava e la gente alla finestra applaudiva.

Poco dopo mi tirai su di braccia fin sulla corona. Un ruggito selvaggio attraversò il centro città. Le onde sonore andarono a colpire i muri delle case, furono respinte e mi arrivarono addosso. Con un gesto un po' arrogante lanciai tutto ciò che era appeso sulla corona alla folla: pasta, due polli puliti, insaccati...

Nella piazza iniziò una ridda di spinte e spintoni, di mani lanciate verso l'alto. Il rumore aumentò fino a diventare un vero e proprio urlo selvaggio di eccitazione quando liberai gli anelli di cordino e li lanciai giù nel mezzo della piazza. Non mi servivano più, non avevano alcun valore, eppure lì sotto si stavano scannando per prenderli.

Appena arrivai a terra mancò poco che rimanessi schiacciato. Mi stringevano la mano e mi davano pacche sulle spalle. Furono scattate parecchie foto. Insomma, entusiasmo italiano!

Dopo sei anni, finalmente il "Palo" era stato nuovamente salito e per di più in solitaria.

Mai sono stato così festeggiato dopo le mie scalate come dopo quella arrampicata-spettacolo. "Con un nodo prusik è un gioco da ragazzi", dissi e mi feci largo tra la folla di chi voleva congratularsi per andare dalla giuria e recuperare il mio premio: cinquemila lire! Fui invitato al Pedrocchi e mentre venivo festeggiato ridevo di me e della gente: com'è facile conquistare l'ammirazione di un gruppo di studenti!

La variante Mariacher

"Una piccola lista e sopra una placca liscia, alta quattro metri, quindi una fessura con un vecchio chiodo e sotto di me, da qualche parte, i miei amici in sosta. Provai per la terza volta a destra, in un altro punto. Anche qui era tutto liscio, fino a un piccolo svaso per il piede destro. Il mondo ormai era composto solo da qualche metro di roccia grigia, i miei pensieri erano insolitamente chiari e precisi e nel momento in cui mi alzai non esisteva null'altro ...". Così ***Heinz Mariacher*** *descrive il tentativo al passaggio chiave del* ***Sass dla Crusc****. La prima ripetizione gli riuscì nel 1978, assieme a* ***Luggi Rieser*** *e* ***Luisa Iovane****. La "placca Messner", peraltro, venne aggirata lungo una variante (VII).*

Nella doppia pagina successiva il gruppo delle Odle con, a sinistra, la parete Nord della Furchetta.

"È l'incognita che non deve scomparire.
Deve restare tale per sempre,
anche se passo dopo passo riusciamo a scoprirla:
l'orizzonte davanti a noi sfuggirà
allora in un nuovo orizzonte oltre il quale
rimarrà sempre l'incognita,
il drago benevolo e seducente da trovare
e da non uccidere".

Reinhold Messner

PARTE SECONDA

E DOPO CINQUANT'ANNI...

LA PAROLA AL FUTURO

BERND ARNOLD

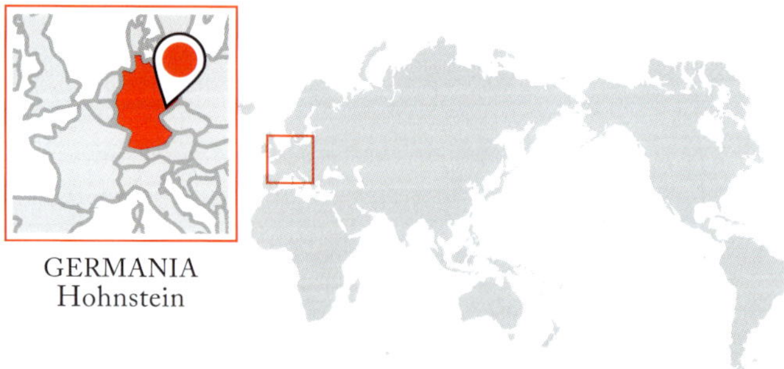

Nato nel 1947 a Hohnstein, all'epoca Germania Est, è un alpinista famoso, oltre che per un'impressionante serie di difficili prime ascensioni nella zona chiamata Svizzera Sassone, anche per la sua abitudine di scalare a piedi nudi pure sulle massime difficoltà. Gestisce due negozi di sport di montagna e offre corsi di arrampicata nella Svizzera Sassone. Rigido interprete di un'arrampicata pulita, per lungo tempo è limitato nei suoi obiettivi dall'impossibilità di viaggiare liberamente fuori dai confini della Germania Est e da quelli del Patto di Varsavia. Solo dopo la caduta del Muro di Berlino può finalmente accettare i numerosi inviti che da tutto il mondo gli vengono fatti dagli alpinisti che sono venuti a conoscenza delle sue fantastiche scalate. I primi a riconoscerne la bravura e a entrare in contatto con lui sono i tedeschi (dell'Ovest) Wolfgang Güllich, Kurt Albert e Dietrich Hasse. Proprio con Albert scala in Karakorum e in Patagonia. A parte la miriade di vie aperte nella Svizzera Sassone, fra le sue grandi salite spiccano *Pumprisse*, sul Pilastro del Fleischbank nel Kaisergebirge, prima libera integrale, *Riders on the Storm*, Torre Centrale del Paine, Patagonia, *Royal Flash* sul Fitz Roy, *Pillar Rojo* sull'Aguja Mermoz.

Il lungo cammino delle vie

Le vie possono essere cammini e strade, ma anche i pensieri che ci spingono ad andare avanti. In realtà si tratta di un luogo comune, che ben si adegua a tutti gli aspetti della nostra vita. Proviamo a ragionare dal punto di vista dei differenti stadi del nostro sviluppo alpinistico: quello dei giovani alpinisti d'assalto, lo *Jugendstil* di Eugen Guido Lammer («Provare timore non è una vergogna; vergognoso è ritirarsi di fronte allo stesso»); quello degli alpinisti formati, ovvero la fase matura del divenire secondo Leo Maduschka («Non vogliamo distruggere la nostra esperienza a colpi di martello»); fino alla fase della decadenza alpinistica di Oskar Erich Meyer («Le montagne sono lontane e la nostalgia alza la voce»). Allora i nostri pensieri viaggiavano in tempi differenti e, man mano che sono arrivate nuove esperienze, hanno seguito percorsi differenti.

Oggi, essendo arrivato ormai alla fase conclusiva, quella della mia decadenza alpinistica, sono certamente conscio del declino corporale, ma anche della fortuna che ho avuto potendo vivere intensamente i tre stadi sopra citati.

"Perché mi dà piacere": è una delle spiegazioni plausibili del nostro agire. Il divenire e la fine del viaggio sono esperienze personali. Percepiamo in noi il fluire continuo di cambiamenti. Chi sale una montagna, o lo scalatore che va ad arrampicare, sperimenta continuamente questo circolo continuo del desiderio dell'esperienza nella natura, dell'appagamento e del rientro a casa e alla propria quotidianità. Al tempo stesso noi viviamo e sperimentiamo tutti lo stesso paesaggio e nessuno può resistere alla sensazione "romantica" che ne deriva. L'arrampicata su roccia è una contrapposizione attiva con la materia, un flusso ininterrotto di alti e bassi della concentrazione. Tuttavia, la nostra esperienza deriva da due differenti stati di coscienza ed è impossibile arrivare a ottenerne una che sia allo stesso tempo ristretta e ampliata: non ci è possibile sperimentare e salire allo stesso tempo. Per poter percepire ciò che ci circonda, mentre analizziamo le immagini e le impressioni che ci lasciano, dobbiamo sentirci sicuri e avere tempo una volta in sosta. Ma l'arrampicata è possibile soltanto con la concentrazione fisica e psichica. Ci troviamo quindi divisi in due e i cambiamenti non spuntano all'improvviso. Solo una transizione fluida consente che l'esperienza venga da una sola sorgente e ci permette anche di entrare in sintonia con lo spazio naturale.

Così il nostro agire rivolto all'attività sportiva entra in contatto con i nostri sentimenti romantici. Il paesaggio infinito che abbiamo davanti si fonde in noi con il microcosmo della parete rocciosa, ma non solo: la nostra anima, nella tensione e nel continuo mutare delle immagini, viene a trovarsi di fronte a se stessa. Così siamo di nuovo al sentimento romantico che recita "la via va verso l'interiorità" (tema fondamentale del pensiero romantico). Sperimentare il panorama, con tutto ciò che offre, può essere una sensazione esclusivamente individuale. Di universale non c'è nulla e questa è una vera e propria fortuna.

L'arrampicata è uno sport tradizionale praticato in mezzo alla natura e che ormai ha una diffusione a livello mondiale.

Scalare le montagne, nella sua forma dell'arrampicata, è proprio uno sport, nella definizione di Pierre Mazeaud: «Un esercizio fisico che viene praticato con metodo, non solo in riferimento al perfezionamento del corpo umano, ma anche all'educazione dello spirito, attraverso il quale lo sviluppo della forza di volontà, di decisione e di resistenza dovrebbe essere un obbligo».

A causa dell'alta percentuale d'individualismo nelle esperienze che si possono fare nell'ambiente naturale, l'arrampicata mostra sempre più le proprie caratteristiche di sport tendenzialmente anarchico. Le regole nate nello sviluppo della sua pratica non sono in alcun modo in contraddizione a ciò, in quanto sono nate proprio nell'ottica dell'aspetto sportivo e hanno sempre riguardato il possibile utilizzo di eventuali aiuti e aiutini.

Alla fine del XIX secolo nell'Elbsandsteingebirge, le montagne d'arenaria dell'Elba, la mia patria verticale, erano soprattutto Oscar Schuster e la cerchia dei suoi amici a rifiutare l'utilizzo di mezzi artificiali. Il posizionamento soltanto occasionale di chiodi per assicurarsi e per calarsi in doppia era già considerato legittimo (per esempio nel 1893 sulla Jungfernstein/Talwächter, via *Schuster*).

Nel 1905, in occasione dell'ascensione alla Großer Wehlturm, grazie a Rudolf Fehrmann venne usato per la prima volta l'anello di sicurezza, utilizzo grazie al quale i gradi di difficoltà superati ebbero una decisa impennata. Proprio questi ferri, a causa del loro uso sempre maggiore, rimangono ancor oggi motivo di discordia. Già nel 1908, nella sua prima guida alpinistica (*Der Bergsteiger in der Sächsischen Schweiz – Scalate nella Svizzera Sassone*) Fehrmann affermava che ormai «ci si è abituati a rifiutare in toto l'utilizzo di mezzi artificiali e a dare per buono il solo uso degli anelli per sicurezza». Nell'appendice alla sua nuova guida d'arrampicata pubblicata nel 1913, lo stesso Fehrmann, che nel 1910 aveva terminato gli studi di diritto, ci offrì una definizione perfezionata: «Gli strumenti artificiali inseriti dall'uomo in occasione dell'attacco alle rocce vengono utilizzati per rendere possibile o per facilitare il superamento della forza di gravità».

Si suppone che fosse a conoscenza dell'articolo pubblicato nel 1911 da Paul Preuss con il titolo *Künstliche Hilfsmittel auf Hochtouren* (*Aiuti artificiali per le vie in montagna*), che aveva portato alla cosiddetta "diatriba sui chiodi da muratore", la *Mauerhakenstreit*. Comunque non si era spinto in là quanto Preuss, poiché percepiva come necessità l'avere una buona sicura a corda. Nella nuova edizione della guida alle scalate (*Scalate tra le rocce della Sassonia*), con la scala delle difficoltà per la prima volta ampliata, Fehrmann ci dà un'ulteriore definizione: «Laddove si tratti della soluzione (per una prima o una ripetizione) di un problema di arrampicata sportiva, varranno come non adeguate dal punto di vista sportivo tutte le misure che aggirano la soluzione e non portano realmente a essa». Fra queste misure rientravano anche la salita di una via con sicura dall'alto, l'inserimento di un anello rimanendo appesi alla corda nel punto desiderato e ovviamente qualsiasi utilizzo di ausili artificiali. Il pensiero di Fehrmann, sviluppato a partire da chi lo aveva preceduto («La via porta dal basso verso l'alto»), la pubblicazione di quei principi nelle guide e il loro rispetto da parte della comunità degli scalatori hanno contribuito in maniera decisiva all'elevato livello di prestazione raggiunto nell'Elbsandsteingebirge.

Nel frattempo, soprattutto negli ultimi quarant'anni, da questa linea tradizionale sono nate derivazioni. Potremmo dire che in seguito ai processi di esclusione e di affinamento hanno fatto la loro comparsa "subtipologie" sportive con regolamenti talora differenti. Simili dal punto di vista del processo motorio, hanno un sottofondo spirituale del tutto differente e hanno preso direzioni diverse e indipendenti.

È chiaro che anche lo sport e le sue forme di esercizio e allenamento vengono influenzati dai cambiamenti che avvengono a livello politico e sociale. Sarebbe quindi sciocco valutare e sminuire quanto fatto dai nostri predecessori sportivi sulla base delle prestazioni dell'attuale generazione di chi pratica l'arrampicata sportiva. È importante e utile invece essere più obiettivi nella valutazione delle prestazioni e trattarle nel loro insieme in un modo nuovo, come un mezzo che consente l'esperienza. Occorre occuparsene con rispetto, capacità di empatia e tolleranza.

Peraltro, non tutti percepiscono come un difetto l'assenza di memoria storica nelle persone: cosa che favorisce l'abbandono del percorso tradizionale, impedisce la conferma e l'empatia diretta ed esclude l'introduzione di pensieri propri che vadano oltre. L'ignoranza della storia infine porta persino a un'incrinatura dell'anima. La cosa interessante è che nessuna generazione è stata risparmiata, il che si riflette in ultima analisi in una cattiva condotta e non solo a livello sportivo.

Oggi per le nostre attività sportive, a seconda della predisposizione, della voglia, del tempo e del luogo a disposizione, pratichiamo diversi stili di arrampicata, sapendo che i requisiti fisici e psicologici sono ben differenti. Il solo fatto di raggiungere i soli limiti fisici praticando l'arrampicata sportiva, quella più comunemente diffusa, lascia ancora parecchio spazio aperto verso l'alto. Possiamo, quindi, in libera autodeterminazione, decidere le modalità del nostro agire in base al nostro modo di sentire.

Nel 2012 in Germania c'erano circa 500.000 scalatori e 90.000 praticanti l'arrampicata *indoor*. Oggi la cifra totale potrebbe essere aumentata già di circa un terzo e ancora cresce. Favoloso! L'arrampicata uno sport popolare! Ancor più comprensibile e in sintonia con il consenso sociale è ora la necessità di una sicurezza sempre maggiore.

Tutto ciò, se si segue la tendenza di moda, quella del puro consumo, alla lunga porterà lentamente a un vicolo cieco. Tutto bene per chi non se ne accorgerà, perché continuerà a scalare (a vivere) in quel modo, e quella pratica resterà sempre e comunque un'attività fisica di tutto rispetto.

La possibilità di proseguire lungo il proprio percorso sulla base della propria autodeterminazione non va tuttavia cercata in una sicurezza ancora maggiore (sotto forma di ferri), bensì nell'accettazione del rischio. Certo, le attività rischiose hanno anche aspetti positivi! Il piacere dell'azione, la motivazione per gli obiettivi, l'acquisizione di competenze, il controllo delle situazioni difficili, la sperimentazione delle proprie capacità di gestirsi e di gestire lo stress risultano alla fine fattori importanti per avere soddisfazioni nella vita e per la salute mentale.

I presupposti di tutto questo sono il miglioramento delle proprie capacità, una realistica valutazione di sé stessi, la responsabilità personale, una gran quantità di informazioni e non da ultimo uno spirito comunitario (anche se generalmente le squadre/cordate sono piuttosto piccole).

Quella sicurezza di cui tanto si parla, si trova *in primis* dentro di noi ed è la chiave per una vita davvero propria. Se poi porta verso un adeguato spazio naturale tanto meglio! Nessuna scorciatoia: andarci ne varrà la pena.

Le vie vengono cercate – le vie vengono usate – le vie si incrociano – le vie vengono abbandonate – le vie non sono sempre ben segnate – le vie vengono ripercorse.

HANSJÖRG AUER

AUSTRIA
Zams

Nato nel 1984 a Zams, in Austria, è insegnante di matematica ed educazione fisica, guida alpina e scrittore. Arrampica dall'età di 12 anni. Nel 2009 decide di dedicarsi alla sola attività di guida alpina e scalatore professionista. Si impone all'attenzione mondiale nel 2007 per la salita in free-solo della *Via Attraverso il Pesce* (prima assoluta e seconda solitaria). Sempre in Marmolada ha salito in free-solo *Tempi Moderni* e ha aperto, insieme al fratello Vitus, *Bruderliebe* (800 m, 8b). Autore di numerose altre prime ripetizioni in libera – alcune anche in free-solo – annovera ascensioni memorabili su grandi montagne come la prima ripetizione del Kunyang Chhish Orientale (7400 m), salito lungo la parete Sud-Ovest alta 2700 m, e la prima ascensione della parete Nord del Gimmigela Orientale (7005m). Ha partecipato come attore protagonista a *Still Alive. Dramma sul Monte Kenya*, il primo film da regista di Reinhold Messner.

Salviamo la cultura della montagna

Fin dall'alba dei tempi l'essere umano è stato un esploratore. Scoprire cose nuove per potersi permettere una vita migliore è sempre stato lo scopo da seguire. Per lungo tempo le pietre angolari della vita dell'uomo sono state sempre le stesse: sopravvivere, donare la vita e invecchiare. Poi, parecchi secoli dopo, quando ormai la quotidianità risultava essere in un certo modo garantita, in mezzo a questi nostri cari antenati sono comparsi i primi per i quali "limitarsi a vivere" era ormai troppo poco. Hanno quindi iniziato a interagire con la natura non più solo per poter sopravvivere e diventare anziani, ma anche per vedere cos'altro potesse dar loro maggior soddisfazione. Tutto ciò partendo dalle proprie conoscenze e dalla propria cultura. E probabilmente è questo il punto focale: il salire le montagne e l'alpinismo si sono sviluppati da una cultura ed essa, pur diventata nel frattempo qualcosa di differente e di nuovo, perdura.

È proprio questa cultura che non riesco a vedere in molti dei protagonisti di oggi. Certo, negli ultimi decenni dalle classiche scalate sono nate parecchie discipline, alcune delle quali si sono sviluppate in fenomeni puramente sportivi. Va benissimo così, sia chiaro! Io, però, sono dell'opinione che non si dovrebbero dimenticare le basi culturali e che il voler vedere soltanto il lato sportivo non è sufficiente per riconoscere all'alpinismo il valore che, invece, gli spetta di diritto. Sono parecchi coloro che non sono interessati a sapere da dove provenga il loro sport di montagna, quindi è del tutto logico che non si pongano la domanda su dove esso stia ora andando. Per carità, è pienamente legittimo che ci siano persone che vanno a cercare sulle montagne sfide meramente sportive e che questo sia per loro sufficiente. È però altrettanto vero che, per poter tenere adeguatamente in vita una cultura della montagna, sarebbe di notevole importanza conoscerla e possibilmente seguirla. Allo stesso modo possiamo osservare che diminuisce sempre il numero di scalatori e alpinisti che si pongono domande in merito a questioni di stile riguardo a una qualche ascensione. Certo, non è possibile ridurre e relativizzare una spedizione a una cifra che riassuma il tutto: sarebbe troppo banale. Eppure questo tipo di sviluppo sta prendendo sempre più piede in alpinismo e sempre meno sono le ascensioni portate a termine con attenzione allo stile. Così assistiamo sempre più spesso alla riduzione del tutto al solo arrivo all'ultimo chiodo e all'urlo liberatorio "catena, fuori!".

Possiamo così assistere a scene come quelle dell'autunno del 2016 e ai 150 turisti diretti al Manaslu, che con i suoi 8.163 metri è uno degli Ottomila himalaiani. Turisti che pretendevano di essere stati sulla vetta, mentre poi si è saputo che la maggior parte di loro è salita solo fino alla fine delle corde fisse predisposte dagli sherpa, punto dove si sono fatti la foto di vetta, per poi scendere immediatamente. Però la fine delle corde fisse si trovava 30 metri al di sotto della decisamente esposta vetta reale. È una cosa triste, ma evidentemente per loro arrivare alla fine delle corde fisse equivaleva a essere in vetta, del tutto dimentichi del fatto che la cultura dell'alpinismo ha sempre definito la cima come quel punto in cui le creste di vetta si incontrano, quel punto oltre il quale non è possibile salire.

Adesso, però, c'è da chiedersi cosa stiano davvero cercando i giovani! Ci sono ancora, come sempre, quelli che vanno a scalare in montagna, anche se il loro numero, soprattutto tra i rappresentanti delle ultime generazioni, è in diminuzione. Un fattore rimane comunque chiaro: anche per le imprese in montagna, quel che conta è sempre prima di tutto il saper scalare. Per questo motivo adesso possiamo trovare a fare arrampicata sportiva anche tutti i più forti scalatori che vogliono restare ai massimi livelli in montagna. Il livello nel corso degli ultimi anni ha avuto un'enorme incremento e l'asticella delle difficoltà si trova adesso davvero molto in alto. Anche chi scala in montagna ora riesce a effettuare prime ascensioni di linee che in precedenza venivano ritenute impossibili. Io, però, sono del parere che non è soltanto con l'aumento delle difficoltà che si può far progredire l'arrampicata sportiva o l'alpinismo. Vedo il futuro dell'arrampicata sportiva non nella ricerca dell'appiglio più esiguo, oppure in sequenze di passaggi sempre più difficili. Quel che ci vuole è la creatività. Eppure ci sono sempre meno persone che vanno a scalare in montagna con idee proprie da sviluppare. Ma per forza, come potrebbe essere altrimenti quando non si conosce nemmeno la storia e la cultura dello sport che si pratica e di cui si è appassionati?

Nell'ambito delle spedizioni alpinistiche esistono adesso, secondo il mio modo di vedere, quattro

discipline. La prima è rappresentata dalle spedizioni commerciali, lungo vie preparate con corde fisse, dirette principalmente sugli Ottomila. La seconda è quella delle spedizioni classiche, che fanno uso di campi alti fissi, anche se la maggior parte dei team di pochissime persone tendono ormai a fare tutto da sé, utilizzando al massimo portatori d'alta quota. La terza è quella delle scalate in stile alpino basate sulla velocità, per la maggior parte dirette a vie facili, che paiono avvicinarsi a sport di pura resistenza e che però a volte rendono inaspettatamente possibili obiettivi e concatenamenti davvero belli. Infine c'è la quarta, ovvero le ascensioni in stile alpino che abbiano come obiettivo la scalata di vie nuove e di grande difficoltà. Ogni singola disciplina trova una propria giustificazione, anche se le ultime due tipologie di gioco sono basate fondamentalmente sulla sottrazione. Alcuni progetti possono funzionare solo se si va a risparmiare sull'attrezzatura, sul cibo e su cose simili: solo in questo modo si raggiunge l'obiettivo. Tuttavia la situazione si farebbe davvero molto problematica qualora dovesse capitare qualcosa di non previsto o di non valutato adeguatamente. Questo rimanere esposti al pericolo di un fallimento o addirittura a pericoli mortali appartiene in primis alle scalate in stile alpino compiute sulle grandi montagne. Il futuro dell'alpinismo, però, non si svolgerà in Himalaya, eccezion fatta per alcune singole aree montuose. I progetti ancora aperti in Karakorum sono, per una molteplicità di aspetti, ben più duri. Il Karakorum è più selvaggio, più isolato, più difficile da raggiungere e inoltre rappresenta una grandissima sfida dal punto di vista delle condizioni meteorologiche. Wi-fi, birra, patatine e Coca Cola sono ormai fin troppo diffusi in Nepal.

Ecco, anche l'assassinio dell'Impossibile descritto da Reinhold Messner ha oggi come oggi poco a che fare con il lato tecnico dello scalare le montagne e dell'arrampicata. Vedo invece che a essere in serio pericolo è proprio la cultura della montagna. Stiamo andando verso una cultura con data di scadenza oppure dobbiamo prendere atto degli sviluppi succedutisi negli ultimi anni? Io credo che, finché ci saranno personaggi di primo piano che sappiano riconoscere e valutare come caratteristiche fondamentali della nostra società e della nostra comunità di scalatori il valore della cultura alpinistica e dell'eredità dei nostri predecessori, saremo in grado di resistere agli influssi provenienti dal puro sport.

Oggi molti tra gli alpinisti e i praticanti dell'arrampicata sono votati alla ricerca pura delle difficoltà. Questo è assolutamente legittimo e pienamente nella normalità fino a una certa età. Lo è stato anche per me. Io poi con gli anni sono arrivato a imparare che si tratta di ben altro, quanto meno per me. Non è più così importante dove si scala o cosa si va a scalare, bensì con quale compagno si va a farlo e soprattutto in quale modo. È la montagna, è il terreno a indicarci la via e noi dobbiamo seguirla. Tutto il resto per me ha davvero molto meno senso. Questo però è molto, molto di più di quanto si possa credere. L'arte della linea naturale abbisogna di creatività, di esperienza, di intuito, di purismo e del piacere dell'arrampicata in quanto tale. Tutto il resto sarebbe solo spettacolo e io di sicuro di mestiere non faccio l'intrattenitore.

HERVÉ BARMASSE

ITALIA
Valtournenche

Nato nel 1977 a Valtournenche, in Italia, in una famiglia di guide alpine di cui lui costituisce la quarta generazione consecutiva. Però in gioventù si dedica allo sci alpino (infatti è anche istruttore di sci e di snowboard). Dopo inizi promettenti, un grave infortunio lo porta a rivolgersi all'alpinismo sulle orme di padre, nonno e bisnonno. Si dedica in particolare proprio alla montagna di casa, il Cervino, con numerose ripetizioni in solitaria. Diviene guida alpina nel 2000 e istruttore delle guide nel 2007. Dal 2004 alcune spedizioni, con l'apertura di nuove vie in Karakorum e in Patagonia, gli valgono importanti riconoscimenti. Del 2008 è la sua bella salita in stile alpino del Beka Brakai Chhok (6940 m) con Simone Moro. Nel 2010 col padre, Marco, apre il *Couloir Barmasse*, via nuova sulla Sud del Cervino, mentre nel 2011 realizza un trittico di nuove vie su Monte Bianco, Monte Rosa e Cervino. Il 13 marzo 2014 mette a segno in invernale il primo concatenamento delle quattro Creste del Cervino. Nel maggio 2017 con il tedesco David Göttler sale in sole 13 ore la parete Sud dello Shisha Pangma in stile alpino integrale.

Togliere per avere

L'uomo ha sempre cercato di andare oltre il limite. È la strada che da centinaia di migliaia di anni ha intrapreso per evolversi, un cammino che non riguarda solo ambiti come la scienza e la tecnologia ma anche l'arte nelle sue forme più distinte ed eterogenee. Quindi anche l'alpinismo. In montagna, se non ci fossimo mai chiesti qual è il confine tra possibile e impossibile e, soprattutto, se non avessimo tentato di superarlo, dopo Petrarca al Mont Ventoux nel 1336 nessuno avrebbe raggiunto le vette del Monte Bianco, del Cervino o dell'Everest. Da semplici camminatori siamo diventati scalatori, introducendo nella nostra vita la possibilità di spaziare verso orizzonti verticali e di godere di un punto di vista privilegiato sul mondo. Un'attività che, per essere praticata e rappresentata al meglio, deve possedere caratteristiche e peculiarità sportive, creatività e immaginazione, valori ed etica, cultura e voglia di scoperta.

Come la vita insegna, non sempre però nel Progresso abbiamo ritrovato un miglioramento effettivo delle cose, e non sempre gli errori fatti nel passato sono serviti come monito per non ripeterli. Penso, per esempio, all'elogio della tecnologia. Grazie a essa possiamo spingerci là dove prima era impossibile. Ma la stessa è servita anche a massificare un mondo come quello della montagna che invece, per capacità reali degli individui, sarebbe destinato a pochi. "Che male c'è?", verrebbe da chiedersi. "Una chance per tutti" è uno slogan di forte impatto e rappresenta al meglio il senso della globalizzazione. Inoltre, se estendessimo i nostri esempi ad altri campi- come medicina, comunicazione o informazione- dovremmo ammettere che l'evoluzione tecnologica è servita ad allargare i nostri orizzonti e garantirci una qualità di vita per molti aspetti migliore.

Ma in montagna "il tutto per tutti" presenta qualche inconveniente, oltre che un limite dal punto di vista sportivo, etico e morale. Prendiamo come esempio l'Everest, scalato per la prima volta nel 1953 grazie all'ausilio di bombole di ossigeno, campi precedentemente allestiti e corde fisse a garanzia di una via di fuga verso il basso. Allora si pensava fosse l'unico modo per accedere alla sua sommità e sembrava non si potesse farne a meno dell'espediente tecnologico delle bombole. Eppure un quarto di secolo dopo, nel 1978, quello stesso limite venne di gran lunga oltrepassato quando Peter Habeler e Reinhold Messner riuscirono ad arrivare sul Tetto del Mondo senza supplemento di ossigeno: un exploit ritenuto fino a quel momento impossibile dalla medicina e dalla scienza e invece ottenuto dai due forti alpinisti, capaci di regalarci un esempio concreto di sfida oltre il limite.

Ma allora perché la maggior parte delle persone non ha seguito quell'esempio e continua a utilizzare l'ossigeno come nel 1953? L'uomo preferisce il possibile, un'avventura "opaca" di fronte al rischio nell'intraprenderne una vera. Soprattutto, giudichiamo prioritario assecondare il nostro ego, vincere a ogni costo e con qualsiasi mezzo piuttosto che accettare una sconfitta. La conseguenza di questo atteggiamento obsoleto di sfida a un Ottomila è evidente: una montagna sempre più sporca, inquinata e brutta.

Sempre rimanendo in alta quota, potremmo introdurre una riflessione sullo stile alpino che, nell'ultimo ventennio, sta lentamente sostituendo quello himalaiano e rendendo l'alpinismo più affascinante, impegnativo, incerto. Una "filosofia" che ha regalato la possibilità di scegliere se stare dalla parte di chi rispetta la montagna e la sua natura selvaggia oppure da quella di chi preferisce dominarla, continuando ad abbandonare corde, tende e materiale alpinistico di ogni tipo. Oggi non esiste più un motivo che giustifichi ancora l'utilizzo di tutti quei mezzi per salire le montagne se non quello di permettere l'ascensione a chi non sarebbe in grado di realizzarla con le proprie forze e abilità. Come suggeriva un nobile cavaliere di nome Walter Bonatti: «Tutto prima o poi verrà salito, è solo una questione di tempo, è solo una questione di tecnologia. Siamo noi che dobbiamo crearci la dimensione 'ulissiana'. Siamo noi che dobbiamo preservare l'avventura».

Spostandoci dall'aria sottile a terreni più tecnici come le grandi pareti di roccia verticali, si pone lo stesso problema. «Arrivare in cima è niente, come ci arrivi è tutto», diceva Royal Robbins. Una sorta di vademecum universale che bene riassume le regole del gioco-alpinismo nonostante in molti sostengano che non esistono regole. Ma se anche davvero non ce ne fossero, basterebbe fare riferimento ai

valori e all'etica dell'uomo ancor prima di vestire i panni dell'alpinista per capire che rispettare la montagna è un'espressione d'intelligenza. Chi la ama non la aggredisce. Anzi, la accarezza, passa in punta di piedi e la lascia intatta e pulita a chi ripercorrerà quel cammino. Per questo, guardando ai miei tanti errori, a ciò che ho appreso dalla storia dell'alpinismo e a quello che la montagna mi ha insegnato, alla domanda "chi sarà il miglior alpinista?" risponderei senza avere dubbi: è chi avrà il coraggio di togliere per avere. Perché, come per i mezzi di comunicazione, anche quelli tecnologici possono essere usati bene o male. Se la tecnologia ci aiuterà a preservare la montagna, ben venga. Se invece aiuterà a sporcarla e a cancellare i terreni di avventura, meglio non usarla. Solo in questo modo ci sarà ancora spazio per l'avventura e per l'impossibile. Il "togliere per avere", oggi, rappresenta un'occasione che non impoverisce nessuno e invece arricchisce e preserva il fascino della montagna, oltre a essere una garanzia per ritrovare, ognuno al proprio livello, la sfida con il "drago".

TOMMY CALDWELL

USA
Estes Park

Nato nel 1978 a Estes Park, negli Usa, è uno dei maggiori alpinisti e arrampicatori statunitensi. Legato all'ambiente della Yosemite Valley, ottiene suo malgrado fama internazionale quando, durante una spedizione alpinistica in Afghanistan assieme a Beth Rodden, che sarebbe poi diventata la sua prima moglie, e ad altri due amici, viene sequestrato da un gruppo di terroristi dai quali riesce a liberarsi rocambolescamente poco prima delle preannunciata esecuzione. Nella "sua" Yosemite è il primo a salire in libera e in giornata la via *Salathé* (2002). Negli anni successivi sempre in Yosemite libera la *Dihedral Wall*, *Magic Mushroom*. E il *Nose* assieme alla moglie, due volte a distanza di pochi giorni. Quest'ultima via la ripete poi concatenandola a *Freerider* in libera e in giornata. Nel 2012 con Alex Honnold concatena in giornata Mount Watkins, El Capitan lungo *Freerider* e Half Dome lungo la *Regular* alla Nord-Ovest, con difficoltà di 7c+ in 21 ore e 15'. Assieme a Honnold in Patagonia, tra il 12 ed il 16 febbraio del 2014, riesce nella traversata completa del Fitz Roy: oltre 4000 metri di dislivello con difficoltà fino al 7a. Questa salita vale ai due il *Piolet d'Or* 2015. In quello stesso anno porta a termine il suo capolavoro, a lungo inseguito e preparato: la salita della *Dawn Wall*, assieme a Kevin Jorgeson, dove in 19 giorni consecutivi di scalata in libera supera difficoltà fino al 9a. Questa via è riconosciuta come la scalata su *big wall* più difficile al mondo.

Affidiamoci alla creatività

Mi sono goduto la lettura dell'articolo di Reinhold Messner su *L'assassinio dell'impossibile*. Per certi aspetti mi trovo a domandarmi quale fosse il contesto preciso sul quale ha basato quello scritto. Credo di capire che l'articolo sia stato scritto riferendosi a vie lungo le quali le pareti venivano scalate seguendo una direttissima e con una "spittatura" tale da creare una nuova linea di minor resistenza lungo la montagna. Un esempio evidente e chiaro potrebbe essere la *Via del Compressore* sul Cerro Torre. In casi come questo mi trovo totalmente d'accordo con il pensiero di Messner.

Io, tuttavia, credo davvero che la stragrande maggioranza delle vie che salgono dirette seguendo linee impressionanti permettano in realtà di trovare vie più difficili, più incerte e ben più avventurose di quelle offerte dalle linee di debolezza che le prime ascensioni tendevano di solito a seguire. Stiamo vivendo in un periodo in cui la tecnologia e le capacità spesso hanno avuto un

progresso tale che le linee di debolezza non riescono più a fornire sfide adeguate per chi voglia tentare di spingere verso l'alto l'asticella delle proprie capacità. Se è nostra intenzione continuare a progredire ulteriormente, dobbiamo darci alla creatività. Saliamo più leggeri e colleghiamo più vie o più montagne. Talvolta arriviamo anche a salire lungo vie più verticali, più dirette e dare la preferenza all'uso degli spit è tutta una questione di sfumature. Alcune delle vie di arrampicata più avventurose che mi sia capitato in sorte di salire sono spittate. Seguire le linee di debolezza può in realtà essere relativamente facile, perché i sistemi di fessure offrono una gran messe di protezioni naturali. Invece scalare pareti lisce e senza alcuna struttura, prive di protezioni naturali, anche se magari con qualche spit qui e là, spesso richiede una quantità decisamente maggiore di capacità, di coraggio e di impegno rispetto a quelli necessari per salire lungo le linee naturali di debolezza.

È ovvio che esistano le eccezioni a quanto appena espresso. Mi piace il fatto che l'arrampicata possa avere aspetti davvero disparati. Possiamo scegliere scalate pericolose e "da pelo sullo stomaco", così come possiamo invece scegliere ascensioni che siano piuttosto sicure. Sento che di questi tempi uno degli aspetti fondamentali sia portare il dovuto rispetto a chi è venuto prima di noi. Spero che le scalate storiche non siano trasformate in "scalate di puro piacere", così come spero che continuino a esistere vette inafferrabili, sfuggenti, che si concedano alla fine solo ai più devoti e tenaci tra gli scalatori.

YVON CHOUINARD

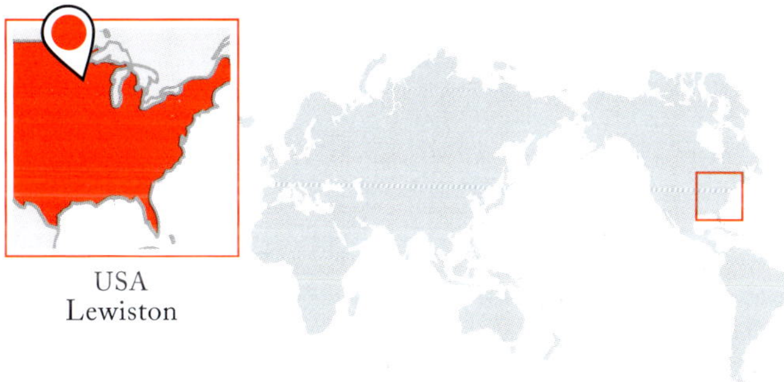

USA
Lewiston

Nato nel 1938 a Lewiston, negli Usa, da famiglia franco-canadese, nel 1947 si trasferisce in California, dove, unendo le sue eccellenze di scalatore, alpinista e imprenditore nel mondo dell'*outdoor,* negli Anni 60 partecipa con attrezzatura di sua invenzione all'età dell'oro delle scalate nella Yosemite Valley promuovendo il *clean climbing*, Negli anni Settanta sviluppa poi la moderna arrampicata su ghiaccio. Insieme a Royal Robbins e Tom Frost è riconosciuto come uno dei maggiori esponenti dell'epoca pionieristica dell'arrampicata in Yosemite. Ha partecipato alla prima ascensione di *North America Wall* nel 1964 (con Robbins, Frost e Chuck Pratt), senza uso di corde fisse. L'anno successivo assieme a TM Herbert sale la *Muir Wall* su El Capitan, ulteriore passo avanti per lo stile dell'arrampicata moderna, del quale è uno dei maggiori propugnatori. In Canada occidentale, nel 1961, con Fred Beckey, realizza prime ascensioni quali la Nord del Monte Edith Cavell (Montagne Rocciose), la *Beckey-Chouinard Route* alla South Howser Tower nel Bugaboos (Purcell Mountains), e la Nord del Mount Sir Donald (Selkirk Mountains). Ne trae l'idea di applicare le tecniche d'arrampicata in voga sulle *big-wall* di Yosemite alle scalate in montagna, portando un notevole contributo all'alpinismo moderno. Gira il mondo aprendo e ripetendo una grande quantità di vie, tra le quali il Fitz Roy lungo una via nuova (*The Californian Route*, terza ascensione della montagna) con Dick Dorworth, Chris Jones, Lito Tejada-Flores e Douglas Tompkins. Imprenditore di successo, inventa, brevetta e produce attrezzatura e vestiario tecnico per arrampicata e alpinismo, imponendosi come innovatore anche nell'imprenditoria, dove dà avvio a un movimento che guarda alla sostenibilità del consumo e della produzione, con un chiaro intento ambientalista.

Un appello estremamente attuale

Esattamente trent'anni fa, in occasione della pubblicazione di un mio articolo, avevo deciso di iniziarlo citando Reinhold Messner: «Oggi chi va a scalare ripone il coraggio nello zaino. La fede nell'attrezzatura ha preso il posto della fiducia in sé stessi».

Invitato a scrivere qualcosa in merito a *L'assassinio dell'impossibile*, ho riflettuto sull'articolo di Reinhold, sul periodo in cui è stato scritto e su quanto mi aveva ispirato per la mia attività di scalatore e di alpinista. Ho ripreso in mano quel mio articolo, comparso in due puntate, nel 1987, nella rivista *Climbing* e mi sono reso conto che è ancora estremamente attuale, come anche il saggio di Messner.

Nel corso degli ultimi 30-40 anni abbiamo assistito a un progressivo spostamento del livello dell'arrampicata per adeguarlo a quello del numero sempre maggiore dei suoi praticanti. Vivere in California mi permette di avere una sorta di visione anticipata di quelle che presto diventeranno le mode e le tendenze per gli Stati Uniti, e non solo. Ho visto il movimento che si diceva di pace e amore darsi alla violenza prima ancora di arrivare ad altre parti dello Stato e, così come sono perfettamente percettibili vibrazioni tutt'altro che buone per gli amanti del surf, disciplina che mostra un sovrappopolamento evidente, lo stesso avviene per l'arrampicata. Gli stessi problemi che hanno impedito di realizzare il grande sogno americano ora si stanno ponendo di fronte a questo mondo. Mentre l'uomo è intento a distruggere l'ordine naturale delle cose, l'alpinismo è diventato sempre più una questione tecnologica, sempre meno difficile, davvero troppo frequentato e di gran lunga meno avventuroso di prima. La purezza, il senso di incertezza, la natura e l'anima stessa dello sport stanno subendo cambiamenti sempre maggiori.

Per l'impegno da me profuso per l'alpinismo e l'*outdoor* in generale, mi sento tenuto a far risuonare ancor oggi l'appello che, sulla scorta di quanto espresso da Reinhold, avevo urlato trent'anni fa, indicando chiaramente alcuni punti dolenti.

Gli spit: oggi come trent'anni fa i giovani fanno prima ad acquistare uno spit che a imparare a usare una fettuccia, eppure Messner è diventato uno dei più grandi alpinisti del mondo senza aver mai piantato uno solo spit. Oggi se ne vedono dappertutto, piazzati in modo illogico, totalmente diseducativo. Consentono a chi non è capace di salire vie ben oltre le sue capacità e rendono le cose facili a chi, pur essendone capace, non vuole impegnarsi quanto potrebbe. Credo oggi come trent'anni fa che sia davvero giunto il momento di non riconoscere gli spit come mezzo legittimo per portare a termine una scalata.

Un altro punto da tener presente è la frequentazione della montagna, l'atteggiamento nei suoi confronti di chi va a praticare arrampicata e alpinismo. In America un tempo pensavamo di esprimere il massimo della qualità in arrampicata grazie alla rimozione dei chiodi e alla "pulizia" delle pareti. Ciò che poteva però funzionare finché i praticanti erano davvero pochi non può più esistere ora in luoghi come Yosemite, in cui applicare questo tipo di etica significherebbe solo soddisfare il cieco e ottuso egoismo di una minoranza.

La soluzione è nella consapevolezza, nel non iniziare scalate che già sapete di non poter mai completare, tenersi lontani da quelle che sapete essere al di sopra delle vostre possibilità, altrimenti vi troverete solo a piazzare sempre più chiodi per sentirvi protetti.

Non utilizzate attrezzatura per artificiale su scalate che si fanno in libera. Sono azioni che, se da un lato risolvono singole situazioni, non risolvono il problema, in quanto la risposta finale è quella di lasciare solo i chiodi necessari per ogni singola scalata, in libera o in artificiale che sia.

Far ricorso a fettucce, cordini e protezioni veloci può essere una soluzione a tutto ciò, soprattutto se i ragazzi iniziano a usare tutta quell'attrezzatura e non solo ad attaccarsela all'imbrago una volta arrivati ai piedi della parete. Unitamente al piazzare solo i chiodi strettamente necessari, permette di salire utilizzando solo protezioni mobili, pratica che ritengo possibile, tanto per fare un esempio, per almeno il 95% delle vie nella mia Yosemite.

Un altro concetto che dovrebbe entrare per bene nelle teste degli scalatori è quello della responsabilità individuale, ovvero del saper rispondere per sé stessi senza attendere atteggiamenti impositivi da parte di autorità che stabiliscono comportamenti e condotte tanto nel modo di salire quanto nell'attrezzatura da utilizzare, il tutto per la gioia delle compagnie assicuratrici. Legato a questo concetto c'è anche quello della responsabilità nei confronti del soccorso in parete, attorno alla quale il dibattito è andato acuendosi a partire dalla fine degli anni Ottanta e continua tutt'oggi, con interferenze sempre maggiori da parte dei legislatori in questioni che dovrebbero essere lasciate al senso di responsabilità dei singoli praticanti. Del resto la frequenza crescente dei salvataggi su grandi pareti dimostra che spesso gli scalatori adottano una condotta irresponsabile, andando a tentare grandi pareti ben prima di essere in grado di affrontarle.

Comunque, dovremo fare i conti con la frequentazione sempre maggiore delle montagne, con un'avanzata del turismo certamente non da disprezzare, ma da tenere sotto controllo e regolamentare. Tutto ciò per ricordare agli scalatori che le grandi zone di arrampicata, ormai, non sono più i terreni di avventura di un tempo. Oggi come oggi se uno cerca l'avventura, l'ingaggio, difficoltà tecniche e psicologiche simili a quelle dei primi salitori ed esploratori di queste aree, beh, farà meglio ad andare verso qualche altra destinazione, dove poter trovare pareti ancora vergini, sapendo di essere a cinque giorni di distanza dalla base e altrettanti dall'arrivo.

Per il futuro, il dibattito continua: appendersi, scavare prese, mettere spit alle calate, gare di arrampicata. Dura da decenni e ancora continuerà. Di chi la ragione e di chi la colpa?

La vedo molto semplice, a dire il vero: esiste l'etica ed esiste lo stile. L'etica è non rovinare tutto per chi viene dopo di voi e lo stile sta nel non deludere voi stessi quando pensate di essere fighi.

Questo è tutto ciò che dovete sapere sull'etica, ovvero la Carta dei Diritti dello Scalatore: avete il diritto di scalare dove vi pare, nello stile che vi pare, finché non andate ad alterare o a disturbare l'altrui esperienza. È semplice. Se usate magnesite, piazzate spit, lasciate protezioni fisse o cagate su una vetta frequentata, questa sarà una etica inadeguata. Non mi interessa un accidente se l'Everest viene scalato da cento membri di un Rotary Club che si fanno di ossigeno dal campo base alla vetta, almeno finché lasceranno intatta e inalterata la montagna e non disturberanno gli altri.

Lo stile è un'altra cosa, ha a che fare con qualcosa che definiremo, per praticità, l'ottenimento di cultura in senso ampio. Lo stile perfetto per le arrampicate? Un uomo nudo che scala in solitaria una via nuova a vista. Se infilate le scarpette, un punto in meno. Se usate la magnesite da uno a tre punti in meno, a seconda della scalata, del caldo e dell'umidità. Leggere una relazione o una guida un altro punto in meno, idem per una protezione piazzata in più e così via all'infinito. Quanto più ci si allontana dallo stile perfetto, meno orgogliosi dovremmo essere di noi stessi.

Con questi criteri, però, alla fine il migliore scalatore al mondo potrebbe risultare solo Bernd Arnold, con le sue scalate quasi sempre a piedi nudi, senza uso di magnesite e con lunghissimi *runout*.

Adesso, come trent'anni fa, ci troviamo di fronte a una disciplina che si avvia a un perfezionismo e a una spettacolarità sempre maggiori, con un senso di sicurezza sempre maggiore, a tutto scapito dell'elemento "roccia". Abbiamo certamente anche scalatori che compiono azioni impensabili anche solo dieci anni fa... Ma cosa possiamo fare per preservare il movimento, il piacere, l'etica e l'ambiente in cui andiamo a praticarli e applicarli?

Siamo davvero pronti a compromettere etica e stile al solo scopo di alzare l'asticella degli standard? Se lo facessimo per davvero, a chi verrà dopo di noi non resterebbe davvero altro che mettersi a piallare le prese che abbiamo scavato, a richiudere i buchi che abbiamo trapanato per gli spit e a ripulire tutta la magnesite che abbiamo utilizzato.

Riprendendo, in chiusura, le tesi care a me e per le quali ho preso spunto da Reinhold, credo che l'arrampicata potrebbe essere migliore se tutti imparassimo a tenerci un po' indietro e soprattutto a ricordarci che ogni scalata ha il suo tempo.

MATTEO DELLA BORDELLA

ITALIA
Varese

Nato nel 1984 a Varese, in Italia. Inizia a scalare a 12 anni insieme al padre. Si dedica prima alla ripetizione delle grandi vie classiche delle Alpi, poi passa a importanti spedizioni. Il primo grande successo è in Patagonia con la salita dell'inviolata Parete Ovest della Torre Egger (con Luca Schiera), nel 2013. Nello stesso anno apre una nuova via sull'Uli Biaho, Torri di Trango, Pakistan, ancora con Schiera e con Silvan Schüpbach. Con i quali nel 2014 in Patagonia realizza il concatenamento dell'Aguja de la Silla con il Fitz Roy, poi, sempre sul Fitz Roy, centra la ripetizione con variante del Pilastro Casarotto e (con David Bacci) della *Via dei Ragni* sulla Parete Est. Del 2014, dopo un avvicinamento in kayak di 200 km, è la prima della Parete Nord-Est dello Shark Tooth, in Groenlandia (con Schüpbach e Christian Lederberger). Nel 2015 nell'Himalaya indiano sale, fino a 100 metri dalla vetta, la Parete Ovest del Baghirati IV (con Schiera e Matteo De Zaiacomo). Nel 2017 con Bacci e Matteo Bernasconi scala l'inviolata Parete Est del Cerro Murallon e, sempre in Patagonia, nel 2018 di nuovo con Schüpbach apre una nuova via sul Cerro Riso Patron, con lungo avvicinamento in kayak come già in Groenlandia.

Oggi il drago sta ancora bene, ma...

Premetto che penso che al giorno d'oggi il drago stia generalmente bene, dal momento che non mancano gli alpinisti che spingono in là il limite in diverse discipline, sfidando l'impossibile, con coraggio, preparazione e onestà. Tuttavia vorrei parlare di ciò che, secondo me, oggi rappresenta una grande minaccia per il famoso drago dell'eroe Sigfrido e di Reinhold Messner, che 50 anni fa stava per morire avvelenato e ucciso dalle "direttissime" e dalle file di chiodi. Oggi non sono più i chiodi o gli spit a fargli male. Il messaggio dell'articolo del 1968 di Messner è passato alla grande alla nuova generazione di alpinisti e scalatori; se una volta si chiodava, oggi si scala *clean*, e le nuove leve sono quelle che più credono in questo genere di scalata e lo praticano ripudiando mezzi e stili artificiali.

Penso che ciò che al giorno d'oggi stia davvero minacciando il drago non sia un'entità fisica, ma siano le parole di tutti quelli che, solo per il business o per la voglia di apparire, si vendono come eroi, cacciatori di draghi, maestri dell'alpinismo o super atleti del nuovo millennio. Ciò che per il momento sta solo avvelenando il drago, ma che in futuro potrebbe facilmente ucciderlo, è la comunicazione riguardante l'alpinismo. Se una volta le notizie erano riportate in modo puntuale e attraverso pochi e selettivi canali, oggi la moltiplicazione di questi canali di comunicazione consente a chiunque di avervi accesso e di raccontare ciò che vuole. È una confusione che non fa bene all'alpinismo, perché porta a dare evidenza non tanto a chi acquisisce merito per una salita o prestazione sul campo, ma a chi è più bravo a comunicare o sa fare più colpo sul pubblico. In tanti casi oggi l'importante sembra essere quello che dici e come lo dici, piuttosto che quello che fai in montagna. E dal momento che il successo di una salita o di una spedizione è strettamente legato al riscontro che si ha a livello mediatico e di comunicazione, capita che l'alpinista si concentri a volte di più su questo fattore che sulla salita stessa, sullo stile e sul suo vero valore. In certe presunte imprese vendute come impossibili il drago è già morto ancora prima di partire, perché di fatto il vero obiettivo non è più il risultato alpinistico in sé, ma l'esito del polverone mediatico sollevato. Ci sono poi alpinisti che preferiscono sfidare un drago anestetizzato, e cercano di convincere i media e il pubblico del valore dell'impresa che stanno per affrontare anche se il successo è già praticamente scontato e di incerto e straordinario c'è quasi nulla.

Personalmente ho sempre pensato che un alpinista non è solo colui che va in montagna per passione, ma colui che ci va mettendosi in gioco, alla ricerca di una sfida dal risultato mai scontato con sé stesso e con ciò che ha di fronte; colui che crede nei valori di rispetto, onestà e amicizia, verso i propri compagni e verso l'ambiente. Ho imparato che un alpinista va in montagna per scontrarsi con i propri limiti e vivere esperienze intense e totalizzanti.

Io penso che, come scriveva Messner, lo spirito dell'alpinismo è dato dall'incertezza, dalla sfida, dal "non conoscere il mattino la ricompensa della sera". Noi alpinisti dobbiamo solo pensare a salvare il drago, andando alla ricerca del limite del possibile, partendo per le sfide che sentiamo nostre pronti a tutto, anche a tornare indietro, anche a fallire con lealtà se ci imbattiamo nell'impossibile o nei nostri limiti.

Il drago vive ed è in piena salute solo quando noi pratichiamo un alpinismo puro e andiamo veramente in cerca dei limiti, quando siamo ispirati profondamente da una sfida e da una scalata, quando la sogniamo a occhi aperti, siamo disposti a tutto e sentiamo che brucia dentro di noi il fuoco. Non quando dobbiamo convincere l'intero mondo del valore di ciò che stiamo facendo e pensiamo a come raccontare la nostra salita agli altri: quello non è il nostro reale compito e, pur essendo qualcosa di importante, dovrebbe essere secondario rispetto alla scalata stessa.

HAZEL FINDLAY

GRAN BRETAGNA
Bristol

Nata nel 1989 a Bristol, in Inghilterra, inizia a scalare già a sette anni assieme al padre, Steve, sulle rocce "di casa", quelle delle falesie costiere del Pembrokeshire. Comincia a salire da prima all'età di undici anni, mentre a dodici riesce a chiudere il suo primo E1. Campionessa junior per sei volte nei circuiti di arrampicata sportiva, a sedici anni capisce di poter trovare la propria dimensione nell'arrampicata tradizionale e di esplorazione. Dopo la laurea in filosofia all'Università di Bristol si dedica anima e corpo all'arrampicata, diventando atleta professionista e iniziando a girare il mondo alla ricerca di linee *trad*, possibilmente sconosciute o quasi. Prima donna a salire un E9 britannico nel 2011, prima britannica a salire in libera vie su El Capitan (comprese le vie *Freerider* e *Salathé*), effettua numerose prime femminili in Inghilterra, negli Usa, in Italia e in Spagna, dove chiude vie di 8c. Prima salitrice di una nuova via sull'Aiguille de Saussure, nel gruppo del Monte Bianco, le piace definirsi "un'amante dell'arrampicata, dal *bouldering* alle scalate in ambiente alpino, interessata in modo particolare all'impegno mentale che l'attività richiede".

Le sfide più grandi esisteranno sempre in noi

È già passato mezzo secolo da quando Reinhold Messner scrisse il suo noto articolo *L'assassinio dell'impossibile*. In questi cinquant'anni molto è cambiato nell'arte dell'arrampicata, eppure quel messaggio rimane sempre lì, a mo' di eterno pungolo. Fino a che punto abbassiamo l'asticella della sfida con le montagne grazie all'ausilio di tecnica e tecnologia? Fino a che punto proteggiamo l'impossibile?

Con il passare del tempo l'umanità sta diventando sempre più esperta nel far diventare noto l'ignoto. Donne e uomini di tutto il mondo, giorno dopo giorno, continuano a scoprire segreti: quelli del nostro corpo, degli oceani, della Terra e dell'Universo. E per quanto riguarda le arrampicate su roccia e lo scalare le montagne? Una volta resa possibile una gran quantità dei grandi "impossibili", siamo arrivati al fondo della via senza guardare se ciò sia avvenuto per capacità, grazie alla tecnologia o a grandi dimostrazioni di forza della mente.

L'arrampicata non è di grande utilità per gli scopi più elevati. Raggiungere una vetta non allevia le sofferenze di molte persone, non risolve i grandi problemi dell'umanità. Eppure andare a scalare, per chi ci faccia attenzione, ha un valore in sé e per sé. L'arrampicata è un mezzo per poter mettere alla prova, ampliare e rendere più intensa la qualità della nostra esperienza cosciente. Ci permette di essere meglio collegati con l'unico tempo che realmente ognuno di noi può dire di avere: questo preciso momento. Scalando una montagna non otteniamo molto più di quel che riusciamo a migliorare nelle nostre menti, nei nostri cuori e nei nostri corpi. Il successo misurato da arbitri esterni non è un vero successo. Sei solo tu a sapere in che modo hai risposto al pericolo delle montagne, allo stress delle scalate su roccia. Sei tu e soltanto tu a sapere come hai reagito quando ti sei trovato ad affrontare la parte peggiore del tuo ego, così come sei soltanto tu e nessun altro a poter sapere se hai davvero reso possibile l'impossibile o se hai lasciato la questione in sospeso.

Se una scalatrice va in cerca di gloria e per farlo abbassa troppo il livello di difficoltà della sfida da affrontare, vuol dire che non ha capito il nocciolo della questione. Quando una scalatrice arrampica per il successo esteriore, vuol dire che proprio non ha capito il punto. Quando una scalatrice arriva a crearsi un codice etico a uso e consumo del proprio ego, vuol dire che è totalmente fuori tema. Nell'arrampicata per ognuno di noi "impossibile" significa qualcosa di differente. Per una persona alle prime armi "impossibile" è scalare una qualsiasi parete. Per una persona che soffra di vertigini salire su una scala è paragonabile a salire l'Everest senza usare l'ossigeno.

Chi è ai massimi livelli e spinge verso l'alto l'asticella dei limiti dello sport deve trovare un equilibrio tra la protezione dell'impossibile e il consentire anche a chi ha idee ben più limitate sull'impossibile l'accesso a sfide che gli permettano di imparare. Sono una persona felice sapendo che esistono E9 sui quali andare a mettermi alla prova. È un privilegio essere in grado di scalare un tratto di roccia senza fare uso di spit, scalare una parete nel suo stato naturale. Ciò nonostante sono felice anche per il fatto che esistono tratti di roccia simili e però spittati, dove posso andare per mettere alla prova i miei limiti mentali e fisici senza rischiare un incidente.

Io sono fortunata perché ho la possibilità di viaggiare per il mondo alla ricerca di sfide differenti. Se voglio, posso cercare massi per *bouldering*, vette ancora vergini, roccia senza spit, pareti spittate, tutto. Se ci si deve limitare alla propria zona, invece, le domande che dobbiamo farci sono le seguenti: che tipo di sfide vogliamo preservare? E quali vogliamo salvare per le generazioni a venire? Quali, invece, siamo disposti a sacrificare in favore di un bene più grande?

Ciò che al contrario non dovremmo chiederci è: quali sono le sfide che posso sacrificare per rendere possibile il mio successo? Quale asticella posso abbassare per far sì che non sia più una sfida per me o per altri?

Non sono una che segue etiche da scalatori duri e veloci come quella di spit o no spit. Consentire che sia la natura stessa a creare le nostre sfide è la forma di arrampicata più pura, anche se poi riusciamo sempre a trovare dei modi per rendere più semplici le cose. Magari non

andiamo a piazzare uno spit, però utilizziamo scarpette con suola di gomma, attrezzatura moderna e magnesite. Un alpinista che sale sull'Everest senza l'ossigeno può essere uno che ha utilizzato altri mezzi per facilitarsi la sfida. Spero proprio che continueremo a vivere in un mondo dove esistono scalate possibili e impossibili, sulle quali ogni scalatrice potrà andare a mettersi alla prova. Una cosa che davvero spero di non dover mai vedere è invece un ascensore che porti sulla vetta dell'Everest.

Eppure, anche nella nostra lotta per riuscire a preservare le sfide delle scalate selvagge non dobbiamo assolutamente dimenticare che le sfide più grandi per uno scalatore continueranno a esistere in lui: quali sono le mie motivazioni? Fino a che punto sono influenzato dal mio ego? Sono in grado di affrontare l'impossibile? Sono in grado di affrontare il rischio? Posso girare allegramente i tacchi e andarmene senza la vetta?

Credo che guardando con più attenzione nel profondo di noi stessi troveremo molti "impossibili" per ognuno di noi e sempre ce ne saranno.

MICK FOWLER

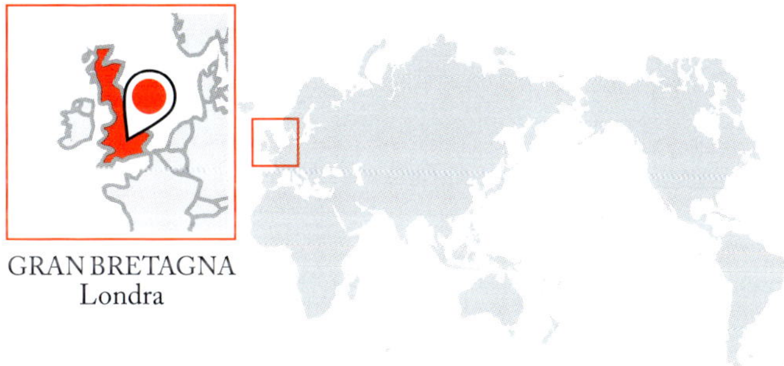

Nato nel 1956 a Londra, in Gran Bretagna, è da oltre 40 anni uno dei principali rappresentanti dell'alpinismo britannico. Negli anni Ottanta e Novanta è una delle figure più importanti dell'alpinismo invernale in Scozia. È il primo a vedere riconosciuto il grado VI a una sua realizzazione invernale in Scozia, mentre alcune sue scalate su roccia sono tra le prime valutate E6. Per quanto riguarda l'alpinismo, dal 1982 partecipa con cadenza annuale a spedizioni a montagne poco sconosciute tra i 6000 ed i 7000 metri, caratterizzate dalla ricerca di linee accattivanti e con grandi sfide in termini di difficoltà: dall'Ushba al Changabang, dall'Arwa Tower al Kishtwar Kailash. Vanta prime in Perù, India, Yukon, Tibet, Xinjiang, Sichuan, Nepal, Russia e Pakistan. Nominato *Alpinista degli Alpinisti* dal periodico *Observer*, vanta tre *Piolet d'Or* e la *King Albert Medal* per meriti alpinistici nel 2012. È autore di tre libri dedicati alle sue scalate e ha vinto vari premi letterari. Fino a gennaio 2017, data in cui è andato in pensione, ha sempre svolto la sua attività di scalatore nei fine-settimana e nei periodi di ferie dalla sua occupazione presso l'Agenzia delle Entrate britannica con funzioni di vice-direttore alla valutazione di beni ed azioni. Già Presidente dell'*Alpine Club*, è membro sostenitore del *British Mountaineering Council*.

Gli spit restano il punto dolente

"Stanno uccidendo l'impossibile nell'alpinismo". Questo è quanto scriveva Reinhold Messner nel suo fecondo e influente articolo mezzo secolo fa. Cos'è avvenuto dopo? Quel suo messaggio continua a risuonare vero oggi come cinquant'anni fa, oppure le parole del Maestro hanno avuto per sorte di cadere nel vuoto? E dove stiamo andando?

L'etica nell'alpinismo è ormai da parecchi anni oggetto di un vigoroso dibattito. I pionieri delle Alpi europee usavano qualsiasi mezzo potevano avere a disposizione pur di essere i primi a raggiungere vette mai calpestate prima. Tanto per cominciare l'etica non era tenuta in considerazione, la quantità degli scalatori era oltremodo ridotta e l'impatto totale da essi provocato era minimo. Man mano che il passatempo diventava sempre più popolare, però, le vie più gettonate iniziarono a essere agghindate con corde fisse, mentre per facilitare le ascensioni si costruivano rifugi e chi scalava le montagne iniziava a lasciare il suo segno sui panorami.

Con il passare degli anni e con la riduzione della quantità di obiettivi evidenti ancora da scalare fu forse inevitabile arrivare a una riesame critico delle tecniche e dei materiali utilizzati dagli aspiranti scalatori. Già nei lontani anni Venti del ventesimo secolo Edward Strutt, influente presidente dell'*Alpine Club*, aveva fatto fuoco e fiamme contro l'uso di ramponi e di chiodi. E, saputo di una sbandierata salita in velocità del Cervino, arrivò addirittura a dichiarare che la pena di morte sarebbe stata fin troppo mite per chi si fosse dedicato ad ascensioni in velocità!

Ai tempi dell'articolo di Messner *L'Assassinio dell'Impossibile* le linee più accattivanti delle Alpi europee erano già state tutte scalate e l'articolo si concentrava sull'uso di lunghe teorie di chiodi a pressione per scalare pareti lisce, che i protagonisti ritenevano impossibili da salire con altri mezzi. Impossibile per loro, magari, ma per le generazioni a venire? Oggi molte di quelle pareti sono già state scalate in libera, un'impresa che andava di gran lunga al di là di ogni più rosea e vivida immaginazione degli alpinisti di punta di 50 anni fa. Molte di queste scalate in libera, però, sono protette da spit, fattore che ha portato alla comparsa di una questione differente. Il fatto che gli spit siano ampiamente accettati per le soste o per protezione ha modificato l'aspetto delle scalate nelle Alpi. Parecchie scalate classiche sono state richiodate a spit e così anche le vie su cui si cimentano gli scalatori più all'avanguardia. Ma non è forse una forma di arroganza accettare questo uso degli spit come se fosse un modo di proteggere le scalate eticamente accettabile per sempre? Non è che stiamo danneggiando in modo irreversibile la roccia, riducendo le montagne a null'altro che un parco giochi protetto, al sicuro e, banalizzando l'uso delle protezioni naturali come un'abilità per alpinisti, stiamo derubando le generazioni a venire di sfide ancora da affrontare? Le Alpi sono una risorsa limitata, sottoposta a pressione sempre maggiore. Quali che siano le nostre opinioni personali dobbiamo sempre ricordare che la storia ci dice di non sottovalutare mai le capacità delle generazioni future. Davvero non c'è luogo in cui esse siano state sottovalutate più che sulle grandi catene montuose. Quando è stato scritto *L'Assassinio dell'Impossibile* le scalate himalaiane erano quasi esclusivamente riservato a spedizioni in "stile assedio" ed erano in molti a dubitare che l'Everest sarebbe mai stato scalato senza ossigeno. Invece abbiamo visto l'Everest salito in solitaria senza ossigeno e scalate di gran difficoltà portate a termine in stile alpino su vette alte 8000 metri. Come cambiano i tempi...

Mezzo secolo fa poche erano le persone che visitavano le grandi catene montuose e i problemi legati agli enormi investimenti necessari, in termini di tempo, di logistica e di soldi, per arrivare fin lassù facevano dell'etica in montagna una preoccupazione davvero secondaria. Una quantità eccessiva di materiale lasciato sul posto poteva attirare qualche commento poco benevolo, ma la questione fondamentale rimaneva sempre il successo. Poi si è sviluppata una frattura, una sorta di spartiacque. Biglietti aerei a costo più basso e migliori vie d'accesso hanno portato a un graduale afflusso di scalatori in stile alpino, veloci e leggeri. E il loro stile è entrato in collisione con l'approccio tradizionale in "stile assedio", che stava diventando sempre meno

popolare in Occidente, mentre continuava a essere preferito dagli alpinisti giapponesi e sovietici. Due atteggiamenti che non potevano convivere e la comunicazione globale, facilitata da internet, oltre a riconoscimenti di alto profilo per gli scalatori, portava questo contrasto sempre più sotto la luce dei riflettori. Le ascensioni in "stile assedio" per scalate di eccezionale difficoltà erano da festeggiare e applaudire o dovevano essere viste come un atto contro le future generazioni, derubate della possibile ascensione in stile alpino degli "ultimi grandi problemi"?

Il confronto tra i due stili contrapposti si acuì in occasione dell'assegnazione del *Piolet d'Or* per il 2005. Il premio era stato creato nei primi anni Novanta per celebrare la "miglior" ascensione alpinistica di ciascun anno ed era cresciuto d'importanza fino a essere riconosciuto a livello generale come il premio più prestigioso in ambito alpinistico. L'elenco ristretto per il 2005 comprendeva una grande spedizione russa, che aveva passato più di cinquanta giorni ad assediare l'incredibilmente difficile parete Nord dello Jannu, e Steve House, un americano che aveva salito una straordinaria e impressionante via nuova sul K7 in solitaria e in stile alpino.

A scegliere il vincitore del *Piolet d'Or* fu una giuria, ma quell'anno c'era anche un *People's Choice Award*, un premio del pubblico. La giuria assegnò il *Piolet d'Or* all'ascensione in "stile assedio" dello Jannu mentre la scalata al K7 vinse il premio del pubblico col 40% dei voti del contro il 5% per lo Jannu. Il conflitto era evidente e sotto gli occhi di tutti.

L'anno successivo tanto il *Piolet d'Or* che il premio del pubblico furono assegnati a un'ascensione in stile alpino e da allora abbiamo assistito a una tendenza sempre maggiore verso la celebrazione di ascensioni leggere e veloci, in stile alpino. Gli alpinisti russi e giapponesi hanno evitato sempre più lo "stile assedio" e sono riusciti a ottenere premi e riconoscimenti con ascensioni in stile alpino. I criteri per l'assegnazione di premi come il *Piolet d'Or* sono cambiati in favore dello stile alpino, l'UIAA ha pubblicato linee-guida che esortano le spedizioni a non lasciare alcuna traccia del proprio passaggio e vari finanziatori importanti hanno deciso di non offrire sostegno a spedizioni che utilizzino corde fisse oppure che si portino dietro gli spit. Si sta creando un'interazione sempre maggiore tra gli alpinisti di punta in occasione di festival, cerimonie di premiazione, scambi di visite e tramite Internet. A prima vista, ciò ha portato a una globalizzazione degli standard e a un approccio all'alpinismo sempre più puro. Le generazioni future ci ringrazieranno. Lo faranno davvero?

Se si scava un po' più a fondo si vede che le cose sono più complesse. I chiodi a pressione erano alla base dell'articolo sull'assassinio dell'impossibile e penso che essi siano ancora il punto dolente.

Ci vogliono un bel coraggio e tanta umiltà per passare mesi a organizzare una spedizione e poi ritirarsi invece di usare uno o due spit per passare. Per la quantità sempre maggiore di alpinisti sponsorizzati, poi, ci sarebbero da fare anche considerazioni di tipo economico e finanziario. Se fallisci o rinunci troppo spesso i tuoi sponsor potrebbero non esserne felici e la tua fonte di introiti potrebbe essere a rischio. È vero che oggi la tendenza è quella di non vedere più spedizioni con corde fisse e serie continue di spit, però il loro uso per proteggersi, per le soste o per la *portaledge* è tutt'altro che inusuale.

Stiamo dunque ancora assassinando l'impossibile? Stiamo facendo in modo di "abbassare" le vie per portarle al livello degli scalatori? Nelle Alpi o in Himalaya stiamo forse adeguando l'etica per far sì che si adatti bene alle nostre capacità e alla nostra accettazione del rischio? Stiamo davvero facendo uno sforzo per lasciare le montagne così come le abbiamo trovate? Cosa penseranno le generazioni future dell'eredità che lasceremo loro?

La mia idea è che magari non stiamo più assassinando l'impossibile nello stesso modo in cui lo stavamo facendo mezzo secolo fa, ma siamo comunque ben lontani dal poterci coprire di gloria. Gli spit stanno allungando sempre più i propri tentacoli sulle montagne, cambiando così l'aspetto dell'alpinismo e distruggendo le sfide per le generazioni future.

La mia visione al riguardo è assolutamente chiara. Abbiamo soltanto un mondo e l'unico modo sostenibile per andare avanti è quello di non lasciare alcuna traccia, quale che sia, del nostro passaggio. È questo ciò per cui dovremmo lottare.

L'ammonimento di Reinhold Messner oggi ha lo stesso valore di mezzo secolo fa.

MAURIZIO GIORDANI

Nato nel 1959 a Rovereto, in Italia, comincia a esplorare la montagna e ad arrampicare giovanissimo, spinto da inesauribile passione per il mondo verticale. Conferenziere e autore di libri, è guida alpina dal 1989 e fa parte del Club Alpino Accademico Italiano e del Groupe de Haute Montagne francese, oltre a essere garante di Mountain Wilderness. Come rocciatore vanta centinaia di vie nuove e prime invernali di difficoltà estrema. Fra le sue numerose solitarie spiccano in Marmolada le prime della via *Tempi Moderni* e della *Via Attraverso il Pesce* (1990) e la prima invernale di *Supermatita*, sul Sass Maor (1989). Intensa anche la sua attività sulle montagne di ogni continente, con spedizioni agli 8000 (Broad Peak, Gasherbrum II), in Patagonia (Cerro Torre, Fitz Roy, Cerro Pier Giorgio), Africa (Monte Kenya, Kilimanjaro), Ande (Aconcagua, Huascarán, Pico de Orizaba), Karakorum (Spantik, Torri di Trango, Torre di Uli Biaho, Ogre), Himalaya (Baruntse II, Ama Dablam), Nuova Zelanda (Mount Cook).

Il valore dell'incognito

L'uomo, per sua natura, è un essere imperfetto: per questo motivo è attratto dall'eccelso, da ciò che è puro, immacolato, perfetto. Per questo motivo si lega a Dio, per questo ha bisogno di eroi, ha inventato i supereroi.

Anche in alpinismo, e oggi nella più moderna arrampicata sportiva, vi sono state e vi sono imprese e personaggi mitici, che incarnano il super atleta o il conquistatore dell'impossibile. Mentre in arrampicata sportiva regole precise determinano senza dubbio quali siano i risultati migliori, in alpinismo non vi sono regole scritte e l'idea di perfezione non ha qui mai avuto una sua forma precisa, non è mai stata ben definita, seppure sia abbastanza facile individuarne le caratteristiche, dato che non ci sono molte possibilità... Il massimo è uno, uno solo, tutto il resto sono compromessi, aggiunte di compromessi che dal massimo non possono che allontanare.

È questo un tema importantissimo dell'alpinismo che da sempre mi appassiona: il tema dell'INCOGNITO, troppo spesso dimenticato. Si parla e si scrive regolarmente di gradi, di arrampicata libera, di etica del salire, dando rilievo però solo ad alcune delle componenti più importanti che rendono difficile e di valore una scalata, tralasciandone altre, di certo non meno determinanti, come la quantità di tempo e di materiale utilizzato per arrivare al risultato e, soprattutto, la presenza o meno dell'incognito, la vera essenza dell'avventura, senza la quale l'alpinismo non è più alpinismo.

Credo che la spinta verso il lato più sportivo dell'arrampicare e la ricerca di facile sensazionalismo, dove il termine "difficoltà" la fa da padrone, abbiano allontanato questa magnifica attività dal suo lato più "umano", dove invece comandano componenti come la capacità intuitiva e la fantasia.

Quando si parla di assassinio dell'impossibile si fa riferimento nello specifico all'uso del chiodo a pressione usato per la progressione, ma tale concetto andrebbe allargato, se si vuole fare una valutazione severa, a tutto il materiale utilizzato per avanzare e senza il quale non si salirebbe... Questo determina che, nell'etica del salire, siamo quasi sempre in una situazione di compromesso, dove però vi è la possibilità di distinguere ciò che ha valore massimo da ciò che ne ha di meno.

Ma cos'ha valore massimo in alpinismo? Qual è il gradino più alto della scala? Come si può misurare l'evoluzione in un settore "libero" come l'alpinismo, dove non esistono invalicabili regole predefinite o giudici attenti con cronometro in mano? Come si registra l'andare oltre, il progredire, senza un regolamento ufficiale, senza controlli? Come si può dare il giusto peso a ciò che effettivamente vale, a ciò che evidenzia indiscusso e inedito merito, capacità e impegno? Personalmente mai ho avuto dubbi nel considerare il gradino più alto della scala in alpinismo il confronto diretto con un percorso impegnativo e incognito, su terreno inesplorato e senza alcun tipo di aiuto: la via nuova in *free solo*, per intenderci. *Free solo* senza compromessi però, e non provando e riprovando prima il percorso, magari calandosi dall'alto, preparando meticolosamente ogni dettaglio, per poi andare sul velluto, com'è successo nelle recenti salite solitarie più eclatanti. Esempi di altissimo livello, per carità, ai quali manca però il fattore determinante dell'incognito per essere perfetti, per essere il "massimo".

Nella storia dell'alpinismo vi sono esempi importanti di salite veramente "pure", di chi ha realmente "toccato" il gradino più alto della scala, ma di questo non si parla quasi mai, forse perché tali esempi sono realmente molto rari. Si preferisce dare lustro al grado alto in arrampicata libera, dimenticando che tale realizzazione è in pratica sempre "sporcata" da mesi, se non anni, di preparazione (io la chiamo anche "costruzione"), e/o dall'abbondante presenza di corde, chiodi, spit, *friends*, senza i quali tutto tornerebbe velocemente a essere "impossibile"! Il livello in arrampicata sportiva si è man mano spinto lontano e ha toccato traguardi inimmaginabili e questo ha determinato per tutti un graduale allontanamento dal naturale equilibrio che vi dovrebbe essere fra mente e muscoli se si vuole arrampicare "sicuri", se si vuole che la propria progressione verso l'alto sia merito prevalente della propria capacità e non del materiale che viene utilizzato, sia esso di protezione o progressione poco cambi. Sono sempre degli aiuti, dei compromessi che permettono di andare oltre.

Quale differenza c'è, dal punto di vista etico, a parte l'impegno sportivo aggiunto, fra salire un pezzo di parete usando il chiodo a pressione (o lo spit) per progressione o solo per protezione? Quando viene infisso, è sempre un pezzo di metallo che permette di proseguire, senza il quale non si andrebbe avanti, quindi è sempre progressione artificiale, è sempre "uccisione dell'impossibile".

Sarebbe bello se tali distinzioni fossero ricordate e rimarcate, questo non per togliere valore ad ascensioni in alpinismo comunque validissime, ma per riconoscere che spesso si sarebbe potuto fare di meglio, magari con un po' più d'impegno o di "rischio d'insuccesso" aggiunto. Posso fare degli esempi che mi riguardano, dato che nella mia lunga attività anch'io sono spesso sceso a compromessi. Quando ho utilizzato la corda per 9 tiri sul *Pesce* in Marmolada durante la prima salita solitaria o su *Supermatita* al Sass Maor, quando mi sono autoassicurato sul tiro più difficile durante la prima salita solitaria invernale (il massimo sarebbe stato non portare nulla con me, come ho fatto su *Tempi Moderni*). Sempre, quando ci si fa aiutare dall'attrezzatura, un po' ci si spiana la strada verso un successo più accessibile. Questo vale anche per la realizzazione di *Suspiria*, *Andromeda*, o *Fantasia*, che sono alcune delle mie vie più difficili, ma che non rappresentano il massimo, il gradino più alto... Non per me! Queste vie sono nate per soddisfare un'ambizione, quella di salire un tratto di parete difficilissimo utilizzando pochissimo materiale e solo soluzioni naturali, ma sono anch'esse il risultato di un compromesso, come quasi tutto in alpinismo. Sono un'opera d'arte, il frutto di una grande dedizione, di un forte impegno; sono un disegno eccelso, un ottimo connubio fra romanticismo e fantasia, ma non arrivano alla perfezione.

Lasciare spazio all'incognito non significa necessariamente azzardare, rischiare; penso di essere una persona prudente e consapevole e quando mi è capitato di toccare quel famoso gradino di certo non ho azzardato nulla, altrimenti non sarei qui a scrivere queste righe. Ma là il cielo con un dito l'ho toccato, in perfetta sintonia con me stesso e sicuro come non mai, quando in *free solo* perfetto, senza alcun tipo di materiale d'aiuto, senza precedenti ricognizioni e su terreno assolutamente incognito ho cercato e trovato l'alternativa al tratto con i chiodi a pressione sulla *Via dell'Ideale*. O quando, nello stesso stile, ho salito *Medusa* e superato d'un fiato, in perfetto equilibrio psicofisico, lo strapiombo finale a pochi metri dalla vetta, ma a 900 metri dalla base della parete. Oppure su *Meteora*, lungo le sue ancora inesplorate placche e fessure, slegato e senza supporto di materiale. Qui ho dato il massimo di me stesso in arrampicata, qui ho disegnato sulla parete qualcosa di perfetto, perché realizzato nello stile più puro, scaturito da un confronto che non poteva essere più onesto, senza alcun tipo di compromesso!

Nulla di nuovo sotto il sole. Paul Preuss insisteva su questi argomenti più di cento anni fa e le sue sei regole fondamentali ne sono un ottimo sunto. Va però detto che tale etica estrema, se si adatta a definire il valore assoluto, non va presa alla lettera, non la si può pretendere nella normale attività alpinistica di ognuno di noi, dove ben venga il compromesso, che supporta naturali mancanze e debolezze senza causare danni. Ormai credo che l'impossibile in alpinismo sia stato assassinato in ogni modo e la proliferazione incontrollata di luccicanti piastrine di metallo sparse ovunque lo testimonia.

Almeno si salvi dall'appiattimento totale l'eccezione che conferma la regola; quei rari esempi dove non è il grado di difficoltà valutato a fare la differenza ma l'etica più pura, il come e, in fondo, anche il perché...

ALESSANDRO GOGNA

ITALIA
Genova

Nato nel 1946 a Genova, in Italia, è alpinista, guida alpina, storico dell'alpinismo, scrittore e conferenziere. Fra i fondatori di *Mountain Wilderness,* è ideatore di alcune iniziative a difesa dell'ambiente montano come *Marmolada Pulita*, *Free K2*, *Proteggi il Bianco*, *Aquila Verde*, *Save the Glaciers*, *Levissima for Everest* e la bonifica del Ghiacciaio del Baltoro. Fra la fine degli anni Sessanta e i Settanta è fra gli scalatori di punta a livello mondiale, con molte prime ascensioni, prime solitarie e prime invernali. Fra queste sono da citare senza dubbio nel 1968 la prima invernale della *Via Cassin* sulla Nord-Est del Pizzo Badile e la prima solitaria della *Via Cassin* sullo Sperone Walker, parete Nord delle Grandes Jorasses. Dell'anno successivo è la sua scalata più famosa, sul Cervino: la prima ascensione (con Leo Cerruti) del Naso di Z'Mutt. Nel 1971, sempre sulle tracce di Bonatti, sale in prima invernale il Grand Pilier d'Angle per la Cresta di Peuterey integrale. È anche fra i primi italiani a esplorare la Yosemite Valley (sua la prima italiana della *Salathé* su El Capitan) e a venire a contatto con il *free climbing* e poi a esplorare un po' tutta l'Italia alla ricerca di falesie, rese famose dai suoi libri di grande successo *Cento nuovi mattini* e *Mezzogiorno di pietra*.

L'assassinio della fantasia

(Cinquanta anni di assassinio dell'impossibile)

Se a distanza di cinquant'anni dall'esplosiva uscita di *L'assassinio dell'impossibile* ci si chiede se nel frattempo le imprese alpinistiche siano finite o abbiano mostrato segni di stanchezza creativa o, ancora, abbiano rivelato minor eroismo e minori capacità tecniche, la risposta è no, su tutta la linea. Anzi, si è verificato il contrario: moltiplicazione di realizzazioni, progettualità intensa, dal fantasioso-creativo al visionario, grandi eroismi e grandi performance. Sono stati raggiunti limiti che Messner, assieme ai suoi contemporanei, non sognava neppure

Dunque è generalmente riconosciuto che l'impossibile è non solo sopravvissuto ma pure gode di ottima salute.

Nel maggio 1968 di quello che succedeva nelle università non mi interessavo, a Genova poi ogni cosa giungeva ovattata, epurata di ogni carica dirompente. Anche il Maggio francese non colpì mol-

to l'ateneo ligure, così seppi qualcosa soltanto leggendo i giornali oppure parlando con gli amici di Milano e Torino. Compagni come Paolo Armando o Ettore Pagani, entrambi studenti di architettura, erano, al contrario di me, ben impegnati in quel movimento che sembrava allora travolgere tutto l'ordine costituito per dare spazio alla libertà.

Una libertà collettiva in contrapposizione a un ordine collettivo... ma in quel momento mi sentivo troppo libero dentro per curarmi della libertà collettiva.

In una mia conferenza, l'anno successivo, ricordo che, rispondendo a una precisa domanda, esclamai rivolto al pubblico "noi il Sessantotto l'abbiamo fatto sulle montagne", provocando un mezzo delirio di applausi frenetici. La frase era un po' a effetto, ma era indubbiamente vera e liberatoria: volevo solo dire di essere completamente estraneo alle lotte di piazza o di aula. Nel frattempo, *L'assassinio dell'impossibile* aveva messo il dito su una piaga che si stava scoprendo. Messner con grande lucidità è riuscito a seminare un pensiero nel terreno assai fertile di migliaia di alpinisti che gradualmente si stavano accorgendo che c'era qualcosa che non andava.

Molto dell'alpinismo di punta di allora si basava sui vecchi concetti di conquista, che prediligevano appunto la vittoria senza badare ai mezzi utilizzati per conseguirla. Negli anni Sessanta l'espressione *by fair means* non era stata dimenticata, semplicemente si era alzata, senza più alcun controllo, la soglia del significato di quel *fair*. Su questo aggettivo, che viaggia dal significato di "leale" a quello di "giusto", nei decenni si era sempre più posto l'accento sul "giusto", trascurando così la lealtà dei mezzi in una tenzone equa con la montagna e sottolineando invece con forza quanto i mezzi fossero "giustamente" tanti (ma mai sentiti "eccessivi") quando la montagna la si affronta nei suoi aspetti più "imperiosi" (grandiosità, difficoltà).

Al nocciolo, Messner ricordava che a quel ritmo ogni difficoltà sarebbe stata distrutta, uccisa, e non "vinta". Un richiamo forte alla lealtà e dunque al rispetto di alcuni limiti. Limiti che siamo noi a dover individuare, paletti che alla fine sono i pilastri della nostra libertà di scelta. Fondamentalmente cinquant'anni fa Messner ci ha detto: "Senza limiti è la fine del nostro gioco e se vogliamo essere liberi di giocare allora dobbiamo, con scelte responsabili, rispettare dei limiti". Con queste affermazioni è andato ben oltre il Sessantotto!

Messner, parlando di assassinio dell'impossibile, si riferiva soprattutto all'arrampicata artificiale, in particolare a quella che prevedeva l'utilizzo di chiodi a pressione e perforatore. Oggi l'artificiale ha preso una sua direzione estrema, molto "alpinistica" e che nulla ha a che fare con l'assassinio di cui stiamo parlando.

All'artificiale si è sostituita l'arrampicata sportiva: la bella e divertente illusione di spingerci sempre di più al limite: un limite sportivo però, ben diverso dal limite di cui si parlava e si parla in alpinismo.

Tramontato il *Nuovo Mattino*, la scissione fra alpinismo e arrampicata sportiva verificatasi negli anni dimostra la lontananza del collettivo dal modo di sentire alpinistico. Oggi più che mai l'alpinismo e il *free climbing* si trovano ad anni luce dalla realtà di tutti i giorni. Neppure i giornali parlano più delle imprese che i giovani continuano a realizzare in varie parti del mondo. Solo su Internet se ne ha traccia, salvo poi stupirsi per la quantità e qualità delle *nomination* al *Piolet d'Or*.

L'arrampicata sportiva invece si è incanalata nelle vie più domestiche dell'attrezzatura a regola d'arte o della competizione, in generale in una deresponsabilizzazione del singolo che invade l'insegnamento, la proposta turistica e le delibere comunali. L'arrampicata sportiva e le spedizioni commerciali sono dominate dal collettivo, hanno perso quella fantasia che, anche se non è mai stata al potere come avrebbero voluto Cohn-Bendit e gli studenti di Parigi, era bene che comunque albergasse nelle nostre azioni.

Ciò che individua un'opera d'arte come elemento-base è una grande carica trasgressiva, una carica di energia che soverchia quel che prima si pensava possibile, oltre il quale non ci si azzardava. Quindi è un elemento di rottura, un'affermazione di libertà. Il Sessantotto invece si rivelò un grande e potenziale pericolo per l'individuo, colpendo al cuore proprio la sua responsabilità e agitandogli davanti piacevoli fantasmi edonistici di un'organizzazione che pensa per lui, lo coccola e lo illude (con la "montagna sicura") di aver eliminato ogni pericolo mortale o di sofferenza. *L'assassinio dell'impossibile* si poneva contro e molti alpinisti lo hanno capito, anzi lo sospettavano già.

In quel momento si è avuta la creazione, la scarica di energia, la carica trasgressiva di cui dicevo prima. Oggi tutti gli alpinisti sostengono che deve esserci un dislivello sensibile tra l'uomo e la montagna, montagna più alta e uomo più basso, affinché si possa permettere proprio la famosa scarica che dicevamo prima, il fulmine che deve scoccare, la scintilla; allora veramente esplode la grandezza di un'impresa alpinistica, ma anche di altri tipi di imprese. Ritengo che questo dislivello sia dato soprattutto dalla fantasia che l'individuo ha; forse sto privilegiando quello che è il rapporto personale, quello dell'individuo con la montagna, il suo rapporto di amore con la parete. Chiamiamolo pure rapporto romantico se volete, oggi minacciato più che mai.

L'alimentazione evidentemente ha permesso tante nuove cose, l'allenamento specifico per le diverse discipline è diventato scientifico; le previsioni meteorologiche sono ormai quasi infallibili; il soccorso alpino è efficiente, almeno sulle Alpi; i materiali sono estremamente studiati e provati.

Se era facile eliminare il chiodo cinquant'anni fa, portandone meno con sé, è molto più difficile oggi rinunciare alla tecnica sempre più invasiva. E ancora è più difficile rinunciare alla tecnologia, che è una moltiplicatrice di facilitazione e che favorisce la competizione, manifesta o meno.

Penso che occorra avere il coraggio delle proprie intuizioni, poiché esse sono la cosa che manda avanti l'alpinismo; l'esibizione pura e semplice dei muscoli mi ha sempre lasciato abbastanza freddino. In più la competizione da sola fa perdere anche il senso personale dell'andare in montagna; basta pensare che finché c'è vittoria e pubblico on line c'è la motivazione per proseguire, a volte anche quando ci si dovrebbe fermare.

Quando non c'è più la vittoria, e questa non può esserci sempre, spesso la passione può diminuire e quindi ecco succedere quello che è il fenomeno odierno, la svalutazione della montagna.

La montagna viene svalutata proprio perché c'è questo passaggio, la passione che diminuisce, che tende quasi a zero se è dominata soltanto dalla competizione. Non vedo altra fonte che l'amore, il rapporto individuale per avere creatività e avere fantasia; bisognerebbe forse scrivere, oggi, un articolo non più sull'assassinio dell'impossibile, ma sull'assassinio della fantasia, perché mi sembra che da molte parti questa venga presa a bastonate (dai regolamenti di gara, dai tablet e smartphone che con l'esibizione e lo show si sono sostituiti alla realtà, dall'onnipresente ossessione di sicurezza e dalla bestemmia del *no limits*).

La produzione di alpinismo/opera d'arte avverrà in quel silenzio e in quella solitudine che, volendo, possono essere salvati anche in piena era satellitare. Se lo si vuole, si va oltre gli sponsor, si va oltre le esibizioni, oltre il collettivo.

L'assassinio della fantasia è ancora più virale di quello dell'impossibile. E oggi siamo in piena pestilenza.

YANNICK GRAZIANI

FRANCIA
Cagnes-sur-Mer

Nato nel 1973 a Cagnes-sur-Mer, in Francia, è guida alpina di Alta Montagna e membro della Società delle Guide di Chamonix. Inizia la sua attività sulle Alpi Occidentali, dove ripete innumerevoli vie prima di andare a scoprire i massicci montuosi andini e dell'Asia, dove realizza numerose prime ascensioni in compagnia, tra l'altro, di scalatori del calibro di Patrick Wagnon e Christian Trommsdorff. Tra le prime andine, la parete Sud del Huandoy Sud, nel 1996, e la solitaria alla Sud dell'Aconcagua nel 1999. In Cina vanta la prima ascensione del Chomo Lomzo nel 2005, mentre in Nepal apre vie nuove sul Kusum Kangguru nel 1998, sul Lobuche nel 1999, sull'Annapurna IV nel 2001, sulla parete Est del Makalu nel 2004, sul Nemjung nel 2009. Sempre in Nepal nel 2013 sale l'impressionante Sud dell'Annapurna assieme a Stephan Benoist, impresa che gli vale una menzione speciale ai *Piolets d'Or*. In Pakistan nel 2007 effettua la prima ascensione del Pumari Chhish, nel 2011 sale il Broad Peak e nel 2015 il Gasherbrum I.

Il tempo passa, nulla però cambia

Diventare adulti passa attraverso un apprendistato severo ma bello. Dai tempi di *L'assassinio dell'impossibile* ci sono stati coloro per i quali la gloria e il successo erano divenuti fini a sé stessi. Continuano a esserci, ma, ne sono certo, sono sempre meno. Quel loro tentativo di uccidere l'impossibile non ha funzionato semplicemente per il fatto che non dà agli esseri umani la loro dignità, il loro valore essenziale. I chiodi a pressione piazzati qua e là sulle nostre montagne non hanno poi fatto progredire di molto "lo stato dell'arte" in Himalaya; chi oggi si caricherebbe ancora del materiale necessario per poter praticare dei buchi, proprio in un periodo in cui per il successo di un'ascensione impossibile si prende solo quanto strettamente necessario?

La sfida è altrove, nel saper gestire la paura e nella sete di avventura. Sono già più di vent'anni che faccio lo scalatore e l'alpinista himalaiano e, a parte l'esperienza, ciò che mi piace è portare a termine i miei progetti in modo estetico. Questa non è ideologia, è pragmatismo. Leggerezza e flessibilità sono la chiave del successo. Leggendo *L'assassinio dell'impossibile* avverto fortemente i valori che mi appartengono e che so bene di condividere con molti altri alpinisti sparsi per il mondo. Questi sono valori che ci

MILLET

avvicinano e che ci permettono di riconoscerci. Kazuya, Kei, Dénis, Alexei, Christian, Simon, Kyle, Hélias, Ferrán, tanto per citare solo i nomi di quelli a me noti.

Quelle poche parole scritte da Reinhold Messner sono le fondamenta della nostra pratica e lo ringraziamo per aver messo per iscritto negli anni Sessanta alcune concetti-base, gli stessi per i quali gli scalatori fremono: «Non riesco a capire bene cosa stia succedendo: sono sul punto più alto, perso, e per questo sento di essere pieno di una gioia indescrivibile. Non penso più come facevo prima e le mie idee ora sono limpide. Mi sembra di vederci chiaro, anche di più. Adesso capisco alcune cose in un modo più globale. Sto crescendo».

Ma per qual motivo dobbiamo rischiare la nostra stessa vita per avere una vita piena? Perché noi siamo di quelli che si nutrono di straordinario, questo ci riempie. A tal fine è necessaria dell'abnegazione, bisogna "avere le palle". Avere del "sangue freddo" è essenziale per immaginare ascensioni simili. È proprio questa la base della nostra passione e io non sono pronto a farmi tentare dall'utilizzo di aiuti esterni. L'impossibile mi seduce, ma non sono pronto a ricorrere a qualsiasi mezzo pur di arrivarci, voglio adattare le mie ascensioni alle mie capacità. Poco importa la difficoltà, ciò che conta è altrove: sapere di non essere sicuri di arrivarci permette alla nostra immaginazione e alla nostra concentrazione di essere decuplicate, vivere nell'ignoto dà un gusto di qualità.

Ma a cosa può mai servire utilizzare un approccio pesante per aver successo? È esattamente il contrario di quanto andiamo cercando. Vogliamo arrivare all'inimmaginabile solo con i nostri mezzi, quelli di cui ci dotiamo e che impariamo a usare col passare del tempo. Col quale mettiamo in pratica una tecnica che poi affiniamo e questo ci permette di prendere in considerazione le ascensioni più folli, più dure e più impensabili. No! Non siamo dei pazzi, è il desiderio di vivere che ci fa riuscire.

Non sono mai disposto a fare compromessi ipotetici e penso che sconvolgere il nostro modo di fare utilizzando tecniche più pesanti e più costose ci porterebbe direttamente a un fallimento come se, avendo appena imparato a camminare, volessimo già correre.

A chi amo dico che parto per un'ascensione impossibile, loro conoscono le mie motivazioni e il mio impegno fisico e mentale. Io mi conosco e tutti quelli che mi conoscono lo sanno; chi è a contatto con veri uomini di montagna lo sa: noi non partiamo per andare in Himalaya a raccogliere fiorellini. Nonostante sia profondamente attaccato al mondo romantico, me ne distacco completamente quando si tratta di andare a intraprendere ascensioni. Gli scalatori sanno che la loro capacità di impegnarsi permetterà loro, se non di riuscire, di tornare per condividere con le persone a loro vicine ciò che hanno appreso. Basta scherzare, gli arrampicatori sportivi e assetati di conquista non sono i benvenuti. L'essenziale è altrove.

No, niente grandiosi racconti epici ma un debordante gusto della vita. È assolutamente impossibile diventare un uomo che si rispetti se si bara, se non si mette in gioco la vita. Cosa cerchiamo davvero se non diventare mille uomini? Cioè ottenere conoscenze sulla vita acquisite con impegno totale? Chi non scala in questo modo può sempre dedicarsi al badminton, attività invero assai ludica.

Allora perché sperare in un *Graal* tramite una vetta? Coloro che ho frequentato e che hanno insistito in questa prospettiva o ci hanno lasciato la vita o hanno chiuso con la montagna. Io critico l'utilizzo delle corde fisse a oltranza, anche se io stesso a volte ne faccio uso per ridurre al minimo alcuni rischi; critico l'utilizzo dell'ossigeno, anche se accetto che i turisti e le guide sugli Ottomila lo utilizzino: non faccio di ogni erba un fascio.

Adesso però bisogna riconoscere le cose così come sono. Con i mezzi di comunicazione di massa si fa fatica a distinguere il vero dal falso. Il vero, nel nostro caso, è l'utilizzo di una tecnica leggera, senza spit-fix (che vengono piantati dopo aver praticato un foro con il trapano, *n.d.r.*), senza ossigeno, senza "filo d'Arianna": è quel che noi chiamiamo stile alpino e non per fare l'apologia di una cultura piuttosto che di un'altra, ma per rendere conto del valore degli scalatori "impegnati", che per arrivare ai propri obiettivi non hanno altro che il proprio coraggio.

Non sono un ideologo, sono uno che pratica lo stile minimalista finché può e non penso che siano possibili grandi ascensioni con l'uso di un approccio pesante semplicemente perché è troppo rischioso. Tutte le grandi imprese sulle vette più difficili del Pianeta vanno fatte con una dose abbondante di umiltà e di rispetto verso tutti gli altri scalatori del mondo, viventi o morti, giovani o vecchi, divenuti leggende o meno (o che lo stanno diventando).

Occorre parlare della nostra attività di alpinisti come di una attività che va al di là della semplice nozione sportiva, perché essere una macchina vorrebbe dire limitare la nostra passione. È grazie al nostro intelletto che riusciamo ad avere successo. Sì, a volte capita di affidarsi alla fortuna per il successo, ma meglio affidarsi alla fortuna che a mezzi pesanti e a quella falsa apparenza di sicurezza che essi ispirano: noi non siamo gli dei dello stadio. La nostra vita di alpinisti è una passione. E non nel senso etimologico del termine, cosa che peraltro ci duole anche se poi dobbiamo accettare che la nostra vita nel quotidiano non sia molto semplice da vivere per gli altri... No, in un senso più moderno, nel quale essa sviluppa il nostro carattere dove il gusto della montagna ci apre interi universi. A noi piacciono la letteratura secca e inflessibile, la pittura ben fatta e il cinema ben realizzato. Fare scalate ci fa aspirare al bello, non ci vogliamo accontentare delle vie di mezzo, di ciò che è mediocre, inutile, privo di gusto e d'interesse.

Coloro che scalano devono prepararsi a diventare persone di questa tempra, mentre tutti gli alpinisti, gli scalatori, gli arrampicatori, gli himalaisti che non si impegnano su quella via possono essere sicuri che ciò porterà loro soltanto una felicità a mezze tinte, soddisfazioni mai complete. Si trovano in una via senza uscita e si morderanno le dita più tardi, quando si renderanno conto del proprio errore: un impegno, ma limitato. Cosa che non ha mai portato a nulla di nuovo, in qualsiasi ambito della vita.

L'impossibile è lì per noi, impariamo a gestire la nostra paura, ad affinare le nostre strategie, a essere migliori: è così che si diventa veri scalatori. La sicurezza e il tecnicismo non vogliono dire nulla oggi, quando il sistema dei valori è crollato. Ciò che resta, che esiste da sempre e con cui gli scalatori di tutti i generi sempre hanno voluto avere a che fare è l'impossibile...

ALEX HONNOLD

Nato nel 1985 a Sacramento, negli Usa, inizia ad arrampicare all'età di 11 anni. Dopo aver completato gli studi superiori si iscrive alla facoltà di Ingegneria dell'Università di Berkeley, che però abbandona compiuti i 19 anni per dedicarsi a tempo pieno all'arrampicata. Preferisce le *big wall* e l'arrampicata sportiva, ma non disdegna qualsiasi tipo di avventura e di attività esplorativa nelle aree meno conosciute e più interessanti dal punto di vista naturalistico e ambientale. La Yosemite Valley è per lui il vero paradiso sulla Terra, con le sue *big wall* e le infinite possibilità che offre per chi abbia voglia di fare attività in mezzo alla natura. Nel mondo dell'arrampicata è famoso a partire dal 2007, quando sale in giornata *Freerider,* su El Capitan (secondo a riuscirci). Poi l'incredibile serie di solitarie sull'Half Dome e su El Capitan, passando attraverso i record di salita in velocità del *Nose* (fino a scendere sotto le 2 ore insieme Tommy Caldwell nel 2018), gli guadagnano copertine e prime pagine. Come anche nel 2014 la grande traversata del gruppo del Fitz Roy in cinque giorni con Caldwell. E come l'incredibile exploit del 3 giugno 2017, quando sale in 3 ore e 56 minuti *Freerider* in *free solo*, segnando un passo avanti nella storia dell'arrampicata e degli sport di montagna. Dopo aver passato quasi un decennio vivendo all'interno del suo furgone, parcheggiato sotto le vie sognate, attualmente vive a Las Vegas e ha creato una fondazione che porta il suo nome e si occupa di ricerca di modalità di vita sostenibili e di aiuto allo sviluppo.

Minimizzare l'impatto nelle scalate e nella vita

Il conflitto tra l'arrampicata tradizionale e l'arrampicata sportiva è ormai terminato da tempo: l'arrampicata sportiva con protezioni a spit ha preso il sopravvento da anni. Adesso stiamo vivendo in un'epoca all'insegna dell'arrampicata nelle palestre *indoor*, dell'arrampicata sportiva, della sicurezza e delle prestazioni atletiche. L'arrampicata è cresciuta, ha accettato le regole, è entrata a far parte della comunità atletica internazionale e sarà presente all'Olimpiade di Tokyo del 2020. L'arrampicata non è più dominio esclusivo di disadattati, ribelli ed esploratori. No, ora è diventata uno sport *vero,* che prevede tanto allenamento, diete, prestazioni ai massimi livelli quanto una buona dose di avventura.

È facile pensare che l'impossibile sia stato realmente assassinato: ormai è accettata l'idea di spittare qualsiasi struttura rocciosa esistente al mondo, così come è accettato il calarsi in doppia

su grandi pareti per provare e riprovare movimenti con la corda dall'alto prima di partire per la scalata vera e propria di una via. La maggior parte degli scalatori passa il tempo a scalare in palestre con materassi alla base o a fare arrampicata sportiva all'aperto. Le cosiddette *direttissime*, quelle che Reinhold Messner addita come esecutrici dell'assassinio dell'impossibile, sono state accettate e celebrate da un'intera generazione di scalatori.

Eppure è ancora così facile trovare l'impossibile. Tutto ciò che serve è farsi una camminata appena appena più lunga fra le montagne, oppure portarsi dietro una quantità di materiali di poco inferiore al solito per una via già aperta ed ecco che uno scalatore potrà nuovamente trovare tutte le avventure di cui ha bisogno. Viviamo in un mondo ampio e vasto, la maggior parte del quale è ancora relativamente inesplorata per l'arrampicata. Sfide ancora ignote sono lì che aspettano e qualsiasi scalatore motivato non deve far altro che partire all'avventura e andare a coglierle.

Può anche essere che l'arrampicata sportiva e le palestre di arrampicata *indoor* abbiano ridotto l'aspetto avventuroso dell'arrampicata, ma nello stesso tempo hanno anche dato un notevole contributo all'aumento dei livelli di prestazione. Quegli standard più alti per l'arrampicata contribuiscono poi a rendere possibili diversi tipi di avventure. Avere una migliore forma fisica significa aver la possibilità di affrontare scalate più difficili, con o senza gli spit.

È facile star lì a lamentarsi dell'assassinio dell'impossibile, ma le scalate impossibili di oggi dipendono da capacità e forma fisica che arrivano direttamente dall'arrampicata sportiva.

Nel mondo dell'arrampicata moderna perfino gli alpinisti e gli scalatori su ghiaccio utilizzano l'arrampicata sportiva come mezzo che consente loro di migliorare tecnica e prestazioni. Non è possibile andare alla ricerca delle scalate impossibili di oggi senza la base fornita da tutte le vie che sono state aperte prima, includendo tra queste anche quelle a spit.

Trovo ironico il fatto che vie un tempo considerate eticamente abominevoli ora vengano utilizzate come modalità di allenamento e di preparazione alle scalate impossibili di questa generazione. Da tempo ormai non è la "spittatura" il maggiore dei problemi che gli scalatori si trovano ad affrontare: no, ciò di cui ci dobbiamo preoccupare sono questioni di maggiore importanza per la nostra esistenza, come il cambiamento climatico e la gestione del territorio.

Sono sempre più le persone che vanno in montagna e la minimizzazione del nostro impatto è molto più importante della minimizzazione del conteggio dei buchi prodotti. L'anno scorso una piccola falesia locale è andata distrutta a causa di un incendio boschivo. Ogni anno che passa, poi, i ghiacciai della Patagonia subiscono un'ulteriore recessione che compromette anche gli avvicinamenti e le discese di moltissime vette classiche.

Le questioni di maggiore importanza che l'arrampicata si trova a dover affrontare oggi sono le stesse questioni di carattere ambientale che minacciano il resto del mondo. Non possiamo andare a scalare le montagne se la neve non cade e le foreste vanno in fumo a causa degli incendi. Preservare il mondo che ci circonda è il passo più importante per preservare l'arrampicata e quale sia lo stile perfetto di un'ascensione ha un'importanza di gran lunga minore. Il principio guida del non lasciare tracce e di minimizzare l'impatto può essere applicato tanto al nostro stile di arrampicata preferito quanto al nostro stile generale di vita. Il tutto tenendo sempre presente che le implicazioni del nostro stile di vita sono molto maggiori in quanto influiscono sull'intero mondo che ci circonda.

Per noi, in quanto scalatori, è più importante concentrarci su questioni ambientali di maggiore portata, piuttosto che stare a preoccuparci di stili particolari di arrampicata. Il degrado ambientale riduce le opportunità di arrampicare in un modo molto più profondo di quanto possano farlo alcuni spit in più su una via. Gli stili e l'etica dell'arrampicata cambiano col tempo, cosa che il nostro mondo della natura non fa, o quanto meno non subisce cambiamenti altrettanto repentini.

Nel nuovo mondo dell'arrampicata l'impossibile non è morto. Sta semplicemente subendo un cambiamento. Ciò su cui ci dovremmo davvero concentrare dovrebbe essere preservare l'ambiente per la prossima generazione di scalatori, perché questi potranno trovare sfide sempre nuove finché ci saranno montagne da scalare.

LEO HOULDING

Nato nel 1980 ad Appleby-in-Westmorland, Cumbria, in Gran Bretagna, si fa conoscere al grande pubblico come primo britannico a salire in libera El Capitan, nella Yosemite Valley. Inizia a scalare a 10 anni. A 17 fa già parte di quel gruppo di scalatori che si piazza pressoché in pianta stabile a Llanbery, nel Galles settentrionale, per una stagione di apertura di grandi vie. Grazie alle indubbie capacità comunicative e istrioniche, diviene anche un volto noto del piccolo e del grande schermo britannici, partecipando a serie TV, reality e documentari. Nel 2007 fa parte della spedizione all'Everest sulle tracce di George Mallory, mentre nel 2009 si impone a livello mondiale partecipando al *The Asgard Project*, sull'isola di Baffin, in cui sale una via nuova, quasi tutta in libera, sulla parete Nord. Segue una serie di spedizioni, caratterizzate dalla scelta di obiettivi alpinistici remoti, distanti dalla civiltà, come l'Ulvetanna Peak in Antartide, per raggiungere i quali alle tecniche alpinistiche aggiunge quelle del kayaking, dello snow-kiting e quant'altro possa favorire la progressione di uomini e slitte in ambienti estremi.

Il futuro è nello stile

Mentre scrivo sono comodamente seduto sulla spettacolare terrazza Grindelwald dell'Hotel Bellevue alla Kleine Scheidegg e mi gusto una vista sensazionale sulla mitica e favolosa parete Nord dell'Eiger. È una magnifica giornata di febbraio: in basso, nella vallata, una coltre di nubi grazie all'inversione termica, mentre la grande parete si erge sopra di me ricoperta da un intonaco di neve fresca. Sciatori felici, avvolti in tute dai colori sgargianti, si lasciano scivolare lungo i pendii battuti.

Sono qui per uno show televisivo delle BBC: devo scalare la via del 1938 con Steve Backshall, un presentatore della TV britannica piuttosto noto e lui pure scalatore. Per questa avventura sono stati spesi moltissimi soldi e sono state impiegate parecchie risorse. All'Eiger, però, di tutto ciò poco importa. Le sue vie sono lì, sepolte sotto un velo di neve non consolidata, mentre le nuvole vengono spinte oltre la vetta da venti burrascosi e la temperatura sulla parete è inferiore ai -30°.

Sono in compagnia di due famose guide di Grindelwald dei nostri tempi, Lorenz Frutiger e

Andreas Abegglen. I due assieme possono vantare più di trenta ascensioni della parete. Sanno, come lo so io, che l'Eiger non è in condizioni tali da poter essere scalato. Ma è la natura dell'avventura: quella vera prevede un livello piuttosto alto di incertezza, un risultato sconosciuto, un elemento di rischio genuino.

Nel corso degli ultimi dieci anni sono riuscito a portare a termine con successo una serie di difficili spedizioni su grandi pareti lontane e isolate, in luoghi molto ostici da raggiungere. Mi trovo, tuttavia, a percepire quei fattori di incertezza con un'intensità minore rispetto a un tempo. Ciò in parte è dovuto alla sicurezza maturata assieme all'esperienza e a una strategia ben affinata per l'approccio a vie di grande respiro. Un ruolo non secondario, poi, è giocato dal fatto che ho iniziato a portarmi dietro un trapano a mano che ho usato (con molta parsimonia) per venir fuori dagli ostacoli insormontabili incontrati su grandi pareti. È fuor di dubbio che senza almeno una manciata di quegli spit non si arriverebbe alla fine di molte delle scalate a queste grandi pareti e che senza l'uso di un trapano la maggior parte di quel tipo di vie non esisterebbe. Certamente, portarsi dietro il trapano, una quantità sufficiente di spit e avere tempo a sufficienza fa sì che raggiungere la vetta sia quasi una certezza, il che compromette e inficia l'essenza vera e propria dell'avventura.

Sentivo il desiderio di andare a rituffarmi nel regno del grande ignoto, laddove governa l'incertezza profonda e c'è molto più di un piccolo rischio. Perché non provare a mettere assieme un lungo viaggio al Polo con l'obiettivo di una scalata tecnica e difficile utilizzando il mezzo rivoluzionario rappresentato dal *kite* che consente di viaggiare ad alta velocità su lunghe distanze con carichi pesanti?

Nel novembre del 2017, dopo anni passati a progettare, a raccogliere fondi e a prepararci, Jean Burgun, Mark Sedon e io siamo partiti per l'avventura della vita. Ambiziosa, pericolosa e incerta all'estremo, la spedizione allo Spectre rappresentava per me il top dell'avventura alpinistica. Il nostro viaggio ebbe così inizio su un aereo con pattini che ci lasciò ad 88° di latitudine Sud, esattamente a 220 chilometri dal Polo Sud. Proprio lì ha avuto inizio il nostro viaggio di 1700 chilometri senza alcun supporto, utilizzando la spinta del *kite* attraverso l'Antartide per raggiungere una stupenda catena montuosa chiamata Gothic Peaks, le Vette Gotiche, sita alla quasi inaccessibile estremità meridionale dei Monti Transantartici. Il gioiello posto sulla corona della catena dei Gothic è lo Spectre, montagna alta 2020 metri. Lo sperone meridionale è una guglia rocciosa alta 700 metri, affiancata da tre anticime. Dà l'idea di essere un singolo e unico cristallo di immacolato granito dorato. Paragonabile al poderoso Cerro Fitz Roy della Patagonia, ma posto a 86° Sud, si può ben dire che lo Spectre sia la montagna più remota sul pianeta Terra, non inferiore a qualsiasi altra per bellezza e perfezione.

Siamo partiti con provviste per settanta giorni; dovevamo trascinarci dietro ogni singolo chilogrammo di attrezzatura, di cibo e di abbigliamento su slitte chiamate *pulka*. La lunga distanza e la grande durata del viaggio richiedevano più di 100 chilogrammi di vettovaglie a testa. Quello, comunque, non era nemmeno la metà del nostro carico totale. Ci saremmo dovuti muovere utilizzando tutte le differenti discipline dello *snow-kiting* e i sistemi di traino tradizionali, portandoci anche l'attrezzatura speciale per la sopravvivenza e per le scalate in ambiente polare. Una volta poi aggiunta tutta l'attrezzatura da ripresa necessaria per documentare il viaggio, ci siamo trovati a sommare altri 115 chilogrammi a testa, il che voleva dire carichi pari a 215 chilogrammi per ciascuno. Ogni singola cosa e ogni singolo chilogrammo era stato oggetto di attentissima considerazione. Volevamo essere completamente autosufficienti, autonomi, senza rifornimenti successivi o assistenza dall'esterno per un periodo così lungo nell'ambiente naturale più aspro della Terra.

Dallo studio delle foto dello Spectre era evidente che le dimensioni e le difficoltà avrebbero richiesto una notevole e pesante quantità di attrezzatura da scalata. Tuttavia, fin dalla progettazione del viaggio avevamo deciso che non ci saremmo potuti portare attrezzatura pesante come i *portaledge*, che sarebbero stati necessari per una ascensione in pieno stile *big wall*.

Le nostre possibilità di successo e la fattibilità del progetto sarebbero aumentate nettamente se avessimo messo negli zaini anche l'attrezzatura per piantare gli spit. Un trapano a mano e cento spit volevano dire poco meno di un chilogrammo di attrezzatura in più, ma ci avrebbero dato un grande aiuto. Un trapano risolve il problema di venir fuori da tratti rocciosi privi di qualsiasi appiglio, un singolo spit piazzato in ciascuna sosta aumenta radicalmente la sicurezza e la semplicità di ascensione e discesa. Sapere di avere un punto di ancoraggio solido già posizionato su ciascuna sosta significa potersi portare una quantità ben inferiore di attrezzatura da scalata, aspetto di particolare importanza visto che il tutto era parte del bagaglio da trasportare per un viaggio così lungo. Avrebbe voluto dire, inoltre, che qualora le condizioni si fossero messe al peggio, sarebbe stata possibile un'eventuale ritirata rapida e sicura.

Per una spedizione così costosa, complessa e difficile molti dei miei amici e colleghi pensavano che fosse da pazzi *non* portarsi un trapano. Per i due capocordata, cioè per me e per Jean, questa semplice scelta era assurta ad assunto filosofico fin dall'inizio del nostro progetto. Non stavamo andando a tentare la spedizione più difficile, più incerta e pericolosa della nostra vita per poi sminuire la magnificenza della montagna dei nostri sogni. Non volevamo rendere lo Spectre più conquistabile o più comodo da salire. Tutto il concetto che stava alla base della spedizione allo Spectre si riassumeva nell'andare a tentare qualcosa di nuovo, di originale e di eccitante, che sentivamo essere al limite dell'impossibile, ma che con adeguata preparazione, con fatica e un pizzico di fortuna avremmo potuto portare a casa sani e salvi.

Lasciammo a casa il trapano.

Man mano che la nostra spedizione si sviluppava ci fu possibile scoprire le risposte a tutte le nostre domande e ci trovammo ad affrontare diverse sfide, alcune previste e altre invece inaspettate. Il nostro problema principale nella parte iniziale del viaggio furono le condizioni meteo, insolitamente severe, con temperature iniziali pari a -37° e venti che superavano i 40 nodi con un effetto *windchill* che faceva percepire una temperatura di -75° e visibilità zero. A questi fece poi seguito un vento fortissimo accompagnato da scarsa visibilità, fattori che ci portarono al limite, rendendo estremamente difficoltoso il nostro avvicinamento in *kite* allo Spectre, che richiese diciassette giorni di viaggio per fare trecento chilometri: dieci giorni in più di quanto avessimo preventivato.

Quando riuscimmo finalmente a raggiungere quella magnifica montagna, fummo accolti da tempo particolarmente instabile e venti fortissimi e gelidi. A partire da quel momento rimanevano a nostra disposizione soltanto dieci giorni per riuscire a salire lo Spectre: solo la metà del tempo che avevamo preventivato per la scalata. In più, avevamo davanti a noi la certezza di un viaggio di ritorno lungo 1400 chilometri e per il quale pensavamo che sarebbero stati necessari fino a 20 giorni di traino da parte nostra e altri 20 giorni di *kite*, il che ci avrebbe fatti arrivare proprio alla fine della stagione antartica. Dovevamo prendere una decisione davvero difficile.

Arrivato finalmente davanti alla straordinaria bellezza del pilastro meridionale dello Spectre, un punto privilegiato per raggiungere il quale avevo dovuto profondere energia e fatica come mai nella mia vita, la realtà mi si palesò in modo chiaro e doloroso. Non potevamo fare un tentativo sicuro della linea incredibile che corre lungo lo Sperone meridionale con l'equipaggiamento che avevamo a disposizione e nelle condizioni che avevamo trovato.

Il nostro approccio in "stile alpino-antartico" allo Sperone Sud era stato una scommessa che faceva conto su un'ondata di alta pressione stabile, scommessa che non si rivelò per nulla vincente. Forse, se ci fossimo portati un *portaledge* con tendina da spedizione (attrezzatura che, a vederla a posteriori, potevamo riuscire a portare per tutto quel viaggio), una qualche probabilità l'avremmo anche avuta.

È poco probabile che un trapano avrebbe potuto cambiare l'esito, tuttavia averne uno a disposizione avrebbe ridotto certamente quell'impegno al massimo livello. Io, comunque, sono orgoglioso della decisione da noi presa di tentare quella grandiosa vetta ancora mai calpestata nel migliore stile per noi possibile: nessun trapano, nessuna corda fissa, in libera per quanto possibile.

Abbiamo quindi spostato la nostra attenzione al versante settentrionale della montagna, meno severo, dove abbiamo portato a termine la prima salita della cresta Nord-Ovest in una lunga e impegnativa giornata di alpinismo difficile. In un'altra giornata rivelatasi lunga e impegnativa abbiamo anche scalato e battezzato la Torre Alpha, una delle anticime che fiancheggia lo Spectre.

Quel nostro viaggio è stato pieno di eccitazione e di sorprese. I nostri *kite* ad altissime prestazioni combinati con sci da gara ci hanno consentito di veleggiare con vento contrario e con carichi pesanti. I risultati sono stati di gran lunga superiori alle migliori aspettative e ci hanno permesso di avere coefficienti di virata pari a 3:1 e quindi di dover dedicare molti giorni in meno al viaggio. Un insolito vento trasversale ci ha fatto percorrere 130 chilometri in sole sette ore: un tratto per il quale avevamo pensato di dover trainare le slitte per almeno sette giorni. Il vento, poi, ha cambiato direzione e abbiamo avuto bisogno di ben dodici giorni per fare soltanto 320 chilometri, il tutto prima che le condizioni tornassero buone e potessimo fare ben 650 chilometri in soli 4 giorni in condizioni fiabesche. Condizioni che ci hanno consentito di fare 201 chilometri in una singola tratta e di portare così a compimento la nostra missione in 51 giorni, molto prima di quanto avessimo preventivato.

Sebbene il mio sogno di scalare lo Sperone meridionale dello Spectre non si sia realizzato, credo di poter dire che a divenire realtà è stato invece il sogno del top delle avventure possibili.

L'attuale tendenza verso il *by fair means* è un passo in avanti sulla strada delle avventure alpinistiche vere e pure, delle quali abbiamo in questi ultimi tempi parecchi esempi di prim'ordine. Il nostro viaggio (anche se a voler essere severi non del tutto *by fair means* a causa dell'esserci fatti depositare da un aereo con i pattini) è di sicuro un esempio di quanto sia possibile per gruppi altamente qualificati, dotati di creatività e immaginazione.

Spero davvero che le Gothic Mountains rimangano al 100% libere da spit. Spero che le spedizioni future che abbiano la fortuna di riuscire a raggiungere quella catena così remota lo faranno senza armi letali nelle loro mani, lasciando quei cristalli meravigliosi intatti e inalterati.

È una benedizione per le generazioni a venire che le paure peggiori di Messner non si siano avverate. Ci sono, comunque, ancora altri pericoli in agguato. La tendenza all'utilizzo dei social media e la commercializzazione del tutto può far sì che fatti e dettagli vengano omessi al solo scopo di dare un'aura di gloria a ciò che, spesso, altro non è che turismo d'avventura. Il triste risultato è che simili false imprese possono assurgere a una notorietà addirittura maggiore di quelle dei veri pionieri dell'esplorazione.

Io, però, credo che il futuro sia radioso, con capacità alpinistiche avviate a livelli sempre più alti. Mai prima d'ora era stata riconosciuta a tal punto l'importanza dello stile. Scalatori di ogni Paese stanno spingendo i limiti verso nuove altezze, mantenendo così vivo e vegeto il vero spirito dell'avventura alpinistica.

THOMAS HUBER

GERMANIA
Palling

Nato nel 1966 a Palling, in Germania, è guida alpina e maestro di sci a Berchtesgaden. Figlio di un alpinista provetto e appassionato che era stato autore di parecchie salite veloci, forma con il fratello Alexander il duo degli *Huberbuam* (i "bocia" Huber) e assurge a notorietà per le scalate in velocità di pareti di altissima difficoltà sulle Alpi e sulle Dolomiti, prima di ampliare gli orizzonti e andare alla ricerca di linee accattivanti e difficili sulle principali catene montuose mondiali. Tra le sue salite più famose, effettuate col fratello Alexander o con gli amici svizzeri Stephan Siegrist e Roger Schaeli, la *Salathé* a El Capitan, *TseringMosong* al Latok II, la Sud-Ovest del Latok IV, la diretta al Pilastro Nord dello Shivling, l'Ullvetanna, in Antartide, *Eternal Flame* sulla Nameless Tower (Torri di Trango). La sorte lo mette alla prova almeno quanto le pareti da lui scalate: soffre di un tumore a un rene e, nel 2016, di una brutale caduta sulla falesia di casa, in seguito alla quale subisce una grave frattura cranica. La sua guarigione e il suo immediato ritorno alle spedizioni extraeuropee lasciano a bocca aperta gli appassionati che, nell'inverno 2016-17, lo applaudono per la prima ripetizione (con Siegrist e Schaeli) di *Metanoia*, la leggendaria via di Jeff Lowe sulla Nord dell'Eiger. Nel luglio del 2018 sale in solitaria integrale il Lupghar Sar West (7157 m).

Saper scendere per poter salire

Prologo:

Nel nostro mondo di amanti delle montagne qualche tempo fa gli spit sono stati definiti sinonimo di "assassinio dell'impossibile". Attualmente questo tassello inserito in un foro praticato nella roccia è ormai diventato parte delle nostra rivoluzione nell'arrampicata. Uso anch'io gli spit, sulle montagne di casa, per proteggere le vie di arrampicata sportiva sulle Alpi, oppure sulle grandi pareti alpine per approntare bivacchi oppure per proteggere singoli passaggi in arrampicata. Anche se sul Cerro Kishtwar abbiamo piazzato qui e là qualche spit, in ogni momento della nostra ascensione è sempre stato presente l'impossibile. Ci ha permesso di crescere e siamo stati in grado di andare oltre i nostri limiti personali. L'impossibile ha un qualcosa di magico che mi spinge a partire!

Cerro Kishtwar: una storia freddissima

3 Ottobre, 3 del mattino. Il nostro cuoco Surij ci strappa ai nostri tempi con metodi quasi militare-

schi. La notte è fredda e stellata. Dopo una rapida colazione partiamo per il nostro secondo tentativo di aprire una via sulla parete Nord-Ovest del Cerro Kishtwar. Nella nostra squadra l'umore è un po' teso perché sappiamo tutti che non c'è più spazio per ritirate. Ora o mai più! Ognuno ha il proprio rituale personale prima che la sfida si prenda tutta la nostra attenzione e tutta la nostra esperienza. Stephan scruta il cielo in cerca di stelle cadenti come segni benaugurali. Julian si infila per primo lo scarpone sinistro. Io metto un sassolino rosso su un enorme cuore di pietra che per me segna la soglia che dal campo base porta nel mondo delle montagne. Chiedo di proteggere tutti noi da qualsiasi pericolo. Mi lascio tutto dietro le spalle. Solo l'"adesso" ha valore e non c'è più posto per il "mai". Davanti a me ho l'avventura, la parete, le fessure ghiacciate, il metro che segue, un *cliffhanger* traballante o un discutibile *birdbeak*. Poco importa cosa ci aspetta, ce la metterò tutta per vincere questa sfida!

Mentre Julian mi faceva sicura io sono riuscito a piazzare il primo *birdbeak*. Una fessurina esile portava verso l'infinito. Non mi sono lasciato intimidire, i miei pensieri andavano da un piazzamento di protezioni all'altro. Molte di queste erano buone, alcune addirittura tenevano il peso del mio corpo. Ogni tanto riuscivo a infilare un *cam* dietro a una qualche scaglietta e quindi a tirare il fiato. Poi era di nuovo la volta di un *birdbeak* che entrava sibilando nella fessura e mi calmava i nervi. Ho continuato così senza sosta fino a una piccola cengia rocciosa. Arrivato ho predisposto una sosta, quindi Julian ha "ripulito" la lunghezza e poi via di nuovo verso *Artificialilandia*! "Non si sta con le mani in mano!", con questo motto ho quindi iniziato la lunghezza successiva. Il terreno era ripido e per nulla facile, poteva ricordare come stile quello della classicissima *The Shield* su El Cap. In più era fattibile solo grazie all'aiuto dei *birdbeak*, senza i quali mi sarei trovato in più occasioni a restare appeso a un punto di domanda. Poco dopo mezzogiorno ho quindi raggiunto la nostra cengia, da noi chiamata "Cengia Felice". Julian, che mi aveva fatto sicura per quattro ore appeso alla sosta, si era preso una brutta botta di freddo e non sentiva più le dita dei piedi. Ha quindi fatto cambio con Stephan. Io poi ho traversato la cengia nevosa verso destra, dopodiché sono iniziate le fessure, perfette e agognate. Terreno per A2, dentro i *friend* e via. Le scarpette da arrampicata erano purtroppo rimaste nel saccone da recupero, 150 metri più in basso, sulla cengia nevosa, così quella perfetta fessura da mani me la sono scalata in libera solo nella mia immaginazione. Il Paese delle Meraviglie!

Ho quindi piazzato le fisse per il giorno dopo e al tramonto sono sceso in doppia fino al campo, dove sono arrivato ancora euforico per la giornata trascorsa. L'inizio in tono un po' minore del giorno prima era già stato dimenticato, il tempo sembrava dover rimanere perfetto e noi eravamo fiduciosi.

4 ottobre: oggi abbiamo spostato il campo fino a "Cengia Felice". Io mi sono occupato di smontare e rimontare il campo e issare i sacconi. Julian e Stephan volevano salire, se possibile, fino alla successiva fascia nevosa. Il freddo, però, ha ritardato la partenza di Julian. Aveva le dita dei piedi insensibili e che non davano segni di miglioramento. Anche Stephan stava combattendo con una mano

gonfia, presumibilmente per una tendinite. Non erano i presupposti ottimali per il nostro progetto, ma Stephan stringeva i denti e Julian era assolutamente motivato. Alle 10 Julian piazzava il suo primo chiodo sulla nuova lunghezza di corda, mentre io, dopo tutto il lavoro fatto, sulla “Cengia Felice” mi sono preso una pausa durata fino alla lunghezza successiva. Nel tardo pomeriggio mi sono nuovamente goduto il sole e di nuovo mi son trovato a non riuscire a immaginare nulla che potesse essere migliore del posto in cui mi trovavo. Nella mia mente stavo condividendo quel momento con i miei cari, a casa, e speravo che avremmo portato a termine la nostra avventura nel giro di tre giorni e che poi sarei tornato da loro, per raccontargli questa esperienza tenendoli stretti a me. Tanto erano belli la sera, la solitudine, l’isolamento e l’esposizione, il sole che stava calando e che riempiva le montagne circostanti di una luce calda e serena, quanto fu poi sconfortante l’arrivo dei due. Troppe scaglie insicure, estreme difficoltà e solo 35 metri guadagnati in sei ore. Di più non era stato possibile e non sembrava proprio lasciar sperare in meglio per la continuazione! Un universo infinito e verticale di granito. In quel modo il piano non poteva funzionare. Eravamo in parete ormai da tre giorni e volevamo essere in vetta in cinque. Eravamo però riusciti ad arrivare solo a un terzo della parete. Cosi non sarebbero bastati due giorni per raggiungere il nostro obiettivo. Ci riducemmo le razioni di cibo e ci mettemmo stesi e in silenzio all’interno del *portaledge*. Credo che quel giorno ognuno di noi si sia trovato a lottare con i suoi problemi e questo ci abbia fatto dormire male. Stephan con il suo gonfiore alla mano che non prometteva nessun miglioramento. Julian con le sue dita dei piedi, prive di sensibilità per il freddo estremo. Io e la paura del fallimento. All’inizio la parete ci aveva accolto amichevolmente, mentre adesso ci appariva infinita. A voler essere realisti, in quelle condizioni ci sembrava essere cresciuta fino a diventare impossibile. Nonostante il tempo da giorni fosse sì freddo, ma perfetto e privo di nubi, io ero del parere che dopo due o tre giorni in parete avremmo dovuto desistere, perché saremmo rimasti senza cibo. Julian avrebbe riportato congelamenti seri, la mano di Stephan gli avrebbe provocato notevoli problemi e alla fine saremmo arrivati tutti allo stremo delle forze. Nei miei sogni a occhi aperti ho provato a guardare tutti gli scenari possibili. Voltare i tacchi o continuare a salire? Meglio smobilitare tutto, ridurre le razioni di cibo al minimo e sperare di arrivare, forse, dritti in vetta, oppure il giorno dopo scendere, dopo aver ben piazzato le corde fisse su tutte le lunghezze per poter riuscire a tornare dal campo base nuovamente al punto più alto raggiunto nel giro di una giornata? Julian avrebbe potuto offrire una pausa ai suoi piedi privi di sensibilità, Stephan avrebbe potuto risistemarsi la mano e tutti assieme come squadra ci saremmo potuti preparare mentalmente a quelle difficili condizioni. Quale la via giusta? Qualcosa mi stava facendo capire che solo una decisione era quella che ci avrebbe portato al successo. Dovevo mostrare il coraggio una volta per tutte e azzardarmi ad arrivare al limite? Davanti a questa decisione c’era la paura di non farcela. Sapevo che se, allo stremo delle forze, ci fossimo dovuti arrendere più in alto, poco sotto la cima, non ci sarebbe più stata una seconda possibilità e a quel punto avrei dovuto affrontare una volta di più un viaggio di ritorno senza vetta in tasca. Se noi invece avessimo interrotto in quel momento il tentativo saremmo potuti ripartire dopo una pausa. Il tempo sarebbe rimasto al bello? A quel punto ho sentito che nella tasca della giacca avevo una piccola pietra. Un sassolino, messomi in mano da mia figlia prima della partenza. "Ti servirà, portalo con te fin sulla vetta e portami in cambio un sasso dalla cima". Sul sassolino datomi da mia figlia c'era scritto "coraggio" ed è stato in quel preciso momento che ho capito cosa dovevamo fare. Scendere in quel momento non avrebbe voluto dire fuggire, bensì mostrare coraggio. Aver fiducia e ripartire una settimana più tardi con nuove forze.

5 ottobre: Julian e Stephan hanno perfettamente capito i miei pensieri e i miei ragionamenti, anche se difficili e duri: interrompere l'ascensione con questo tempo eccezionale. Tutto è andato liscio e piuttosto veloce. Abbiamo piazzato le fisse sui passaggi più difficili e nel tardo pomeriggio eravamo già al campo base!

8 ottobre: Con nuove forze, ben rigenerati, mentalmente predisposti a quella sconfinata parete, con gas e cibo a sufficienza eravamo di nuovo all'attacco della nostra avventura nel mondo del verticale. Il tempo sembrava essere perfetto così come lo era stato fino ad allora, tirava solo un po' di vento da Nord verso Sud che portava aria più umida nelle montagne del Kashmir. Dopo una mattinata priva di nubi, al pomeriggio in cielo avevano iniziato ad addensarsi le nuvole e poi si era messo a nevicare. Nei giorni che seguirono non potemmo più goderci il sole, ma in compenso venimmo ripagati con un'arrampicata lungo fessure ghiacciate e sferzati dal pulviscolo nevoso. Sapevamo che non avremmo potuto trovare condizioni ottimali, ma a nessuno di noi passava per la testa l'idea di una ritirata. Ora o mai più. Il negativo non faceva più parte di noi. Poco importava che i piedi fossero al freddo, che lo *spindrift* ci schiaffeggiasse col pulviscolo di neve, oppure che sul *portaledge* tutto fosse umido, bagnato e ghiacciato. Per noi esisteva soltanto l'adesso. Avanti, si sale!

Abbiamo vissuto per sopravvivere. Dopo cinque giorni di scalata in condizioni totalmente avverse e con la mancanza di ogni comfort, ci siamo trovati a mangiare tutti con lo stesso cucchiaino e con una tazza da caffè che diventava tazza per la zuppa. A circa 6100 metri abbiamo raggiunto una piccola cengia rocciosa. Sopra di noi la parete si abbatteva e da lì abbiamo raggiunto quella che era un'evidente conclusione possibile per la nostra avventura.

14 ottobre: Di buon mattino siamo saliti dall'ultimo campo lungo le corde fisse fino al punto più alto precedentemente raggiunto. Come sempre, il cielo del mattino si presentava sgombro dalle nubi. Il sole che stava sorgendo andava a fare il solletico alle montagne tutt'intorno con i suoi primi raggi e io mi sono trovato nuovamente sopraffatto da tutto il bello e il selvaggio di quella montagna del Kashmir. Gli ultimi cento metri verso la vetta, poi, sono stati un regalo. Una facile scalata su terreno misto ci ha portato fino a una forcella, da dove, in pochi metri, ci siamo portati in cima. Quel giorno il tempo era migliore e sembrava che tale sarebbe rimasto. Avevamo quasi la sensazione di non essere da soli e che per tutto quello che avevamo fatto stessimo ricevendo un premio sotto forma di quel momento unico. Gli ultimi metri li abbiamo fatti camminando assieme e quasi non ci

credevamo. Cinquecento metri sopra le nostre teste nuvole velate si muovevano spinte da correnti fortissime e noi eravamo lì, in piedi, al sole, in piena calma di vento. Sapevamo tutti che ce l'avevamo fatta solo perché ci sentivamo un gruppo pieno di coraggio! *Har-Har Mahadev*, abbiamo battezzato così la nostra via sulla parete Nord-Ovest del Cerro Kishtwar. Il nome trae le sue origini dall'Induismo e vuol dire più o meno "Aumenta i valori morali per superare la paura e gestire le situazioni pericolose"! Oppure, come si direbbe da noi in Baviera: "Reiss di zam! (Riprenditi, controllati, *n.d.t.*)"

15 ottobre: Ho preso il sasso rosso dal centro del cuore fatto con le pietre e mi sono voltato a guardare nuovamente la montagna. Mi è venuto da sorridere, perché quel Cerro in sette settimane era proprio cresciuto. C'è mancato poco che venissimo sconfitti perché all'inizio lo avevo sottovalutato. Una volta riconosciuta la sua vera grandezza, però, abbiamo potuto conquistarlo. Anche questa è un'ulteriore prova del fatto che l'impossibilità esiste solo nei nostri pensieri. Quando però ci fidiamo della nostra esperienza, mostriamo coraggio, ci lasciamo guidare dall'intuito e dal cuore, quell'impossibilità perde importanza. Questo è il vero successo!

Epilogo:

Questa impossibilità, che perde quasi senso al termine di una spedizione coronata da successo, assume un grande significato per l'evoluzione di tutti gli sport di montagna se non per tutta l'umanità. L'impossibilità ti rende curioso, è fonte di ispirazione, ti sfida e ti pungola contemporaneamente! Soltanto attraverso questa apparente impossibilità si libera quell'energia che ti porterà a soluzioni del tutto nuove. L'impossibile, però, prevede anche che tu sia pronto a rinunciare, a prendere atto di quel limite e ad accettarlo. Anche in questa sconfitta si cela l'incredibile forza del nostro sviluppo. Essa potrà essere compresa come il passo da fare per poter spostare verso l'alto i limiti!

Se non accettassimo le sconfitte non ci potrebbe essere lo sviluppo. Molte vie alpinistiche verrebbero sgradate e snaturate da artificiale su file ininterrotte di chiodi a espansione; i problemi di *boulder* e le vie di arrampicata verrebbero resi fattibili grazie ad appigli artificiali e il doping diventerebbe per molti la modalità più semplice per aumentare le prestazioni personali. Molti nella nostra attuale società meritocratica hanno cancellato, eliminato questo prefisso "im" ed è rimasto solo il "possibile"! Come oggi va di moda dire: tutto dev'essere possibile!

Ma non è che questo "possibile" ottenga la propria magia solo quando esiste anche il suo esatto opposto, come per ogni altra cosa al mondo? Lo *Yin* assume valore di unità solo assieme allo *Yang*; la vita assume significato e verità solo se vista assieme alla morte, quindi il vero potenziale dello sviluppo in generale si cela proprio nel "possibile" e in quelle due altre letterine "im"! Solo chi non riesce a effettuare un passaggio in arrampicata e accetta il fallimento potrà poi alla fine farcela! Quelli che, invece, andranno a scavare o ad aggiungere appigli su quel passaggio non faranno altro che derubare sé stessi della propria crescita futura!

JOST KOBUSCH

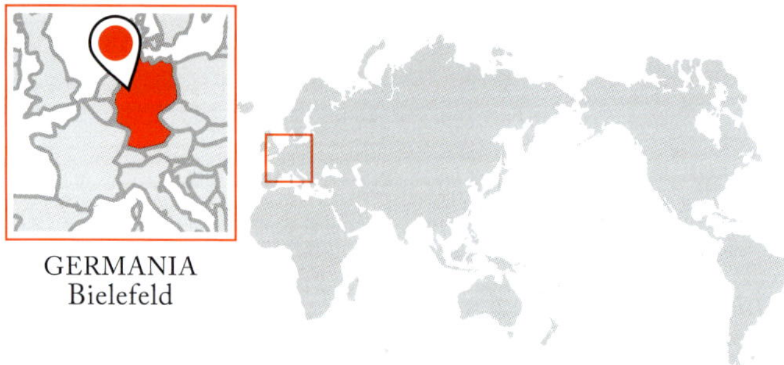

GERMANIA
Bielefeld

Nato nel 1992 a Bielefeld, in Germania, inizia a frequentare le palestre di arrampicata indoor per vincere la sua paura del vuoto. Ben presto passa a praticare l'alpinismo, diventando nel 2014 il più giovane alpinista a salire i 6814 metri dell'Ama Dablam in solitaria. Due anni dopo, 24enne, porta a termine in solitaria l'ascensione dell'Annapurna, 8.091 m. Nel 2015 si trova al campo base dell'Everest nel momento in cui il noto e devastante terremoto sconvolge il Nepal. La sua prontezza di riflessi, che lo porta a filmare e documentare quanto sta accadendo, gli vale niente meno che ventidue milioni di visualizzazioni su YouTube. Autore di un libro, fotografo, speaker e conferenziere, dichiara di amare le scalate solitarie (come il tentativo invernale al Pik Lenin o Ibn Sina, 7132 metri), effettuate senza aiuti o aiutini, alla ricerca di obiettivi possibilmente nuovi o pochissimo conosciuti come il Nangpai Gosum II, montagna di 7296m fra Nepal e Tibet di cui realizza la prima salita nel 2017.

Ci sarà sempre qualcosa di nuovo da tentare

Nangpai Gosum II 7296m / Nepal: 03.10.2017

I miei attrezzi da ghiaccio penetrano nella neve farinosa e vanno a grattare contro il granito quasi verticale. Sono qui, in solitaria, e mi sto muovendo lungo una via finora mai percorsa che conduce a una vetta ancora mai raggiunta. Le condizioni del ghiaccio potrebbero essere migliori e mi chiedo se la via che sto seguendo sia quella giusta. Sto per andare a ficcarmi in uno di quei vicoli ciechi dai quali poi mi troverò a dover tornare indietro arrampicando in discesa? Spero che il terreno diventi migliore, ma non lo posso sapere. Eppure, questo momento è esattamente ciò che vado cercando: per me una vera spedizione è partire per andare verso l'ignoto. Quando poi, circa otto ore più tardi, raggiungo la più alta delle vette inviolate del Nepal mi sento come l'esploratore Alexander von Humboldt, del quale leggevo da bambino. Ben presto tutti i Settemila saranno scalati e proprio ciò fa sì che quello che vivo sia un momento particolare. Ecco, per me un aspetto profondamente connesso all'alpinismo è l'andare a scoprire territori nuovi.

Ho iniziato ad arrampicare che avevo dodici anni. Appartenevo dunque a quella nuova generazione di scalatori *indoor* e il proliferare degli impianti per l'arrampicata mi ha permesso di avere un allenamento costante al riparo dai condizionamenti del tempo e della notte. Solo verso i sedici anni sono riuscito a mettere le mani su roccia vera. Anche lì ho potuto vedere come le ascensioni che facevo si allontanassero dal *trend* generale, che prevedeva la scalata di vie il più difficili possibile e spittatissime. Prendersi dei rischi è qualcosa di decisamente "out".

Per molti versi siamo ormai diventati una società votata al consumo, al "possibilmente tutto e subito". Nell'era delle spedizioni vendute con pacchetti *all inclusive*, ci troviamo a dare una definizione di avventura piuttosto diversa. Non si tratta più di una sfida che potenzialmente può andare a finire nel modo più inaspettato, bensì di una specialità sportiva priva di rischio e di effetti collaterali.

Non conosco nessuno che abbia la mia età e che voglia perseguire le ascensioni sulle grandi montagne con un approccio alpinistico. Nemmeno quando sono andato in giro per il mondo in perfetto stile minimalista, alla *Dirtbag*, con pochi soldi in tasca, mi è capitato di incontrare qualcuno che avesse idee anche solo parzialmente simili. Sembra, peraltro, che la questione non stia tanto nei costi. Magari non è più "in", forse non fa più figo. Ciò che andiamo a visitare sono i grandi templi dell'arrampicata su plastica. Non leggiamo più i libri di montagna rivoluzionari e non sogniamo più di poter fare un giorno spedizioni che siano tutte nostre. I promo sempre più estremi degli sport di montagna offerti dai *social media* distorcono il nostro personalissimo mondo reale.

Invece di identificarci con la storia, noi adesso facciamo in modo di allontanarci da essa.

"Internet kills adventure"-Internet uccide l'avventura! Ma i giovani di oggi davvero vogliono ancora andare a scalare le montagne?

Il desiderio è quello di mettersi in mostra, non certo di andare a esplorare. Questo è il motivo per cui si va nelle località che tutti conoscono: da lì è più semplice inviare i comunicati.

Non penso che la nuova generazione vada di meno alla ricerca di vere avventure. Penso piuttosto che la società ci stia presentando una strana forma di avventura. Per la precisione, quella che è possibile solo per gli sportivi estremi, mentre per tutti gli altri farsi una maratona basta e avanza. Dobbiamo soltanto sporgerci dalla finestra e guardar fuori, ma senza esagerare. Molti degli obiettivi, infatti, non hanno necessariamente a che fare con la pura forza sportiva e sono piuttosto delle sfide di tipo mentale.

L'alpinismo di esplorazione è per caso qualcosa che si avvia a morte lenta, che viene vissuto nella sua forma originale soltanto da una generazione ormai invecchiata?

L'alpinismo moderno si sta trasformando in uno sport: sempre di più, sempre più in alto, sempre più veloci. Per me l'alpinismo non è nulla di tutto ciò. È il partire per l'ignoto, è soprattutto sperimentare, è andare a vedere se un qualcosa sia fattibile o meno. Le conquiste della modernità rendono l'alpinismo più sicuro, ma il prezzo che paghiamo per questo è la perdita dell'avventura.

Oggi, quando mi trovo a progettare e pianificare una spedizione, la prima cosa che mi chiedo è come fare, una volta arrivato laggiù, a essere veramente da solo. Molti sono ormai i punti così sfruttati turisticamente e resi così accessibili che si ha la sensazione di trovarsi in un parco avventura piuttosto che in mezzo alla natura.

Ciò che mi permette di mantenermi e di conservarmi è il fuggire verso le regioni più periferiche e il passare la stagione invernale sulle grandi montagne.

Al contrario di molte specialità sportive strettamente regolamentate, per le scalate in montagna ognuno può definire le regole del proprio "gioco". Se mi viene la voglia di andare a provare la via più difficile del mondo lo posso fare, magari fallirò miseramente, ma non esiste nessuna regola che me lo impedisca. Per me la forma di alpinismo più pura è rappresentata dalle solitarie, senza alcun aiuto al di sopra del campo base e senza uso di supporti dopanti quali l'ossigeno o i medicinali che aumentano le prestazioni. Per me l'uso di tutto ciò che adatta l'ambiente che ti circonda alle tue capacità significa semplicemente barare. Ciò che realmente mi spinge è la curiosità di vedere se riesco a portare la partita che sto giocando al massimo livello di difficoltà.

Quando tutte le vette saranno state raggiunte, quando tutte le creste saranno state salite e quando tutte le pareti saranno state segnate da una linea, si troveranno comunque nuove avventure e le vie saranno percorse con nuovi stili di salita. L'impossibile è immortale, perché se ne troverà sempre uno nuovo. In un'epoca in cui non ho alcuna possibilità di fare le cose nello stesso modo in cui le hanno fatte i pionieri, ho comunque l'opportunità di fare cose che loro non hanno fatto. Ascensioni che, grazie all'evoluzione della tecnica e alla costruzione di nuovi prototipi con materiali sofisticatissimi, diventano ora possibili pur senza essere ridotte in alcun modo alla stregua di semplici passeggiate

Le imprese classiche dei pionieri sono già state fatte, le vette e i Poli sono stati conquistati, ma ci sono pur sempre territori ancora da scoprire. Seguo per quanto possibile i tentativi di prima invernale al K2. Esiste però un continente poco esplorato ed enorme che di nome fa Antartide ed è li che aspetta tante, tantissime prime ascensioni.

Tra pochi anni, poi, la prima missione su Marte con esseri umani a bordo potrebbe davvero far rinascere, grazie ai media, l'alpinismo d'esplorazione. L'Olympus Mons, con una altezza stimata attorno ai 26.000 metri, è la montagna più alta del nostro sistema solare. Si potrà andare a scalarla? E, se così dovesse essere... con quali modalità?

IGOR KOLLER

SLOVACCHIA
České Brezovo

Nato nel 1952 a České Brezovo, all'epoca in Cecoslovacchia, è il più famoso alpinista slovacco di tutti i tempi, allenatore e presidente dell'associazione slovacca di arrampicata JAMES. Come la maggior parte dei giovani dell'allora blocco socialista, inizia a frequentare le montagne grazie ai campi estivi nei monti Tatra meridionali. Contestualmente frequenta anche i siti di arrampicata dell'attuale Repubblica Ceca, dove traccia ed effettua la prima salita di capolavori dell'arrampicata moderna come lo *Spigolo della Kalamarka*. In Occidente è famoso per le sue realizzazioni sulla parete Sud della "sua" Marmolada, dove assieme all'amico Jindro Šustr nell'agosto 1981 apre in tre giorni la storica e visionaria *Via attraverso il Pesce*. Oltre alla giustamente rinomata e celebrata via, Koller in Marmolada vanta una quindicina di altre vie, più quelle in Masino-Bregaglia (per esempio la nota e ambita *Linea Bianca* al Pizzo Badile) e altre prime ascensioni al Petit Dru, all'Aiguille de la Blatière e alle Droites. L'attività alpinistica lo porta anche in Asia Centrale, con il Pik Žukov e la traversata al Pik Lenin, e in Himalaya, dove con Dodo Kopold nel 2002 sale il Castle Peak. Ormai più che sessantenne, nel 2016 festeggia il compleanno in Yosemite, regalandosi una salita del *Nose* in sei giorni con Vlado Porvaznik.

Lo stile come fattore d'immortalità

L'alpinismo e l'arrampicata da sempre sono un gioco per il quale a decidere le regole sono gli stessi giocatori. A differenza di altri giochi o di altri sport (anche se alla fin fine ogni sport è un gioco) quelle regole, però, non vengono specificate fin nei dettagli. A dire il vero, in larghissima parte si tratta di regole non scritte (anche se poi ci capita di scrivere su di esse), ragion per cui più che di regole parliamo di etica alpinistica. Proprio questa caratteristica, che differenzia l'alpinismo dagli altri sport, ha reso e renderà il nostro gioco-arrampicata incredibilmente attraente, perché l'etica alpinistica non solo garantisce a ciascuno di noi la libertà di seguirla, ma porta tutti noi ad assumerci le nostre responsabilità al momento delle decisioni personali. Sì, perché senza la responsabilità, senza il rispetto dell'etica alpinistica, il nostro gioco, la nostra arrampicata e il nostro alpinismo non avrebbero senso e si troverebbero privati della loro essenza migliore.

Sento di dover sottolineare uno degli aspetti fondamentali della nostra etica alpinistica, delle nostre regole del gioco, in quanto essenza dell'arrampicata e dell'alpinismo: le nostre regole sono sempre state impostate in modo tale che il nostro "rivale" di turno, una falesia, una parete, una montagna, potesse avere una qualche possibilità di vincere. Prevedono di non andare a toccare la meravigliosa incertezza del risultato quando tentiamo di scalare una qualche falesia, una grande parete, oppure di salire sulla vetta di una montagna. Prevedono di non utilizzare sussidi tecnici, oppure di non usarli in modo tale che la parete o la montagna non abbia possibilità di vincere: tipo di situazione che è stato definito cinquant'anni fa da Reinhold Messner "l'assassinio dell'Impossibile".

Comunque, in qualsiasi modo decidessimo di formulare le nostre regole, queste non sarebbero mai precise e tali da prevedere tutto. Per questo motivo esiste l'etica alpinistica. Nella pratica dell'arrampicata e dell'alpinismo però, il tutto si fa ancora più complicato. Lo sviluppo dell'alpinismo, infatti, non è semplice e lineare: in più di un'occasione la realtà della pratica è arrivata ai limiti dell'etica alpinistica. Proprio 50 anni fa un vero e proprio assalto a pareti e montagne con l'utilizzo estremo dei mezzi tecnologici, in particolare dei chiodi a pressione, aveva minacciato il nostro gioco fin nella sua essenza più profonda. Tutto ciò è stato sottolineato da Messner nel suo articolo in modo preciso e autorevole.

Gli ausili tecnologici, l'attrezzatura e l'equipaggiamento da alpinisti sono sempre stati una parte fondamentale per le nostre uscite in falesia o in montagna. È naturale che gli ausili tecnologici per l'alpinismo, come ogni altra cosa, abbiano uno sviluppo e vengano sempre più perfezionati. Oggi nessuno può chiedere agli alpinisti di andare a scalare con l'attrezzatura dei tempi in cui l'alpinismo stava nascendo. Certo, dal punto di vista teorico della purezza dell'arrampicata l'ideale rimane quello dello "scalatore nudo sulla vetta dell'Everest". (Tanto per alleggerire la questione vi dirò che mi è capitato di sentire, tra un giro di birre e l'altro, che nemmeno quello sarebbe il vero massimo. Potrebbe infatti batterlo lo "scalatore nudo sulla vetta dell'Everest con la suocera sulle spalle". Per qual motivo proprio con la suocera è una questione sulla quale non ho voluto indagare oltre...). Questa comunque rimane soltanto pura teoria: nella realtà, la pratica dell'alpinismo funziona in un modo un po' differente. Voglio dire che il problema dell'etica alpinistica, il problema del cosiddetto "assassinio dell'impossibile" non è tanto la tecnologia, quanto l'uso che della stessa vien fatto. Lo stesso Messner, proprio all'inizio del suo articolo, ha scritto: "non ho nulla contro le direttissime". Aggiungerei a questo punto che in linea di principio non ho nulla contro l'arrampicata artificiale. Il problema è che l'arrampicata artificiale disturba l'equilibrio tra la prestazione fisica e quella psichica durante la scalata. Il problema è anche l'utilizzo della tecnologia che va a sostituirsi totalmente alla capacità di scalare, con la progressione lungo la parete che diventa un lavoro di chiodatura e "spittatura". Questo tipo di progressione non fa più parte delle scalate vere e proprie ed è stato correttamente e sprezzantemente etichettato come "scalata tecnologica". Che è diventata un problema a fine anni Cinquanta-inizio anni Sessanta del secolo scorso sulle Alpi, sulle Dolomiti, nel Caucaso, e, in misura maggiore o minore, nel resto del mondo. A cominciare dalla linea continua di chiodi a pressione sul settore sinistro della parete Nord della Cima Grande di Lavaredo, o dai 460 chiodi su 400 metri di arrampicata piantati nel 1959 sulla Roda di Vael, passando attraverso le

direttissime sulla parete Nord dell'Eiger, la *Harlin* e la *Direttissima dei Giapponesi*, dove è stato fatto uso non solo di mezzi tecnologici non congrui, ma anche di centinaia di metri di corde fisse con la tattica mutuata dalle spedizioni himalaiane, per arrivare infine al compressore di Cesare Maestri sul Cerro Torre. Quello, però, per l'alpinismo, era un vicolo cieco che minacciava la sua stessa essenza e il suo aspetto sportivo. I suoi grandi rappresentanti, tuttavia, non erano necessariamente gli arrampicatori meno capaci, erano anche alpinisti di successo, che però non erano creativi e visionari a sufficienza per condurre lo sviluppo dell'alpinismo nella giusta direzione. Di sicuro un certo ruolo l'ha avuto anche l'ambizione personale, a volte davvero esagerata. Per fortuna in quel periodo fece la sua comparsa sulla scena la nuova generazione, che grazie a un grande allenamento, alla grande capacità di scalare e al grande coraggio segnò il nuovo cammino da seguire per l'alpinismo. Il più grande dei suoi rappresentanti fu proprio Reinhold Messner. Fondamentale fu il fatto che non si limitò a indicare la strada dal punto di vista teorico, dando forma ai propri pensieri e alla propria visione nelle considerazioni presenti nel suo articolo *L'assassinio dell'Impossibile*, ma testimoniò il suo pensiero con le sue imprese e le sue realizzazioni. Fu la sua accuratissima preparazione fisica, psichica e tecnica a permettergli di introdurre nelle scalate sulle Alpi la leggerezza, la velocità e l'eleganza. Non si trattava, comunque, per lui, di concentrarsi sulla sola arrampicata libera, che pure preferiva, quanto sull'approccio generale e sulle tattiche di scalata. Messner ha dimostrato che attenendoci all'etica alpinistica e alle nostre regole del gioco non ci troveremo mai senza quelli che chiamiamo gli "ultimi problemi" di una qualsiasi area d'arrampicata, indipendentemente dalla disciplina scelta, a partire dai *boulder* alti un paio di metri per finire con gli Ottomila himalaiani. È stato grazie a Messner e, con lui, a centinaia di alpinisti di tutto il mondo che l'alpinismo non ha perso i propri tratti caratteristici. Anche oggi, nonostante uno sviluppo non sempre ideale e diretto, facendo eco a Riccardo Cassin vorrei dire agli scettici di non aver paura per il futuro dell'alpinismo. I giovani scalatori sanno cosa stanno facendo e tra i migliori di loro si troveranno sempre nuovi Messner che, con le proprie imprese, sapranno indicare la giusta via per lo sviluppo dell'alpinismo.

Interessante poi è stato il modo con cui l'alpinismo cecoslovacco ha risolto la questione dell'abuso della tecnologia. Scrivo apposta "alpinismo cecoslovacco" nonostante il fatto che oggi cechi e slovacchi vivano in due stati autonomi. Un esempio classico di "alpinismo tecnologico" nelle aree dedicate all'alpinismo dell'ex-Cecoslovacchia faremmo fatica a trovarlo. Certo, quando negli anni Cinquanta del secolo scorso sugli Alti Tatra si effettuavano prime ascensioni in artificiale sui chiodi, queste venivano gradate di sesto, che all'epoca era il massimo grado dell'allora scala chiusa delle difficoltà, come se le scalate artificiali fossero l'apice dell'alpinismo. Per fortuna quello delle scalate tecnologiche è stata solo una lieve brezza di passaggio. L'arrampicata libera è sempre stata prevalente, l'obiettivo primario, mentre l'artificiale era solo un modo per superare un preciso problema d'arrampicata. Fondamentale è stato il fortissimo influsso esercitato dall'arrampicata sulle falesie d'arenaria della Boemia, che hanno rappresentato il bastione dell'arrampicata libera e che hanno influenzato tutti i migliori alpinisti di massimo livello, indipendentemente dal fatto che fossero cechi o slovacchi. Verso la fine degli anni Sessanta l'influsso maggiore sullo sviluppo è stato esercitato dal gruppo dei "Pavúky", i Ragni, i cui principali rappresentanti erano Pavol "ragno" Pochylý, il maestro e ideologo del gruppo Ján Ďurana e lo scalatore estremo di primaria importanza, organizzatore e pubblicista Ivan Dieška, che aveva formulato e messo correttamente per iscritto tutte le novità. La filosofia era piuttosto chiara: scalare ai limiti delle possibilità umane e anche ai limiti della sicurezza, in modo da mantenere l'equilibrio tra la prestazione fisica e quella psichica e poter così trasferire i massimi livelli dell'arrampicata libera dalle falesie e dalle torri d'arenaria alle scalate in montagna. Per l'artificiale, se proprio necessario, utilizzare il meno possibile i chiodi a espansione, poi rimpiazzati dall'utilizzo di chiodi speciali a forma di "uno". In questo modo anche le scalate estreme su chiodi di piccole dimensioni potevano far parte dell'arte di arrampicare, spesso anche al limite del rischio tollerabile. Certo, nell'alpinismo vero e proprio anche il rischio è una delle componenti fondamentali. Grazie a quella filosofia l'alpinismo cecoslovacco evitava le file ininterrotte di spit lungo le linee "a goccia d'acqua che cade". Ed è sempre grazie a quella filosofia e alla sua messa in pratica a livello alpinistico che gli scalatori cechi e slovacchi sono riusciti negli anni Settanta e Ottanta a ripetere le vie più dure e a effettuare parecchie prime ascensioni nelle Dolomiti, nel Masino-Bregaglia, sull'Eiger, oppure nelle Alpi Occidentali, sulle Grandes Jorasses o sul Grand Pilier d'Angle. Certo, anche la nostra famosa *Via Attraverso il Pesce*, sulla Marmolada, salita da me e Jindro Šustr nel 1981, è nata sulla base di questa filosofia.

Ci troveremo sempre a dover risolvere aspetti problematici per lo sviluppo dell'alpinismo, in quanto questo ha certamente le sue sinusoidi, ma si muove anche a spirale e parecchie sono le cose che si ripetono. Quali sono oggi i pericoli per lo sviluppo dell'alpinismo? Partirei dalle pareti artificiali, che apparentemente non sembrano rientrare in questo tipo di problematica. Oggi, però, è su quelle pareti artificiali che iniziano a scalare la maggior parte dei nuovi appassionati e soprattutto i bambini. Le pareti artificiali sono ottime per l'allenamento, offrono la possibilità di fare sport di qualità e sani momenti di allegria. A me personalmente hanno permesso di riuscire a salire dopo i sessant'anni vie su roccia più dure di quelle che scalavo quando ne avevo venti. Di negativo c'è invece la tendenza a presentare l'arrampicata sulle pareti artificiali come principale e unica attività sportiva. Sarà nostro compito comune di grande importanza riuscire a stimolare chi inizia ad arrampicare, soprattutto bambini e giovani, a uscire e a stare in mezzo alla natura, in falesia e in montagna. Perché l'arrampicata su terreno roccioso naturale e ancor più l'arrampicata classica, quella tradizionale con protezioni veloci posizionate autonomamente, hanno un valore ben maggiore da parecchi punti di vista e inoltre creano un rapporto più lungo e duraturo con l'arrampicata, con l'alpinismo, con le montagne e con la natura.

Per l'arrampicata sui *monotiri* in falesia già da parecchio tempo abbiamo accettato l'assicurazione a spit delle vie, quasi totalmente sicura, così come anche la creazione di nuovi progetti nei modi più semplici e veloci, quindi calandosi dall'alto oppure salendo dal basso in artificiale. In questo ambito è molto importante il rispetto delle aree dove viene praticata l'arrampicata tradizionale, così come lasciare libere, anche nelle aree con vie a spit, quelle linee sulle quali è possibile scalare piazzando le proprie pro-

concetto inesistente. La soluzione di un qualsiasi problema è solamente una questione di tempo. Le limitazioni esistono esclusivamente nelle teste di noi esseri umani.

Oggi ormai non si riesce più a stupire nessuno solo presentando la scelta del possibile obiettivo. Lo si può fare soltanto con lo stile di un'ascensione. A mio parere, è proprio lo stile che può portare a un cambiamento di prospettiva. Oltre a ciò, sento di dover sottolineare che è proprio quel concetto a tutelarci, a difenderci dall'industria dell'*outdoor*. Un'industria in fase di enorme sviluppo che, nell'immediato futuro – di questo sono certa – sarà in grado di offrire e di mettere a disposizione soluzioni tecnologiche in grado di trasformare qualsiasi ascensione, anche le più complesse ed estreme, in una semplice e piacevole passeggiata di salute.

Da parte mia, voglio soffermarmi a ragionare e discutere solo della situazione relativa all'alpinismo di alto profilo soprattutto per quanto riguarda le realtà dell'area post-sovietica. Siamo in un periodo in cui si sente una certa qual stagnazione. Tutti si sono lanciati a salire le vette correndo, aggirando le pareti e le principali difficoltà. Il criterio determinante, la discriminante imposta dalla moda del momento è la velocità. Però, se noi a tutto ciò aggiungiamo la verticalità della parete, le difficoltà tecniche, l'altitudine e lo stile alpino, ecco che ci si presenta davanti un'ottima possibilità per uscire dagli schemi.

Cos'è allora necessario, di cosa abbiamo bisogno oltre a un'eccezionale preparazione tecnica e fisica?

Ciò che è necessario per noi è una quantità sufficiente di esperienza, tale da consentirci di riconoscere una linea che sia bella, complessa, logica e, contemporaneamente, anche sufficientemente sicura, ma non troppo, perché altrimenti ci impedirebbe la possibilità di fare un passo al di là dei confini e dei limiti. Una corretta e salutare valutazione delle difficoltà, una quantità sufficiente di spirito d'avventura, un perfezionismo quasi maniacale per i dettagli, la capacità di prendere decisioni tattiche rapide e giuste: ecco, questo è quanto ci dovrebbe essere consentito grazie all'esperienza.

Cosa ci serve, dunque? La risposta è semplice: c'è bisogno di comunicare, di scambiare opinioni e idee e, soprattutto, di andar per monti assieme agli alpinisti più forti non appena è possibile; bisogna andare e ascoltare le loro storie, andare a seguire le loro serate, le loro conferenze e le loro presentazioni, occorre leggere i libri e le interviste.

Sarà così possibile farsi contagiare dalla loro ispirazione, entrare in contatto con loro. Sarà così possibile capire che la storia non viene scritta dagli dei, ma da quelli come noi e questo ci può motivare a livelli inverosimili. Occorre la capacità di creare e di vedere il nuovo, la bellezza, la possibilità lì dove gli altri passano senza vedere e senza fermarsi.

Bisogna amare per davvero ciò che si fa, senza abbandonarsi agli influssi che arrivano da una o dall'altra congiuntura del momento. Non bisogna consentire alla società, agli sponsor, ai vari premi e alle altrui idee e opinioni di condizionare il nostro stile di salita. Di massima importanza, poi, sarà sempre avere compagni di cordata o di spedizione che sappiano sostenere le nostre idee e che, proprio nel nome di queste, siano pronti ad andare incontro a compromessi.

JURIJ KOŠELENKO

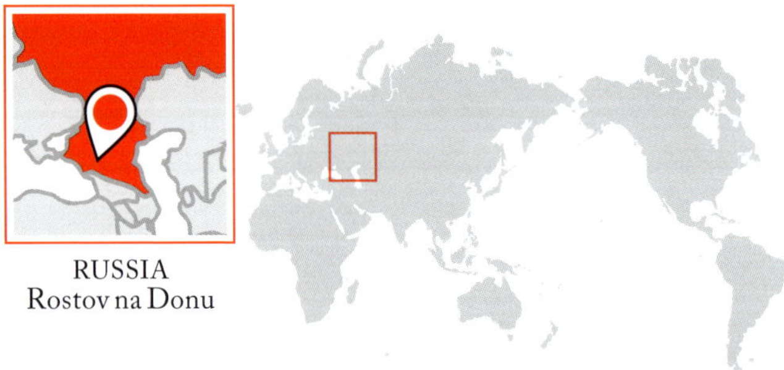

RUSSIA
Rostov na Donu

Nato nel 1963 a Rostov na Donu, all'epoca Urss, oggi Russia, inizia a praticare l'alpinismo e le scalate da studente dell'Istituto superiore di Economia sociale della città natale, arrivando a percorrere oltre cento vie di difficoltà di V e VI grado. Terminati gli studi è inviato in Germania Est per il servizio militare, assolto il quale torna in patria dove ben presto mette assieme i titoli necessari a diventare Maestro di Sport, candidatura accettata nel 1992, anno in cui partecipa per la prima volta ai campionati panrussi di alpinismo. Da quel momento in poi la sua carriera è costellata da una quantità impressionante di premi e riconoscimenti per la sua attività nell'Asia Centrale, nelle Alpi, in Himalaya e in Karakorum. Tra le sue prime ascensioni di spicco il Bhagirathi III, la Torre Grande di Trango, il Lhotse centrale (8414 m.). Dopo aver ricevuto varie nomination per il *Piolet d'Or*, riceve il premio nel 2003 per la sua salita al Nuptse Orientale (7804 m.), assieme al compagno di cordata Valerij Babanov. Appassionato fautore dello stile alpino, organizza e partecipa a numerose spedizioni volte all'ascensione in quello stesso stile di pareti e vette per lo più sconosciute nelle aree meno esplorate dell'Asia Centrale già appartenente all'URSS e anche nel resto del mondo.

L'elevata entropia dell'alpinismo

«L'alpinismo è la reazione alla vita moderna delle grandi città e alle condizioni di vita dei loro abitanti, così lontani dalla natura. Esso trova le proprie profonde radici nelle necessità fisiche e spirituali del nostro essere. Nato nelle Alpi non molti anni or sono, con grande celerità l'alpinismo è divenuto un fattore importante per la forza vitale e per la cultura spirituale, in quanto porta con sé un bilanciamento tra la civilizzazione e il richiamo della Natura.»

Gottfried Merzbacher

Il destino dell'alpinista è compiere le ascensioni e, forse, è così che la vita tranquilla e ben ponderata della maggioranza viene bilanciata dal rischio e dalla consapevole perdita dei singoli. Ciascuna montagna ha una propria bellezza, un proprio carattere. Così come le parole riflettono chi le pronuncia, allo stesso modo le proporzioni dell'altitudine e del rilievo riflettono la bellezza delle vette. Cos'ha, a questo punto, valore nel mio modo di comprendere le cose del mondo? Verosimilmente, ciò che ispira con la sua unicità a passare al di là degli ostacoli per raggiungerlo. Nel nostro mondo fatto di produ-

zioni in serie, per il quale a essere riprodotte non sono solo le cose, ma anche le immagini e i significati, la ricerca dei suoni genuini, non alterati da una qualche magia, è parte notevole della realizzazione. Per me, alpinista dotato di esperienza, tutto ciò è rappresentato, *in primis*, dalla ricerca di nuove aree di montagna poco conosciute e da vette e pareti inviolate e dotate di un carisma proprio.

Credo che l'alpinismo non rimanga isolato rispetto ai processi che avvengono nella società. Osservo come negli ultimi vent'anni siano cambiati i valori per i quali la gente mette a rischio la propria vita e la propria salute: non sono molti quelli che capiscono che il rischio di per sé porta la grazia della felicità. La scoperta in sé ha un valore. I successi genuini, veri non dipendono però in maniera direttamente proporzionale dai capitali investiti.

Nel momento in cui la nostra generazione di alpinisti russi ha iniziato a effettuare ascensioni di rilievo nelle regioni montuose più importanti al di fuori dei confini dell'ex Unione Sovietica, noi tutti avevamo a disposizione esperienza e tradizioni formate sul Caucaso, sul Pamir, sull'Altaj e sul Tien Shan. In stile alpino erano già state salite, e ben più di una volta, pareti grandiose sul Khan Tengri e sul Pik Kommunizma (oggi Ismoil Somoni Peak, *n.d.r.*), così come su altre cime, alte e difficili, del Pamir e del Tien Shan. Di certo un grande influsso sull'alpinismo è stato esercitato dalle condizioni di estrema concorrenza dovuta ai campionati dell'URSS. All'epoca la logica delle gare puntava per lo più nel superare la massima complessità, ma già allora, negli anni Settanta e Ottanta, le squadre che utilizzavano spit in eccesso su vie di alta quota non occupavano i primi posti nelle competizioni e il cosiddetto "alpinismo industriale" non era particolarmente quotato. Una volta ottenuta la possibilità di viaggiare in tutte le regioni montuose del mondo, quindi anche in Himalaya, a discapito delle grandi realizzazioni ottenute sulle alte montagne di Pamir e Tien Shan, da parte dei nostri alpinisti è stato poi adottato lo "stile assedio" delle precedenti e ormai già datate spedizioni. Io stesso ho partecipato a due di queste spedizioni e ho cercato, trovandomi a far parte del progetto, di far comprendere agli altri scalatori la mia verità.

Le corde fisse, quando vengono messe secondo uno schema preciso, per abitudine, senza nemmeno prendere in considerazione una qualche ipotetica variante, privano l'alpinismo del suo senso fondamentale, ovvero dello spirito d'avventura generato dall'indeterminatezza. Di primo acchito questo tipo di ascensione sembra essere addirittura più difficile, richiede molto lavoro, il trasporto di molti carichi, il posizionamento dei campi, un continuo salire e scendere, e poi ancora su e giù, moltissimo tempo e tantissime persone, ognuna delle quali con il proprio compito. In buona sostanza, però, quanto maggiore è il numero di campi predisposti e la quantità di corde fisse piazzate, tanto inferiori saranno la novità e le soddisfazioni offerte da quella scalata. Si tratta solo di lavorarci sopra. La montagna smette di essere molto pericolosa nella sua imprevedibilità e in qualsiasi momento è possibile andare al coperto dentro uno dei campi, dopo essere scesi in fretta e furia lungo le corde fisse.

Certo, non è una brutta cosa quando la tua percentuale di successo aumenta proporzionalmente all'allungarsi delle corde fisse, quando la vetta si fa sempre più vicina e alla fine, ecco pronta la realizzazione dell'impresa.

Magari, a uno stadio iniziale della sua carriera, per un alpinista può essere necessario provare lo "stile assedio". Per fare un passo in avanti, però, è necessario lo sviluppo dell'alpinismo leggero, per il quale si usa pochissimo materiale, un po' di cibo e c'è un solo tentativo. La percentuale di successo non è così alta come con la tattica d'assedio e la vetta può anche non essere raggiunta. Il rischio della vita è notevolmente maggiore, non ci sono vie di fuga che portano verso il basso, così come al campo base non c'è necessariamente un bravo medico che vi aspetta. In cambio, però, i giorni sono una vita intera, composta da istanti ognuno dei quali presenta qualcosa di nuovo, ogni giorno tutto avviene per la prima volta e bisogna salire in modo rapido ed efficace, occorre vedere la via dentro di sé e bisogna sapersi orientare sulla montagna grazie a quella visione. È un'esperienza sempre nuova e si tratta in primis di un'esperienza dell'anima.

Tra noi alpinisti e le vette esiste una condizione d'interazione reciproca nella quale quanto più amiamo le montagne per come sono, tanto più veniamo ripagati da esse con la gioia insuperabile della scoperta di nuovi limiti in noi stessi e nel mondo che ci circonda. Sono esse a far sì che la poesia invada le nostre coscienze. E le giornate, riempite dalle montagne, diventano il nucleo dei ricordi della nostra vita, esperienza positiva di traguardi coraggiosi e sfrontati. In montagna non bisogna essere solamente pratici, no: ci vuole anche un po' di curiosità e di spirito romantico.

Certo, adesso la situazione è già cambiata rispetto a quella dei primi anni Duemila: le regole etiche, in particolare quelle proclamate con la "Dichiarazione del Tirolo" del 2002, esercitano una certa influenza sullo stile delle ascensioni e sul comportamento degli alpinisti in montagna. Tuttavia, possiamo anche vedere quanto seriamente siano state insozzate dall'immondizia le vette più importanti, comprese quelle del Karakorum e dell'Himalaya. Adesso si interessano all'alpinismo molte persone nuove, la maggior parte delle quali non ha la benché minima idea di una qualsiasi etica, è gente che acquista, pagando con moneta sonante, i servizi per un'ascensione. Per loro vengono costruite strade fatte di corde fisse e di scale; è per loro che vengono piazzati veri e propri campeggi, ed è per loro che i ritrovati tecnologici del mondo civile distruggono l'antico isolamento dell'alpinismo. Tutto ciò è per certi versi simile all'epoca delle migrazioni dei popoli della tarda antichità. Lo strato culturale degli scalatori "idealisti" viene travolto da persone provenienti da un altro universo. Da noi, in Russia, questo viene particolarmente sentito.

Volendo provare a utilizzare la metodologia trinitaria cara alla cultura tradizionale russa, applicandola alle ascensioni sulle montagne otteniamo quanto segue: ci sono i "Nestjažateli", ovvero i "non possessori" (dal nome dei seguaci di un movimento che, nell'Ortodossia russa, predicava il rifiuto della proprietà dei beni materiali per i membri della chiesa. *n.d.t.*), che nell'alpinismo sono quelli per i quali il grandissimo bardo Vladimir Vysotsky un tempo cantava: "Hai il mondo intero sul palmo della mano e ne sei felice, ma un po' invidi gli altri, quelli che hanno la vetta ancora davanti a sé", "...anche se triste e rabbioso, comunque vai..."; quelli che sono tutti presi dall'idea di ampliare i limiti della conoscenza, della sperimentazione; quelli per cui il processo di rafforzamento del proprio spirito tramite i "non posso" e le rinunce è più importante del riuscire a trarne un vantaggio. Nel mondo dell'alpinismo sono una minoranza esigua: il leggendario "Fantik", ovvero Jura Lišaev, originario della Crimea, che faceva tutte le sue prime in solitaria sbattendosene di congiunture e convenienza e senza preoccuparsi dell'opinione che i grandi dell'alpinismo avevano di lui; oppure Charlie Porter, con il quale perfino gli amici dovevano utilizzare le pinze per strappargli qualche dettaglio delle sue scalate sull'Asgard.

Ci sono poi i "tecnici", ovvero l'alpinismo ufficiale, al cui interno troviamo sport, concorsi, imprese con tanto di risalto da parte della stampa, sponsor e sponsorizzazioni, i club alpini, le federazioni, i forum e i seminari. Qui spesso sono presenti i vantaggi, ma di regola non di tipo materiale. Scalatori di questo tipo in Russia e nel mondo se ne trovano parecchi. Anche loro fanno proprie e perorano le idee di alto profilo dei "*Nestjažateli*", come la razionalizzazione delle proprie motivazioni, che – essendo personali – possono peraltro presentare diversi livelli di utilitarismo: dal desiderio sportivo di vincere tutto e prendersi il meritato premio, dall'ottenere piacere e soddisfazione con attività estreme e mettendo a rischio la vita, fino a vendere il proprio nome come *brand* o a integrarsi in quel mercato che, purtroppo, ai nostri giorni è assurto a limite di tutto nella cultura e nello sport.

Qui vige la seguente massima: se tu, avendo avuto successo in qualcosa, non sei riuscito a venderti a caro prezzo, vuol dire che non hai realmente avuto successo!!!

Oggi infine ci sono i "businessmen"; a dirla in breve, sono coloro che hanno imparato – e ci riescono piuttosto bene – a vendere le ascensioni sulle montagne. Non mi sto riferendo a singole guide, che vivono di un lavoro tradizionale e degno del massimo rispetto. No, intendo in primo luogo le grandi agenzie... Questi per puro lucro vendono la possibilità di andare a effettuare ascensioni anche senza avere le necessarie competenze e soprattutto senza la dovuta preparazione, tanto per questo esistono tecnologie speciali e, probabilmente, proprio questo a livello sociale è ciò che viene maggiormente richiesto. La bellezza, le grandi disquisizioni, l'aspetto sportivo e le difficoltà qui vengono utilizzati solo come evidenziatori per opuscoli pubblicitari. Questi corrispondono completamente all'attuale modello di società di libero mercato. Senza dubbio anche i clienti ricevono la propria parte, sotto forma di nuove sensazioni, di una partecipazione a ciò che è genuino e vero, di un aumento della propria autostima. Come ebbe a dire uno di questi clienti sull'Everest: "Bene, ci sono stato!". Sicuramente tra l'Everest di Hillary e Tenzing e l'Everest dei clienti delle spedizioni commerciali esiste una voragine; la questione sta tutta nel fatto che il mercato delle ascensioni sull'Everest utilizza per i propri scopi anche i nomi dei primi salitori.

Non ci resta che sperare che il *trend* attuale, con lo scimmiottamento delle ascensioni sull'Everest e sulle altre grandi montagne, non soffochi nel suo cinismo pseudo-eroico il vero spirito di libertà, di scoperta, quell'afflato romantico che appartiene all'alpinismo delle origini.

Tornando alla questione dei "mezzi leali", ritengo che l'alpinismo migliore sia quello in cui siamo noi stessi a determinare la "grandezza della montagna", basandoci su una serie di fattori tanto oggettivi che soggettivi. Sarà così che la nostra montagna potrà essere grandissima, più grande di tutte le altre. Una parete alta e ripidissima in un'area lontana può avere un significato di gran lunga maggiore per il mondo interiore se vengono utilizzati gli strumenti naturali dell'alpinismo, ovvero le possibilità sportive e spirituali del nostro essere, le competenze acquisite e la semplice tattica dello stile alpino. Da qui, per arrivare ai limiti, ci vuole davvero tanto e la strada verso la scoperta del nuovo è ampia e spaziosa.

È il Rum Doodle, la leggendaria cima nascosta alta più di 12.000 metri, che svetta nel mondo parallelo.

Il tempo delle grandezze assolute in alpinismo è passato da parecchio, gli Ottomila con l'ossigeno, con l'utilizzo di attrezzatura moderna e chilometri di corde fisse hanno ormai fatto il loro tempo, così come le grandi pareti affrontate con un arsenale di pianta-spit, *portaledge* e *sky-hooks*.

Il nuovo si genera soltanto là dove regna l'incertezza, ed è solo ai limiti del noto e del conosciuto che il nuovo mondo fa la sua comparsa. Questa è la creazione.

L'alpinismo in condizioni di elevata entropia è l'alpinismo creativo.

Nella teoria dell'informazione l'entropia è il "massimo dell'imprevedibilità".

DAVID LAMA

AUSTRIA
Innsbruck

Nato nel 1980 a Innsbruck, in Austria, è figlio di un'infermiera austriaca e di uno sherpa nepalese. Inizia a scalare giovanissimo, riuscendo a salire vie di 8a a dieci anni, di 8b a undici, 8b+ a dodici e 8c a tredici. Tra il 2004 ed il 2006 partecipa con successo alle competizioni internazionali di arrampicata sportiva, vincendo anche la coppa Europa giovanile nel 2004 e 2005. Campione europeo seniores nel 2007, inizia presto a girare le Alpi e la Patagonia. Scalpore fa il suo tentativo di salita in libera della *Via del Compressore* al Cerro Torre, nel 2009, che lo vede però desistere con seguito di critiche per aver abbandonato materiale (impiegato dalla troupe che effettuava le riprese) in parete. Torna, nel 2012, e chiude quel "cantiere lasciato aperto". Poi si dedica ad altri importanti progetti alpinistici in Patagonia, in Karakorum, in Dolomiti e sulle Alpi. Personaggio schivo, poco amante dei riflettori, preferisce itinerari forse meno noti e montagne di maggior difficoltà e completezza alpinistica (come il Chogolisa, *Eternal Flame* sulla Nameless Tower, o la temibile parete Nord-Est del Masherbrum), affrontati con maestri d'alpinismo quali Hansjörg Auer e Peter Ortner.

Un sogno che forse rimarrà soltanto tale

Quando nell'estate del 2014 con Hansjörg Auer e Peter Ortner mi avventurai all'attacco della parete Nord-Est del Masherbrum ci prendemmo un pesante due di picche. Dopo 350 metri fummo costretti alla ritirata a causa del pericolo di valanghe e scariche di ghiaccio. Il fatto che su quella parete alta 3000 metri nessuno si fosse spinto così avanti non serviva a rincuorarci molto. Avevamo fallito su tutta la linea. Non eravamo riusciti nemmeno ad avvicinarci alla sfida vera e propria, quella con la *Headwall* principale che porta alla vetta alta 7821 metri. Avevamo comunque visto quanto bastava, ovvero che la *Headwall* non era fattibile da parte nostra, almeno non nello stile con cui volevamo effettuare la nostra scalata. Deviare e fare eccezioni allo stile solo per rendere possibile qualcosa non era per noi nemmeno da prendere in considerazione.

Al giorno d'oggi è possibilissimo raggiungere qualsiasi vetta con un elicottero e con l'attuale attrezzatura è possibile in linea teorica vincere qualsiasi parete, fatto riconosciuto da Reinhold Messner già alla fine degli anni Sessanta e del tutto valido ancora ai giorni nostri, in cui sono a disposizione materiali di gran lunga più leggeri e più efficaci. L'equazione messneriana era tanto semplice quanto precisa: quando le montagne saranno state raggirate con qualsiasi metodo e quando non esisterà più l'impossibile, dove andremo a trovare ancora una qualche sfida? Se è nostra intenzione avvicinarci a un limite o spostarlo in avanti, questo limite dev'essere esistente.

Due anni dopo l'innovativo articolo di Messner, nel 1970, Cesare Maestri fornì con l'apertura della cosiddetta *Via del Compressore* in Patagonia un esempio folgorante di ciò che è un "assassinio dell'impossibile". Con l'aiuto di una quantità enorme di chiodi a espansione aprì a forza una via in artificiale al Cerro Torre, con modalità che già all'epoca furono più che controverse, rimodellando la montagna come nessun altro mai prima o dopo di lui. Per fortuna l'alpinismo si è sviluppato in un'altra direzione e arrampicare in libera è diventato uno dei modelli comportamentali più importanti. La profezia di Messner del 1968, "quelli che verranno dopo di noi cercheranno di raggiungere la vetta lungo altre vie", si è avverata. Quando nel 2012 mi è riuscita la prima salita in libera della *Via del Compressore*, sui tratti di aggiramento non ho piazzato nessuno spit nuovo e mi sono invece assicurato a protezioni mobili, chiodi normali e viti da ghiaccio. A causa delle scaglie spesso vuote e ormai staccate dalla parete, le protezioni erano davvero precarie, ma io sentivo che i grandi voli potenziali altro non erano che parte della sfida.

Tuttavia sto attento a non demonizzare i chiodi a espansione: benedizione e maledizione allo stesso tempo, hanno aperto parecchie porte allo sport e procurato possibilità di allenamento senza le quali non ci troveremmo di sicuro dove siamo adesso con i gradi di difficoltà in arrampicata. Se però avessimo continuato a utilizzare i chiodi a espansione in alpinismo in modo così avventato come ai tempi delle *direttissime,* i timori di Messner si sarebbero di certo avverati, con la fine di quella stessa avventura di cui andiamo alla ricerca.

Per me in alpinismo le prime ascensioni rappresentano la più grande forma di avventura. Hanno sempre un'adeguata dose di incertezza alla quale vengono opposti solo lo spirito di scoperta personale e la propria visione. Il massimo è quando mi trovo su prime ascensioni di vie che richiedono non tanto uno specialista, quanto uno scalatore completo. Per l'alpinismo che io pratico adesso non si deve essere quanto più perfetti possibile in una singola disciplina, si tratta piuttosto di guardare come rendiamo possibile qualcosa con il materiale che ci siamo portati dietro, con le capacità che abbiamo sviluppato su ghiaccio, su roccia o su neve senza distinzione di sorta. Per me importante è tutto l'insieme.

Per le prime ascensioni conta che ognuno si imponga e segua un'etica propria. Decisiva e risolutiva è la questione del "come". Quando ci si trova ad aprire una nuova via, possiamo cercarci il problema come ci aggrada. Non solo il problema nel senso di una vetta precisa sulla quale sarebbe nostro desiderio arrivare, bensì nel senso di "in che modo ci si può arrivare" e del "come ci si vorrebbe arrivare". Oggi, per poter trovare delle sfide, determinante è lo stile. È proprio questo a rendere l'alpinismo qualcosa di più grandioso della mera soluzione di una qualche problema. Se Tommy Caldwell sulla *Dawn Wall* si fosse concesso deviazioni dal suo stile, per esempio se avesse detto che in un preciso passaggio si sarebbe dovuto attaccare al chiodo perché non c'era altro modo di venirne fuori, quella via non sarebbe stata

Red Bull

così eccezionale e straordinaria. Lui, invece, ha studiato e ristudiato ogni singola sequenza della sua via per anni, dando così dimostrazione della sua incredibile dedizione.

Credo che non sia opportuno stabilire regole generali che determinino con quali mezzi possa essere scalata una montagna. Una delle componenti principali per una prima ascensione è in particolare la libertà creativa illimitata. Occorre sceglìersi una linea, definire uno stile e cercare alla fine di tradurre in realtà la propria immaginazione. Per me questo può anche significare di superare in artificiale alcuni singoli passaggi qualora, salendo in libera, mi trovassi a rischiare voli lunghi su protezioni precarie. Sono uno che cambia stile, lo adeguo di volta in volta ai singoli progetti.

Le forme del gioco dell'andar per monti si sono moltiplicate dai tempi in cui Messner era attivo. Per ogni singola forma di gioco esistono principi e idee di base, ma è necessario stabilire da sé le proprie regole. Finché rimane fedele alle proprie idee, per me ognuno può fare un po' quel che gli pare. Credo abbia il diritto di potersi esprimere come crede. Questo per una prima ascensione vuol dire poterla effettuare così come riteniamo giusto, nella nostra versione e secondo la nostra visione. Sarebbe davvero triste se un alpinista in una tale circostanza non potesse godere della totale libertà.

Il primo salitore, però, ha anche una responsabilità che non vorrei definire tanto come responsabilità nei confronti degli altri, quanto, piuttosto, come responsabilità nei confronti di sé stesso, ovvero il pensare a quale stile consenta di concepire un tale progetto in prima persona. In quale modo desidereremmo vedere realizzata quella via? Quanto più ci confrontiamo con una parete tanto più arriviamo a capire le sue reali difficoltà. Quanto più andiamo a conoscere le difficoltà, tanto più impossibile si rivela talvolta l'idea originale, tanto più quello è il momento in cui bisogna essere fedeli a sé stessi e non modificare il proprio approccio. Tutto ciò può anche significare la dolorosa intuizione del fatto che se non ne veniamo fuori in quella precisa maniera vuol dire che non ci meritiamo di fare nostra la prima ascensione e che forse è meglio che quel progetto venga realizzato da chi riuscirà a portarlo a termine in uno stile migliore. Ci vorranno magari una o addirittura due generazioni perché quella prima ascensione possa essere coronata da successo, ma anche la rinuncia, in una certa qual misura, è un indicatore della nostra grande dedizione.

La parete Nord-Est del Masherbrum continua a mostrarsi ai miei occhi sullo sfondo dello schermo del mio computer portatile. Quella parete continua a essere un sogno che vorrei tanto realizzare. Ma non a qualsiasi costo. Se osserviamo per bene la *Headwall*, si possono riconoscere strutture e linee ovunque. I nevai posti sulla parte superiore del pilastro giallo-oro sono di sicuro grandi abbastanza per poterci bivaccare. Se questa parete titanica non si trovasse a più di 7000 metri e non avesse ai suoi piedi quella parete d'attacco così pericolosa sarebbe assolutamente fattibile. È questo ciò che affascina del Masherbrum, ovvero che se valutiamo le singole difficoltà una a una possiamo tranquillamente concludere che tutte sarebbero assolutamente fattibili, ma la loro combinazione ha invece l'aria di essere pressoché impossibile.

Il Masherbrum è un sogno che, forse, tale rimarrà e un segreto che solo il tempo ci potrà svelare.

JACOPO LARCHER

ITALIA
Merano

Nato nel 1989 a Merano, in Italia, inizia ad arrampicare a 10 anni e presto si dedica alle competizioni ottenendo subito ottimi risultati, come il secondo posto nella sua prima gara, una tappa della Youth Italian Cup, o il titolo italiano di *boulder* nel 2010. Già membro della squadra nazionale italiana di arrampicata sportiva per le specialità *lead* e *boulder*, i suoi orizzonti presto si allargano e, abbandonate le gare, si dedica all'arrampicata tradizionale, al *multipitch* e all'arrampicata su ghiaccio, andando a cercare nuove sfide in varie parti del mondo, da Yosemite alla Siberia, dal Verdon all'isola della Reunion, unendo così le scalate alla sua passione per i viaggi e per la fotografia. Dopo numerose vie di 8c+, nel 2017 sulla falesia di Siurana, in Spagna, sale il suo primo 9a+ (*La Rambla*). Per quel che riguarda il *trad climbing*, nel suo *palmarès* brilla *Rhapsody* (E11 7a), in Scozia.

Troppi numeri e troppo poca avventura

Negli ultimi anni l'arrampicata sta vivendo una seconda giovinezza; il numero di praticanti aumenta vertiginosamente e le nuove palestre spuntano come i funghi. Quella che era considerata solo un'attività sportiva di nicchia sta ora raggiungendo le masse, diventando di conseguenza molto più popolare. Molti media iniziano a parlarne e alcuni tra i migliori scalatori iniziano a essere conosciuti anche da un pubblico più vasto; diverse grandi aziende hanno (ri)cominciato a pubblicizzare i propri prodotti attraverso arrampicatori.

Quando ho cominciato ad arrampicare, e non mi considero molto vecchio, le palestre nella regione si contavano sulle dita di una mano, e molte erano più simili a cantine piuttosto che a centri sportivi. Quando raccontavo cosa facevo, la maggior parte delle persone mi guardavano stupite, ignare di cosa volesse dire *free climbing*. Quasi tutti credevano che fosse un'attività suicida, praticata da un gruppo di emarginati con guanti e piccozze: non avevano idea di che cosa fosse realmente. A scuola venivo quasi deriso per quello che facevo. Ora molti miei ex-compagni di classe arrampicano. È di moda. Insomma, in teoria dovremmo essere tutti felicissimi, visto che per anni abbiamo sperato che il nostro movimento ricevesse un po' più di attenzione, ma io sono molto preoccupato. Anche il fatto che l'ambito strettamente sportivo della nostra attività sia stato accolto a far parte dei Giochi olimpici 2020 rischia di generare ulteriore confusione.

Ho l'impressione che la fiamma che alimentava il nostro movimento si stia lentamente affievolendo; sento parlare sempre più spesso di numeri, classifiche, record... E sempre meno di avventure, esplorazione e storia. Tutto deve essere misurato, messo in sicurezza, regolamentato. Siamo sicuri che sia proprio questa la direzione che vogliamo seguire?

A me l'arrampicata piace perché è un po' anarchica. Voglio poter esprimere le mie idee quando apro (o ripeto) una via; sentirmi libero, spaventarmi e poi riderci su. Voglio, nel mio piccolo, vivere un'avventura ogni volta che scalo all'aperto.

Sono cresciuto sentendo parlare dell'importanza dell'etica, del conoscere e rispettare la storia delle vie già aperte, di arrampicatori che erano pronti a soffrire e rischiare per le proprie idee. Sono convinto che dobbiamo continuare a trasmettere tutto ciò alle prossime generazioni: è una parte fondamentale del nostro "mondo". Non so veramente come reagire quando, parlando di Wolfgang Güllich o Beat Kammerlander con alcuni dei giovani talenti, mi sento chiedere chi siano... O, ancora peggio, come mai la via *Action Directe* non venga cambiata più spesso! È vero che l'arrampicata sportiva non è certamente avventurosa, ma l'arrampicata ha svariate sfaccettature e una volta anche le vie in falesia avevano un certo carattere; ora mi sembra che stiano diventando semplicemente una "pista" sulla quale mostrare le proprie capacità fisiche. Sono solo un altro nome da inserire nella propria lista con il grado XY.

Per me avere paura, e cercare di superarla, è una parte fondamentale dell'arrampicata; non vorrei che questo aspetto venisse del tutto eliminato. Dovremmo usare lo sviluppo dei materiali per spostare l'asticella ancora più in alto, non per "ammazzare" tutto quello che è stato fatto in precedenza. Che bisogno c'è di risanare, aggiungendo spit, le classiche vie aperte 100 anni fa? Che diritto abbiamo di cancellare e riscrivere la storia? Siamo già avvantaggiati, visti i materiali di cui disponiamo. Come detto, dovremmo utilizzarli per spostare l'asticella più in alto, non per abbassarla.

Non voglio fare di tutta l'erba un fascio, ma perché non cerchiamo di farci ispirare dai grandi del passato per continuare a vivere un'arrampicata ricca di avventure? Che senso ha, se non quello di ammazzare l'avventura (e di portare più turisti), l'aprire delle vie spittate a ogni metro? La roccia non è infinita: abbiamo il dovere morale di rispettarla e di pensare anche alle generazioni future. Non fraintendetemi, non sono contrario all'utilizzo degli spit, anzi, ma non vorrei che se ne abusasse. Con il livello raggiunto dalle nuove generazioni e il materiale di cui disponiamo, possiamo fare veramente grandi cose: non lasciamo che la comodità e la mancanza di etica determinino il futuro del nostro "mondo".

Mi piacerebbe vedere più persone, specialmente i ragazzini, interessarsi all'arrampicata tradizionale, a qualcosa di più avventuroso... E meno a 8a. Sentirli parlare delle "bastonate" che hanno preso su una via classica e non dell'ultimo "rosso" che hanno chiuso in palestra. L'arrampicata ha mille sfaccettature; ognuno è libero di viverla come preferisce, ma è importante che non dimentichiamo le sue origini. Cerchiamo di far evolvere il nostro sport e non di modificarne l'identità.

HEINZ MARIACHER

AUSTRIA
Wörgl

Nato nel 1955 a Wörgl, in Austria, comincia a scalare giovanissimo e già a 11 anni, senza alcuna attrezzatura, fa la sua prima solitaria, una via di quinto grado. Ispirato soprattutto dal connazionale Hias Rebitsch, si fa conoscere con importanti solitarie delle vie più difficili nel Kaisergebirge e in Dolomiti, dalla *Rebitsch* sul Fleischbankpfeiler alla *Schmuck* sulla Fleischbank (1973), dalle vie *Cassin*, *Comici* ed *Egger* sulle Tre Cime di Lavaredo (1974) alla *Lacedelli* sulla Cima Scotoni (1974), alla *Vinatzer* (1975) sulla Marmolada. Sulla cui parete sud apre poi molte vie nuove, la più famosa è *Tempi Moderni*, e realizza anche salite in *free solo* e a vista come quella della via *Conforto/Bertoldi*. Segue sempre il principio che l'apertura di vie nuove deve limitarsi esclusivamente all'arrampicata libera e rinuncia totalmente all'artificiale come mezzo di progressione. Dal 1978 arrampica praticamente sempre con Luisa Iovane, che diventa la sua compagna anche nella vita. È loro, in quell'anno, la prima ripetizione (con variante) della *Via Messner* sul Pilastro di Mezzo del Sass dla Crusc. Nei primi Anni 80 scopre nuove falesie soprattutto nella Valle del Sarca. Nel 1986 libera le prime vie di 8a di Lumignano e poi in Valle di S. Nicolò. In quello stesso anno apre anche (questa volta usando spit, solo di protezione) la via *Tempi Modernissimi*, 7c+, 300 metri, sul Sass da le Undes. Nel 1987 in cordata con Bruno Pederiva fa la prima salita *rotpunkt* della *Via attraverso il Pesce* sulla Marmolada.

Dal Pilastro di Mezzo al ritorno dello spit

Estate 1979, Reinhard Schiestl e Luggi Rieser (Darshano) fanno la prima salita di Mephisto, io provo con Luisa (Iovane, *n.d.r.)* la prima libera (*rotpunkt*) del Pilastro di Mezzo.

La prima salita in libera del Pilastro di Mezzo, un anno dopo la prima ripetizione, non aveva fatto particolare impressione nel mondo dell'alpinismo di allora, perché il termine *rotpunkt* non era molto conosciuto e l'arrampicata libera non era considerata come valore di particolare importanza.

Io allora vedevo le mie attività ancora importanti, in un certo senso, perché pensavo di poter dare un contributo a un'evoluzione spinta dall'arrampicata libera e dalla rinuncia allo spit. Con un approccio neo-purista si offrivano criteri nuovi che potevano ispirare molte generazioni future. Tutto poteva avere un nuovo senso e il potenziale delle grandi pareti nelle Alpi sembrava illimitato. La riscoperta dell'arrampicata libera poteva portare nuova energia in un ambiente che era diventato noioso, per colpa di conquistatori che non riuscivano a immaginare un'evoluzione se non a chiodi e staffe.

Settembre '79: la parte sotto la grande cengia l'avevamo salita sulla via Gabloner, insieme a Reinhard e Luggi. I nostri due amici volevano provare le placche scure a sinistra del Pilastro di Mezzo, la futura *Mephisto*. Io invece ero più interessato a provare il Pilastro di Mezzo in libera.

Velocemente raggiungemmo la calata all'inizio del lungo traverso. Ovviamente dovevo fare anche quella in arrampicata libera... Neanche tanto facile, nonostante l'ottima protezione. Il tiro fino alla "placca Messner" era il primo vero problema, dove l'anno precedente ci eravamo tenuti a qualche chiodo dei primi salitori.

Luggi aveva poi tolto quei chiodi da secondo di cordata durante una ripetizione successiva. Quel giorno avevo osservato i miei amici dalla cresta, dopo aver salito il Gran Muro con Luisa. Non condividendo l'idea di togliere i chiodi dei primi salitori da secondo di cordata, mi ero divertito a tirare palle di neve verso il mio amico, ma lui, con qualche lamentela, aveva continuato lo stesso a "pulire" tutto il traverso!

Così quel tiro era diventato di nuovo un fattore sconosciuto, non sapevo se fosse possibile in libera e non c'erano neanche più i chiodi per farlo come prima in artificiale. Di proposito, non avevo portato chiodi e martello per avere solo l'opzione della libera. C'era da fare un traverso su appigli piccoli e piatti, e quando mi allontanai dall'unico chiodo rimasto dopo la sosta non ero per niente rilassato! Era una situazione simile all'affrontare un passaggio sconosciuto in una via nuova. Sapevo che dovevo essere deciso e pensare solo in avanti, perché c'era il rischio di finire la forza nelle braccia prima di raggiungere la fessura alla fine del traverso. Per fortuna tutto andò liscio e con grande sollievo incastrai le dita nella fessura che porta alla cengia sotto la famosa placca.

Ed eccomi di nuovo sulla cengia sotto il muro di quattro metri. I ricordi tornarono alla situazione di un anno prima, quando ci eravamo trovati in una corsa disperata contro il tempo. Come al solito eravamo partiti tardi, verso mezzogiorno, e le giornate erano già corte e le notti fredde. Non avevamo niente di caldo per un bivacco in parete e neanche una pila per continuare al buio! Fino alla placca era andato tutto bene e veloce, ma poi un grande punto di domanda: diritto? sinistra? destra? Ero obbligato a decidere velocemente, il sole sempre più basso e l'unica possibilità per evitarci un bivacco era arrivare in cima! Avevo provato in punti diversi a raggiungere la cengia quattro metri più in alto e alla fine avevo trovato un passaggio spostandomi sempre di più verso destra. Per me una scelta logica, e in quel momento ero convinto che anche Messner avesse fatto così.

Adesso, un anno dopo, almeno avevo più tempo e la sicurezza che in caso potevo sempre traversare a destra e fare il passaggio come l'ultima volta. Dopo aver parlato con Reinhold ci tenevo però a fare un serio tentativo direttamente sotto la fessura che iniziava dopo la placca. Tastai tutte le rugosità che potevano essere appigli di partenza, ma non trovai niente di più in confronto all'ultima volta. C'era una piccola lista e un minuscolo buco per la punta di due dita, ma quello che mi preoccupava di più era la scarsità di appoggi affidabili. Per fare il primo passo dalla cengia c'era una piccola crosta di pochi millimetri che si poteva anche rompere nel momento decisivo, causando un volo imprevedibile. Il pensiero di cadere sulla cengia, con la possibilità di rompersi un piede e magari continuare a testa in giù, non mi piaceva per niente! Non c'era pericolo di morte, ma una grande probabilità di farsi male (qui bisogna anche far presente che nel '79 il volo era assolutamente da evitare e solo con l'arrampicata sportiva diventò la normalità).

Più provavo ad alzarmi dalla cengia e più mi rendevo conto che era un passo di "non ritorno", tipo "o la va o la spacca"! Forse non conoscendo il racconto di Messner mi sarei buttato in avanti, ma non riuscivo a liberare la mente dai dubbi se stavo provando nel posto giusto.

Ormai ricordavo a memoria quel che aveva scritto: «Continuavo a ridiscendere, con l'intenzione di tentare la ritirata. Ma appena stavo di nuovo sulla cengia, tornava la capacità di ragionare con logica. Scendere oltre non era possibile».

La descrizione di Reinhold non era per niente compatibile con il passaggio dove stavo provando io! Secondo la sua descrizione si era alzato diverse volte con i piedi dalla cengia, e poi era ridisceso. Dopo però non era riuscito a scendere dalla cengia in giù! La mia situazione invece era al contrario: una volta abbandonata la cengia la ridiscesa mi sembrava quasi impossibile, mentre dalla cengia in giù sarebbe stato facile!

Così mi trovavo con gli stessi dubbi di un anno prima. Sapendo nel frattempo che Reinhold non aveva fatto il traverso verso destra, considerai sempre di più una possibilità a sinistra che avevo già provato durante la prima ripetizione: un traverso di due metri, abbandonando la cengia, e poi una piccola lista, con la quale alzarsi delicatamente. Il grande vantaggio: lì non c'era più la cengia sotto in caso di caduta. Si rischiava sempre un lungo pendolo, ma non c'era il pericolo di battere contro qualcosa e al massimo rimaneva qualche graffio. In più, dalla piccola lista si riusciva ancora a tornare indietro sulla cengia, e per questo mi sembrava più simile alla situazione descritta da Reinhold.

Sapevo che la mente doveva essere libera da pensieri e dubbi per riuscirci. Ci voleva piena concentrazione sui movimenti da fare: una spaccata in equilibrio verso sinistra, pressare la punta delle dita su una lista tagliente, piazzare il piede molto alto in aderenza e poi scommettere tutto su una carta, una svasatura in alto per la mano sinistra, sperando che fosse buona a sufficienza per tenersi un attimo e poter raggiungere con la mano destra la cengia sopra la placca. Anche qui si trattava di un passaggio che sarebbe stato difficile da ridiscendere: questa almeno era la mia impressione quando allungai il braccio per prendere l'appiglio svaso. Andò tutto bene, lo svaso era meglio del previsto e un attimo dopo avevo le mani sulla cengia.

Ero contento per aver superato una bella prova di coraggio, ma, appena raggiunta la sosta che si trovava direttamente sopra la placca che avevo provato all'inizio, mi vennero ancora dubbi se avevo fatto di nuovo una variante.

La mia logica nel trovare la via mi aveva portato la prima volta a destra e adesso a sinistra. Qui bisogna anche spiegare cosa voleva dire cercare la via logica negli anni Sessanta-Settanta: era cercare la linea della minima resistenza, il contrario del cercare il passaggio più difficile possibile, che è un concetto dell'arrampicata sportiva. In quel senso la placca diretta nel 1968 non era una soluzione logica

SIMONE MORO

ITALIA
Bergamo

Nato nel 1967 a Bergamo, in Italia, è alpinista, scrittore, conferenziere e pilota di elicotteri. Comincia con l'arrampicata sportiva realizzando salite fino all'8b+. Dopo il servizio militare è per quattro anni allenatore della nazionale di arrampicata sportiva, ma già dal 1992 apre la sua carriera himalaiana, che comprende oggi una quarantina di spedizioni, nelle quali ha salito 8 dei 14 Ottomila. Per quattro volte sale in vetta all'Everest (nel 2006 fa anche la traversata da Sud a Nord, passando qualche guaio all'arrivo in Cina, non avendo il permesso di salita e neppure il visto d'ingresso). Oggi è famoso soprattutto come "re delle invernali" sugli Ottomila avendone scalati ben quattro in prima salita nella stagione più fredda. Il 14 gennaio 2005 è il primo non polacco a realizzare una prima invernale su una delle 14 montagne più alte della Terra, lo Shisha Pangma (insieme al polacco Piotr Morawski). Il 9 febbraio 2009, con l'allora kazako (oggi russo-polacco) Denis Urubko, realizza in stile alpino la prima salita invernale del Makalu (8463 m). Il 2 febbraio 2011, ancora con Urubko e con lo statunitense Cory Richards, realizza la prima salita in inverno di uno dei 5 Ottomila del Pakistan, il Gasherbrum II (8035 m). Infine il 26 febbraio 2016 centra anche la prima invernale del Nanga Parbat insieme allo spagnolo Alex Txicon e al pakistano Muhammad Ali.

Esplorazione, fiamma che alimenta l'evoluzione

Nascevo più o meno nello stesso periodo in cui Reinhold Messner scriveva il famoso articolo intitolato *L'assassinio dell'impossibile*. La sua riflessione fece il giro del mondo, scosse le coscienze di moltissimi amanti del mondo verticale richiamando a un approccio etico rivolto anche alle attività ove il fine fosse l'esplorazione umana e il superamento del limite.

Messner parlò di futuro, di nuove generazioni, di tendenze, descrivendo un mondo che c'era e prefigurandone uno diverso, che doveva venire. Ecco, io e la mia generazione stavamo proprio arrivando e le parole di un giovane Messner, allora ventiquattrenne, coincisero e generarono la grande onda che da quel periodo in poi fu cavalcata dagli arrampicatori e dagli alpinisti. Messner era solo l'ambasciatore di coloro che con lui e prima di lui avevano saputo mettere in evidenza il "come" scalare prima del "dove "e "che cosa".

Ci fu una rivoluzione di pensiero prima ancora che d'azione e alla parola esplorazione si affianca-

rono, venendo in evidenza, anche concetti come divertimento, rispetto, rinuncia. Una scalata non era più un gesto eroico da realizzare, una supremazia nazionalista da ostentare, un confronto da vincere a tutti costi, ma un'attività che, seppur libera, voleva e doveva mantenere la dimensione dell'umano, del vulnerabile, di un'ambizione che non fosse cieca e sorda di fronte ai limiti del tempo, della tecnica e delle proprie abilità personali. Forse si tolse il senso del sacro alla cima e lo si diede al percorso. Così violare con artifici tecnologici e meccanici una via di salita divenne atto blasfemo, indipendentemente dal luogo e dalla quota. L'oasi di libertà dell'alpinismo decise insomma di porsi dei limiti nel superamento degli stessi. Si diede un codice comportamentale, come potrebbe essere quello esistenziale del rispetto dell'ambiente nel percorso economico evolutivo dell'uomo.

Quando ero bambino dicevo che da grande volevo fare l'alpinista, da ragazzino mi sono messo in cammino, dopo la maggiore età mi sono sentito libero e in dovere di scegliere la direzione e il modo di percorrerla e l'esercizio che continuo a fare è quello di voltarmi indietro per capire da dove arrivo, per poi decidere dove e fino a che punto posso andare. L'ho scritto e detto in mille modi che Messner è stato per me un punto di riferimento stravolgente e coinvolgente e dal suo autonomo e risoluto modo di intendere la vita e l'azione ho costruito il mio, rifiutando di esserne una brutta copia, ma esercitando l'entusiasmante concetto di rimanere libero pur se non per forza anarchico. Ho insomma preso per mano e fatto mie le sue esortazioni e proprio dal concetto dell'assassinio dell'impossibile ho costruito e pensato quale poteva essere il modo di conoscere e superare i miei limiti personali, senza negare l'ambizione che gli stessi potessero essere anche, in senso assoluto, quelli più generali dell'esplorazione verticale raggiunti fino a quel momento. Non ho insomma negato l'ambizione di poter scrivere una paginetta di storia rispettando il *come* per decidere il *dove* e il *quando*.

È stato molto importante avere dei maestri, dei modelli, dei punti di riferimento per imparare l'arte di sopravvivere, di pensare, di dire ciò che si pensa e agire in modo coerente. Per questo non mi sono mai vergognato di dire chi sono stati per me questi punti di riferimento, perché se costoro hanno influenzato e contagiato anche me con le loro parole, con gli scritti e le narrazioni, significa che esporsi può scuotere le coscienze, influenzare i comportamenti, o almeno stimolare salutari riflessioni.

Cinquant'anni dopo l'articolo-denuncia di Messner l'alpinismo è prima di tutto ancora vivo. Gli alpinisti esistono ancora, probabilmente sono più di 50 anni fa, cambiati nell'attrezzatura, nelle coscienze, nelle abilità tecniche come nelle metodologie dell'allenamento. Si potrebbe disquisire per ore su come questi cambiamenti abbiano mutato qualitativamente l'alpinismo e la percezione di esso nell'immaginario collettivo. Sono cambiati infatti il senso della paura, del rispetto di sé e della natura, è mutata la pazienza, intesa come capacità e volontà di investire sui tempi per accrescere il proprio bagaglio esperienziale.

Oggi esiste *Google Earth*, un occhio digitale sul pianeta che permette di vedere e studiare un luogo prima ancora di essere in condizione di guardarlo ed esplorarlo fisicamente, ma l'avventura e l'impossibile sono rimasti più che mai vivi. Si è diffusa una coscienza etica, una sorta di codice che, pur lasciando libertà assoluta d'azione, ha definito e rimarcato ciò che va descritto e celebrato come arte ed esplorazione e ciò che invece va considerato come puro esercizio ludico, ricreativo, turistico o sportivo.

Io continuo a dire che non esiste un alpinismo buono e uno cattivo, perché totale è la libertà (quella vera) e mi rammarico quando alcuni miei colleghi si mettono in cattedra e sparano giudizi su quelli diversi da loro e dal loro modo di salire. Però riconosco che una scalata come cliente pagante di una guida o di un'agenzia, su una qualsiasi parete e montagna o su un Ottomila, pur rappresentando un'entusiasmante esperienza personale non è considerata, giustamente, fra le attività mirate alla pura esplorazione, al superamento di limiti assoluti con l'accettazione dell'ignoto e del pericolo dell'esposizione massima.

Esempi come le spedizioni commerciali agli Ottomila, con sherpa, ossigeno, campi pre organizzati, rendono forse meglio l'idea di dove risieda la differenza tra un alpinismo turistico e quello invece più antico, rivolto a ciò che è ancora inviolato, sconosciuto e basato esclusivamente sulle proprie capacità e decisioni.

Il limite risiede là dove ci sono più punti di domanda che sicurezze e consapevolezze. L'ignoto è ciò che definisce il modo di fare alpinismo e la curiosità, la fantasia e la cultura alpinistica sono spesso i primi passi che stimolano la ricerca geografica, tecnica e umana di questo concetto.

Anche io ho cercato i miei limiti e scelto, costruito, un percorso alpinistico ispirato da altri e anche dalle parole di Messner, ma che calzasse sul mio modo di essere e di intendere l'avventura.

Ho scelto le salite invernali senza ossigeno sugli Ottomila, su quelli ancora inviolati nella stagione fredda, perché potevano regalarmi più incognite che certezze e avevano rappresentato il limite (momentaneo) per le generazioni alpinistiche che mi avevano preceduto e anche per la mia. Oltre al *che cosa* scalare avevo dunque aggiunto il *quando* (la stagione) e anche *il come*. Le mie invernali sono state piccole spedizioni, solitamente composte da 2 o al massimo 3 alpinisti, senza sherpa, senza ossigeno artificiale, con l'accettazione del rischio ma anche con la capacità di rinunciare in tempo e quindi di fallire per sopravvivere. Eroi infallibili non ne volevo, perché in montagna sono spesso più inclini al sacrificio estremo che non a una più educativa e saggia ritirata in vista di un nuovo tentativo. I limiti raramente li si supera al primo colpo, o comunque è sempre meglio non abituarcisi anche nel caso ciò sia avvenuto. Chi ci ha preceduto e ha provato a spingersi oltre i limiti, magari quelli che coincidono anche con i nostri, di solito non era uno sprovveduto e non possiamo pretendere che le capacità eccezionali risiedano solo in noi e il successo sia sempre e solo nostro.

Esiste anche la possibilità del "baro" in un'attività libera come quella dell'alpinismo. E quella di Messner con il suo scritto di 50 anni fa era proprio l'esortazione a non ricorrere a trucchi per salire dove non si riuscirebbe solo con i propri mezzi muscolari e le proprie abilità tecniche. Carpenterie alpinistiche hanno caratterizzato il periodo delle *direttissime* e *superdirettissime*, ma è stata importante anche quell'epoca per capire dove si voleva andare e come. Anche quelle salite e quei modi di scalare, oggi apertamente rifiutati, hanno rappresentato sforzi, entusiasmi, sogni di molti che, come noi, amavano salire e sentirsi liberi. Non so se è giusto definire un errore quel modo di scalare: ho detto che non esiste un alpinismo buono e uno cattivo. Ma di sicuro quello stile, il voler assolutamente salire una parete, non lasciava la possibilità ad altri di dimostrare più tardi che l'impossibile poteva diventare possibile.

Oggi, con l'arrampicata libera e sportiva, con le salite senza ossigeno, in stile alpino e in velocità, si sono scritte e si stanno scrivendo pagine di avventura che lasciano senza parole, che hanno superato i limiti e spinto un po' oltre l'attuale impossibile senza ricorrere al tutto per tutto o a calpestare regole etiche, indipendentemente dal fatto che esse siano scritte o meno.

Le nuove generazioni di alpinisti hanno dimostrato più che mai quanto sono vivi l'alpinismo e l'esplorazione. Oggi non ci sono più battaglie e discussioni per definire i vari modi di divertirsi e praticare il mondo del verticale. *Bouldering* e arrampicata sportiva sono divenuti sport e addirittura discipline olimpiche, che regalano entusiasmo, passione e salute a un sacco di gente che non rivendica per sé alcun riconoscimento alpinistico. Le spedizioni commerciali sugli Ottomila e le salite con guida delle vie delle Alpi sono forme di svago e di sacrosanta libertà d'azione. Il che non impedisce l'esplorazione e l'avventura a coloro che, invece, vogliono continuare in modo diverso a ricercare i limiti e l'impossibile, magari in solitaria o in stile alpino.

L'alpinismo può e deve essere un'arena dove c'è spazio ancora per tutti e non esistono pagine di storia da rimuovere o che non sono servite. L'articolo di Messner e le *direttissime* a chiodi a pressione sono serviti entrambi e oggi dobbiamo continuare a proteggere e preservare ciò che è avvenuto e quel che è rimasto, considerando che agiamo in un contesto naturale delicato e che va protetto. Non esiste libertà laddove si violano gli spazi e i beni altrui. La montagna è un patrimonio naturale che va preservato, come pure la sua storia. Non ho mai fatto mistero che non è schiodando le vie artificiali o negando una pagina di storia che si cambia il mondo. Non è cancellando ciò che è stato che si educa ed esorta a fare diversamente o, peggio, a fare come qualcuno vuole. Certe vie alpinistiche servono proprio per vedere e osservare dove si è smesso di andare e capire quale strada sia invece stata presa. È inutile cercare il limite e l'impossibile se non si è capaci di accettare quello altrui o di altre epoche.

Il gioco di salire in libera gli itinerari che una volta sono stati saliti in artificiale è stato la molla, e lo è ancora tutt'oggi, di una grossa parte dell'alpinismo. Come pure salire senza ossigeno dove altri lo hanno usato, o d'inverno dove ci si è riusciti solo d'estate. Trovare cime inviolate e luoghi remoti è spesso reazione, desiderio scaturito come fuga dai posti troppo battuti e chiassosi. Io stesso ho fatto sia montagne inviolate che prime invernali, o salite in velocità e in stile alpino e al tempo stesso sull'Everest (solo lì) ho anche usato l'ossigeno. Ho capito e sperimentato sulla mia pelle la differenza tra un tipo di alpinismo e l'altro. E ho capito che, seppur in modi e con valenze diversi, qualsiasi salita ha diritto di essere accettata e che al tempo stesso bisogna essere onesti nel comunicarla e obiettivi nell'indicarne il valore e le difficoltà.

Credo che in questi cinquant'anni l'impossibile non sia stato assassinato e credo non lo sarà mai, se saremo in grado di offrire a noi stessi e agli altri la possibilità del dubbio, di una differente scelta anche rispetto a quella che magari a noi appare come unica e assoluta. Probabilmente *L'assassinio dell'impossibile* non era un grido rivolto da Messner solo agli alpinisti, ma verso un pianeta intero, per un mondo dove vale la pena ancora vivere, curandosi sempre più di come viverlo. Sono fiducioso e ottimista se guardo ai giovani. Sono forti, preparati, ancora felicemente spensierati e utopisti. Spero solo che continui la voglia di conoscere la storia e la cultura dell'alpinismo. Solo conoscendo ciò che è stato fatto si può individuare e intuire ciò che resta ancora da fare.

Seppur sovraccarichi di tecnica e tecnologia, sarà sempre deputata agli uomini l'abilità, l'arte di esporsi e sopravvivere. È un esercizio necessario, perché quando l'uomo non avrà più voglia di esplorare ed esplorarsi, sarà arrivato il momento in cui si spegnerà la fiamma che alimenta l'evoluzione.

ADAM ONDRA

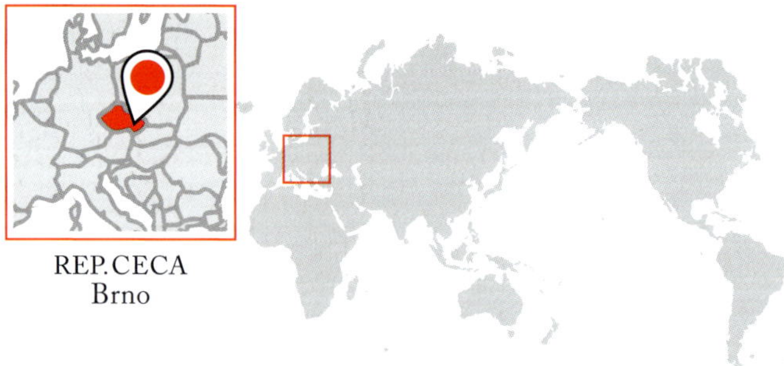

REP. CECA
Brno

Nato nel 1993 a Brno, in Repubblica Ceca, è attualmente considerato il più forte arrampicatore sportivo al mondo. Figlio di appassionati scalatori, inizia ad arrampicare giovanissimo e nel 1999, a sei anni, sale per la prima volta sul 6a a Rovigno in Croazia. Nel 2001, a soli otto anni, aggiunge il 7b+ a vista e nel 2002, a nove anni, il 7c+ a vista e l'8a lavorato. L'8a a vista arriva nel 2003, all'età di 10 anni, seguito a breve da numerosi 8a+ a vista e 8c lavorati a 11 anni. Nel 2005, dodicenne sale l'8b a vista e, ormai famoso, nel 2006, fa il suo primo 9a. Tra il 2007 e il 2017 con una progressione incredibile sposta ripetutamente verso l'alto il massimo grado di difficoltà, girando praticamente tutto il mondo alla ricerca della scalata perfetta e di vie sempre più impegnative. 2008: sale due vie di 9a+ e anche una di 8c a vista. 2009: per *Marina Superstar*, in Sardegna, propone il grado 9a+/9b. 2010: è la volta del 9b lavorato, a Siurana, in Spagna e dell'8C nel *boulder*. 2012: prima salita assoluta di un 9b+ lavorato (*Change*) a Flatanger, Norvegia, e negli Usa prima salita *flash* della storia di un 9a. Il 2016 lo vede compiere in otto giorni la prima ripetizione in libera della *Dawn Wall* su El Capitan, la via aperta e liberata nel 2015 da Tommy Caldwell con Kevin Jorgeson e considerata la via lunga più difficile al mondo. Una data storica è poi il 3 settembre 2017, quando riesce a chiudere il suo progetto chiamato *Silence*, ovvero il primo 9c della storia, nella falesia di Flatanger. Attualmente ha al suo attivo circa 1400 vie tra l'8a ed il 9b+, circa 650 delle quali a vista. Più volte campione di arrampicata sportiva sia nella specialità *lead* sia in quella *boulder* (tre ori, tre argenti e due bronzi mondiali e tre coppe del Mondo), per tutto il movimento dell'arrampicata sportiva è un vero ambasciatore, riconosciuto a livello mondiale.

L'impossibile vive grazie all'arrampicata libera

L'impossibile è ancora vivo e vegeto, per nostra fortuna.

Sono dell'idea che dal momento in cui Reinhold scrisse le sagge righe del suo articolo *L'assassinio dell'impossibile* fino a oggi l'evento in assoluto più importante sia stata la comparsa dell'arrampicata libera. Grazie alla presenza del vivo spirito del *free climbing*, cioè appunto dell'arrampicata libera, l'impossibile è tornato a essere più vivo che mai. Decisamente poco importa, poi, che si tratti di arrampicata libera su spit praticata all'interno delle cosiddette "palestre di roccia", oppure di arrampicata libera con attrezzatura tradizionale fatta a centinaia di metri dal suolo. In realtà c'è stato un dettaglio, un fattore che è stato sul

punto di arrivare ad assassinare veramente l'impossibile: mi riferisco alle prese artificiali.

A distruggere molte linee bellissime grazie all'uso di quelle prese sono state persone dotate di un ego smisurato, prive della necessaria pazienza e incapaci di quell'apertura mentale che avrebbe permesso loro di riuscire a prevedere cosa sarebbe potuto accadere in futuro. Fortunatamente, però, atti come questi ai nostri giorni stanno diventando sempre più rari. Tornando a vedere il tutto dalla prospettiva degli anni Settanta, mi vien da pensare che sarebbe stato praticamente impossibile credere a una diversificazione nello sviluppo dell'arrampicata come quello attuale.

Sono dell'opinione che questa sia davvero una gran cosa. Tutto dipende da ciò che si ha intenzione di fare: si può andare a scalare sugli spit o su protezioni veloci tradizionali; si possono salire vie sicure oppure vie pericolose; si possono affrontare *boulder* di pochissimi metri oppure si può scalare sulle grandi montagne dell'Himalaya. E si può anche gareggiare. È però dimostrato che tutte queste discipline hanno un fattore in comune: infatti prevedono sempre libertà di spirito e di mente. Anche se alcune di esse, in realtà, garantiscono una maggiore quantità di avventura, mentre altre, magari, offrono soltanto la sfida con sé stessi.

FABIO PALMA

Nato nel 1965 a Bergamo, in Italia, di professione è consulente di marketing e sport, ma è laureato col massimo dei voti e lode in Ingegneria Nucleare. Alpinista e fine scrittore, è stato presidente del famosi Ragni di Lecco, rivitalizzando il gruppo con una serie di nuove iniziative, sempre però nel solco della grande tradizione dei "maglioni rossi". Come climber vanta numerose vie, in particolare sul difficile calcare del Wenden, in Svizzera, dove sue sono almeno la metà delle vie che vi sono state tracciate, una settantina. Le sue più famose sono *Portami via*, *Coelophysis* (ripetuta da Tommy Caldwell) e soprattutto *Infinite Jest*. Altre sue vie ben conosciute sono quelle aperte in Sardegna (*E non la vogliono capire*, *Oltreconfine*, *Genius*), a Kalymnos (*Cardiopalma*) e nel Raetikon (*Follie di fine estate*).

No ai rimpianti e sì a qualche provvisorio asterisco

C'è un illogico senso di appartenenza alla propria generazione che quasi sempre sfocia (o meglio degenera...) nella frase "ai miei tempi", declinata in varie forme che passano da "non è più come una volta" a "oggi i giovani non hanno più voglia di...", e che in qualunque disciplina, sportiva o non, sinceramente mi irritava quando ero adolescente, ma che oggi, avendo superato i 50, mi rende addirittura elitario. Nel senso che cancello immediatamente dalla lista delle persone da ascoltare tutti quelli a cui sento anche soltanto accennare questo insieme di frasi, che poggiano su una teoria: il passato è meglio del presente, soprattutto quando vedeva me come attore, anche se comparsa alla lontana.

E niente, il fatto è che la specie umana, invecchiando, si intristisce e non solo perde l'entusiasmo giovanile (e ci sta), ma anche l'oggettività e soprattutto l'analisi critica, e fra l'altro l'alpinismo, non avendo arbitri ufficiali in un campo di gioco che per giunta si modifica nei decenni, si presta particolarmente ai rimpianti sulla propria gioventù.

Comincio col dire che, proprio come nel tennis e nello sci, la rivoluzione dei materiali rende assolutamente impossibile il confronto tecnico fra quello che era prima e quello che sarà dopo, dove per il nostro mondo lo spartiacque si attesta intorno al 1980, quando arrivano quasi contemporaneamente tre gigantesche rivoluzioni tecnologiche: il *friend*, le scarpette d'arrampicata, e la *piolet traction* (quest'ultima invero fa capolino già negli anni Sessanta negli USA e in Europa nel 1971, ma timidamente). Il *friend* fa scoprire come proteggersi in maniera veloce laddove prima dovevi affidarti a manufatti metallici pesanti e ingombranti, quando non addirittura a cunei di legno; le scarpette fanno scoprire l'acqua calda (ovvero che se nella danza si muovevano sulle punte e non sugli scarponi un motivo doveva pur esserci, ed era la sensibilità sui piedi, e sensibilità è una parola positiva da qualunque punto di vista); e infine la *piolet traction* rende finalmente il ghiaccio scalabile in velocità e leggerezza.

Ci vogliono molti anni prima che le tre rivoluzioni confluiscano in vie di montagna nei vari luoghi del mondo. Immediatamente sulle Alpi personaggi come Manolo, Patrick Berhault e Jean-Marc Boivin polverizzano su roccia i tempi di salita di vie che prima erano spauracchio di giorni (loro ci impiegano poche ore...), anche in Patagonia su vie di misto difficili si passa da giorni a poche ore, e in generale laddove si passava in artificiale gli scalatori che poco più che ventenni si trovano nelle mani e nei piedi queste rivoluzioni scoprono di essere, semplicemente, enormemente più leggeri. E rapidi, tecnici, forti. Non è vero che sono più forti dei predecessori, sono più fortunati, perché proprio come Roger Federer ha in mano una racchetta che McEnroe si sognava, Eric Escoffier e Manolo hanno nelle mani e ai piedi attrezzi nuovi, rivoluzionari. Di loro, però, ci mettono un talento bestiale, un allenamento e una cura del fisico ignota al 90% degli alpinisti del passato, e un rispetto dello stile di salita che ha ben pochi precedenti: Messner, su tutti, e il meno noto Fritz Wiessner, uno che disse "non ho mai salito un passaggio in artificiale, non mi è mai sembrato giusto".

Va da sé che la componente umana è sempre importante, anzi, fondamentale. E che le difficoltà tecniche spronano l'applicazione. Niente sarà più come prima ad alta quota dal giorno in cui Messner e Habeler fanno quello che fanno sull'Everest, tanto che, lo scrivo perché lo penso, ad alta quota ben poco di veramente importante è stato fatto da quel giorno fino a oggi. Sì, una ventina di grandi exploit, da qualche via nuova a qualche salita invernale, ma la Sud del Dhaulagiri di Tomaž Humar, per esempio, che pure non vide l'arrivo in vetta, vale da sola ben più di una trentina di salite sopra gli 8000 metri, così come quelle due o tre cosucce di Steve House fanno capire come lo stile, la velocità, il coraggio, abbiano un campo di applicazione gigantesco.

E qui formulo una dichiarazione importante: a mio parere, finora, all'alba del 2018, è stato salito nel mondo il facile... Perché il veramente difficile, per esempio il decimo grado (o 8a...) a 7000 metri, lungo una via che sotto ha un approccio avventuroso (senza sherpa e senza elicotteri, per favore...), con un arrivo in vetta che preveda un M7 (grado di misto difficile pure a Kandersteg...), è ancora qualcosa di fantascientifico, eppure ben presente su parecchie *big wall* e montagne straordinarie del mondo.

Nel campo della scalata su roccia sulle grandi pareti il meglio al mondo porta i nomi di Alex Honnold, Tommy Caldwell, Nicolas Favresse e Sean Villanueva, con peraltro il nostro Matteo Della Bordella fra i top mondiali. Nel campo del misto certe salite di Hansjörg Auer, Simon Anthamatten, Colin Haley e David Lama sono semplicemente sensazionali. Eppure anche questi fuoriclasse hanno un impossibile che deve aspettare qualcuno migliore di loro, che sicuramente arriverà. Ci sono delle pareti che non vedo scalabili prima di qualche decennio, e sulle linee più facili... Figuriamoci se ci mettiamo dentro le linee più belle e complesse delle pareti che al massimo vedono due o tre vie facili. Nel 2017 i Ragni hanno tentato la Est del Siula Grande, un mostro di calcare che perfino sulle Alpi, a un'ora dalla macchina e a 3000 metri, sarebbe stato un obiettivo serissimo, e candidamente i due Matteo (Bernasconi e Della Bordella) mi hanno detto che per loro era troppo e chissà se per qualcuno sarà fattibile...

Poi c'è lo stile, e qui il discorso si fa serio, e se vogliamo complesso. La salita del Meru, per esempio, pur avendo un paio di spit è a mio parere una delle più grandiose di tutti i tempi, e secondo me sono parecchie le vie con qualche spit che sono fra le più difficili mai fatte. Una via mostra il suo spessore con gli anni, con i tentativi di ripetizione. La "mia" *Infinite Jest*, aperta con Della Bordella, pur avendo gli spit è così psicologica e alpinistica da aver respinto nomi molto importanti. La vera differenza sulle vie la dà la possibilità o meno di proteggersi, e su una muraglia compatta che accetta *friends* soltanto ogni decine e decine di metri, magari micro e molto dubbi, uno spit ogni dieci metri non solo non uccide l'avventura ma di fatto, prove alla mano, risulta irraggiungibile anche dopo anni. Mentre in Himalaya lo stile alpino è quello decretato e definito dagli inglesi, con Stephen Venables portavoce negli anni Ottanta: niente corde fisse, niente ossigeno, niente sherpa. Io qui sono anche più drastico: i media dovrebbero semplicemente CANCELLARE dai curriculum le salite himalaiane che, dal 1985 in poi, hanno queste pecche. Anche se (apparentemente) di valore. Sto parlando di Invernali sugli Ottomila, di *big wall*, di tutto. In Groenlandia e Baffin, due territori incredibili quanto a possibilità, sono addirittura inconcepibili, non essendoci il problema della quota. Mentre in Patagonia, a causa della variabile vento, che fa proprio la differenza, dovrebbe esserci un * vicino. Noi Ragni abbiamo salito la Ovest della Torre Egger con le corde fisse, e dopo un'epopea di 3 anni. Siamo convinti che sia possibile salirla senza, anche se i pericoli oggettivi sono giganteschi. Bisogna semplicemente essere molto più veloci di Della Bordella, Bernasconi e Luca Schiera, con ancora più coraggio di loro. Esistono queste figure, oggi? Forse no, altrimenti l'avrebbero già salita senza corde fisse. E forse non sarà MAI possibile. Ma sulla carta, una cordata Honnold-Haley, semplicemente extraterrestri nel concatenamento del Torre, potrebbe farcela. O la cordata Caldwell-Honnold, che nella traversata del Fitz Roy ha salito in conserva lunghezze di 6c, senza scarpette, sulla via *Casarotto*. Stiamo parlando di cose che ci hanno ammutolito.

Mettere un asterisco vicino a certe realizzazioni ci direbbe che ancora, sulla stessa parete, si può fare di meglio. Quando? Forse tra un secolo, perché no?

Infine, l'avventura, il *wild*, l'approccio. Sono stati Kurt Albert e Stefan Glowacz i primi a mostrare a

anche in Italia, ma il *free climbing*, come si chiamava allora, durò poco. Iniziarono a comparire i chiodi a espansione, gli spit, prima nelle falesie e poi anche in montagna. Negli anni che seguirono molte vie di roccia vennero aperte con l'uso del trapano. Alcune di queste vennero attrezzate calandosi dall'alto. Certamente tutto questo portò un repentino innalzamento delle difficoltà superate e i gradi di valutazione volarono verso l'alto. Probabilmente tutto questo poteva avvenire, forse con tempi più dilatati, anche senza bucare le pareti. Molti oggi sembrano comprendere che solo mantenendo il gioco con il rischio si può dare un futuro alle scalate e sottolineano con i termini *clean* oppure *trad* il nuovo concetto che poi è lo stesso che volevamo noi alla fine degli anni Settanta, prima dell'arrivo degli spit. Già allora si iniziava a percorrere una nuova frontiera: le scalate in velocità, anche se qualcuno si ostinava in direzione opposta. I chiodi a espansione sono attrezzi molto sicuri ma non sfruttano le linee naturali della roccia. Per piantarli serve fare un buco con il trapano. Al loro arrivo in Italia li contestai molto e venni un po' isolato dal mondo degli scalatori. La sicurezza di quei chiodi aveva un effetto devastante: toglieva ogni minimo rischio alla salita, eliminando di fatto l'impossibile. Nacquero delle aberrazioni che, col passare degli anni, divennero una regola. Sulle Piccole Dolomiti la parete di un centinaio di metri della Sisilla ne è un esempio che ho poco lontano da casa. La *Diretta*, via aperta da Gino Soldà negli anni Trenta, fu richiodata a spit non rispettando l'itinerario originale, dal quale vennero sradicati i chiodi che c'erano nelle fessure. Così accadde a tante altre vie. L'arrampicata sportiva, come venne chiamata per distinguersi, di fatto cancellava il passato e il futuro di terreni di gioco che erano tipici dell'alpinismo e dell'arrampicata libera.

Oggi qualche scalatore riesce comunque a scalare su gradi elevati anche in *free solo* ovvero senza l'uso della corda. Però slegato non raggiunge i gradi massimi odierni. Sicuramente qualcuno ci arriverà in futuro. Ma perché allora forzare le falesie e anche le montagne con linee illogiche che salgono lungo una fila di buchi sulla parete che rimarranno lì per sempre? L'attrezzatura di sicurezza nelle fessure si è evoluta moltissimo e sicuramente si evolverà ancora. Perché dunque forzare una via che fra qualche decennio potrebbe essere fatta in libera senza l'uso di tali artifizi? Perché non voler lasciare spazio alle nuove generazioni utilizzando attrezzature che di fatto forzano la parete? Vedo in chi oggi percorre la via del *clean climbing*, sia in arrampicata libera sia in artificiale, uno spirito di rispetto ambientale, ma anche un riconoscimento dei propri limiti. Ricordiamo sicuramente la fotografia di Wolfgang Gullich che usciva slegato dalla via *Separate Reality*, uno strapiombo a tetto sopra l'abisso della Yosemite Valley. Erano gli anni Ottanta ed eravamo ai massimi livelli dell'epoca. In Yosemite la preparazione e gli allenamenti sui passaggi difficili avvenivano sui massi di fondovalle, il *bouldering*. Le vie di parete rispettavano la rigida etica degli scalatori californiani: salvaguardia del gioco con il rischio e protezione dell'ambiente. Anche oggi è così, come nelle falesie del Regno Unito. Eppure i livelli sono altissimi. Forse è questa la via per garantire un futuro all'arrampicata su roccia. Salvaguardare più pareti possibile per le generazioni a venire. Salvare tutti quei mondi verticali che non riusciamo a salire senza trapano. Un giorno forse si potranno fare in arrampicata pulita.

BOYAN PETROV 1973 - 2018

BULGARIA
Sofia

Nato nel 1973 a Sofia, in Bulgaria, zoologo, lavorava presso il Museo Nazionale di Storia Naturale della capitale bulgara. Come alpinista, nonostante fosse diabetico, si è dedicato alle montagne più alte della Terra. La sua prima spedizione a un Ottomila è del 2001, ma il tentativo al Broad Peak non riesce. Negli anni seguenti scala il Peak Lenin (oggi Peak Ibn Sina, 7134 m), l'Aconcagua, il Denali e il Khan Tengri. Nel 2009 torna in Karakorum e raggiunge la vetta del suo primo Ottomila, il Gasherbrum I. Seguono le scalate del Peak Korzhenevskaya e dell'Ismail Samani (ex Peak Kommunizma). Nel 2014 aggiunge alla sua collezione tre 8000: Kangchenjunga, Broad Peak e K2 (gli ultimi due in soli 8 giorni). L'anno dopo tocca al Manaslu, mentre nel 2016 realizza un'altra tripletta sugli 8000: Annapurna, Makalu e Nanga Parbat. Nel 2017 raggiunge quota dieci 8000 salendo anche Gasherbrum II e Dhaulagiri. Spesso in queste sue spedizioni, tutte senza far uso delle bombole con l'ossigeno artificiale, è stato il primo o l'unico in vetta in quel giorno. Era solo anche ad aprile 2018 quando è scomparso sullo Shisha Pangma.

Lasciare territori intatti per le nuove generazioni

In passato avevo sentito parlare dell'articolo scritto da Reinhold Messner 50 anni fa, ma lo riconosco: non l'avevo letto tutto. Peraltro ho una giustificazione: io sono un alpinista atipico. Amo le montagne, la natura, ma il mio approccio è prima di tutto scientifico. Infatti sono uno zoologo. Quando vado in spedizione, per me c'è sempre lo studio delle forme di vita come primo obiettivo. La parte strettamente alpinistica è un valore aggiunto. Per questo posso anche non arrivare in cima: so che porterò comunque a casa qualcosa di importante. La informazioni raccolte sugli animali, su esemplari ancora sconosciuti per la scienza, mi fanno sentire in ogni caso felice.

È così che ha avuto inizio la passione degli uomini per le montagne: i primi a salire dove non c'era più la possibilità di coltivare qualcosa o di far pascolare il bestiame, a penetrare profondamente nelle montagne sono stati, quasi 500 anni fa, scienziati, geologi, zoologi e botanici. Più tardi, qualcuno di loro ha anche scalato al solo scopo di raggiungere le vette. Ma gli scienziati hanno preceduto coloro che sono andati sulle montagne in cerca dell'avventura e delle emozioni che oggi noi leghia-

mo al concetto di alpinismo. Per questo io sento di ripercorrere i passi di quei pionieri.

In spedizione mi focalizzo su cosa posso vedere lungo la strada. Sull'osservazione della natura. A esempio sui record di altitudine che raggiungono gli animali. Fino a dove vivono i ragni? Fino a dove volano le mosche? Dove arrivano i millepiedi? Il punto più alto al quale arrivano i ragni è quasi a 6500 metri. All'Everest ho osservato alcuni corvidi (*Corvus corax*) volare fino alla zona delle fasce gialle, cioè a quota 8600. E anche sul K2 volavano oltre gli 8000 metri del campo 4. Ma non avrebbero alcunché da fare lì: salgono di quota perché hanno osservato che lassù ci sono gli alpinisti, che lasciano tende e cibo. Così possiamo vedere che l'aerale degli uccelli si è allargato alle alte quote soltanto per via dell'alpinismo. E con le fototrappole che metto ai campi base posso osservare la presenza di animali che non dovrebbero esserci in quelle zone. La volpe ai Gasherbrum è arrivata oltre quota 6000 metri. All'Annapurna ho potuto osservare una coppia di gipeti (*Gypaetus barbatus*) che ogni giorno salivano a fare un giro, sempre lo stesso, sulla nostra via. E se avevamo lasciato qualcosa, un deposito, un nuovo campo, scendevano a controllare e a cercare qualcosa da mangiare.

Ho voluto ricordare tutto questo per sottolineare quanto l'uomo influenzi la natura sino a cambiarla, anche solamente col suo passaggio. Nelle Alpi gli animali selvaggi ormai si sono molto adattati alla presenza dell'uomo. Si avvicinano tanto ai luoghi dove vive. Nella mia Bulgaria ancora le cose non stanno così. Sulle nostre montagne c'è ancora una sensibile zona di rispetto, una distanza fra i luoghi frequentati dagli animali selvaggi e il territorio dell'uomo. Proprio come avviene nelle grandi catene dell'Himalaya e del Karakorum. Ma più piccole sono le dimensioni delle montagne, più è necessario fare passi indietro per preservare le zone in cui la natura è ancora intatta. In particolare i parchi nazionali.

Io sono favorevole allo sviluppo di infrastrutture che rendano facile l'avvicinamento alle montagne, ma questo deve essere fatto sempre rispettando regole e leggi. I parchi nazionali sono i diamanti della natura di ogni Paese, che devono essere conservati così come sono, senza costruzioni e attività umane. Quando, come succede ora in Bulgaria sui monti Pirin, si chiede la costruzione di una nuova zona per lo sci e di nuovi impianti e nuove piste, anche se quella che si sacrifica è solo una piccola parte del parco, esso viene ferito comunque in modo importante, tanto più grave quanto più piccole sono le nostre montagne.

Perché anche lì, come sulle grandi catene, l'avventura è tanto più grande quanto più lontano sei dall'ultimo posto abitato, dall'ultimo segno della civiltà. Quando raggiungere il campo base è facile, anche la scalata non è molto interessante. Se sai di non poter avere aiuto, di essere solo a confronto con la natura, allora come scalatore ti senti molto più coinvolto ed entri in sintonia con quei territori ancora selvaggi. Ci sono tantissime montagne di questo genere in Tibet. Mentre in Nepal ormai tutti gli Ottomila sono molto frequentati, così come le *conservation areas*. Lì il sentimento di vivere una vera avventura è raro, a parte il Kangchenjunga. Che continua a essere l'enorme e paurosa montagna che mi ha costretto a mettere in gioco tutto me stesso per poter lottare con le sue difficoltà. Ero da solo durante la scalata e la ricordo come la più difficile delle mie spedizioni.

Mi tolgo il cappello davanti ai pionieri che hanno provato a scalare quelle grandi montagne senza le più elementari dotazioni di vestiti e attrezzature. Noi oggi siamo molto facilitati rispetto a loro. E per questo ho sempre cercato di limitare il più possibile gli aiuti che la tecnologia offre. Cose che possono aiutare ma che mi tolgono dal *focus* della mia meta. Quando usi i pc, i *GPS*, ti colleghi a Internet devi pensare a tutti questi strumenti, se sono protetti, se hanno batterie sufficienti. Così disperdi l'attenzione che devi mettere sul tuo vero obiettivo. Invece ogni sforzo deve essere concentrato sullo scalare la montagna, non sul comunicare quello che fai.

Mi piace organizzare tutto da solo. Il 90 per cento delle mie spedizioni le ho fatte senza aiuto di portatori e in solitudine. L'autoresponsabilità e possibilmente la solitudine lasciano un segno molto più profondo dentro di te quando affronti l'avventura e devi trovare il modo di superare le difficoltà che incontri sulla strada.

Per questo dobbiamo stare attenti a lasciare meno tracce possibile, coscienti che ogni nostro gesto può cambiare lo stato selvaggio della natura, togliendo alle nuove generazioni la possibilità di vivere dentro di essa le emozioni primordiali della vera avventura.

MARKO PREZELJ

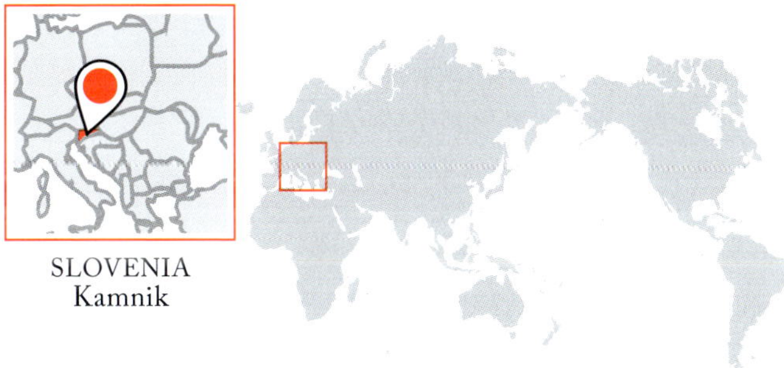

Nato nel 1965 a Kamnik, all'epoca Jugoslavia, oggi Slovenia, è uno dei maggiori alpinisti e fotografi sloveni contemporanei. Ha ricevuto ben quattro *Piolet d'Or*: il primo nel 1992 assieme ad Andrej Štremfelj, per l'eccezionale ascensione al Kangchenjunga Sud (8476) in puro stile alpino. Segue quello del 2007, per la prima ascensione (effettuata nel 2006) del Pilastro Nord-Ovest del Chomolgari assieme a Boris Lorenčič. Prezelj però rifiuta il premio in segno di protesta contro l'influsso pericoloso che esso può portare nell'alpinismo, diffondendo uno spirito competitivo. Nel 2014 però arriva per lui il terzo *Piolet d'Or*, assegnatogli per la prima ascensione della parete Nord dell'Hagshu realizzata con i connazionali Aleš Česen e Luka Lindič. Infine riceve il quarto *Piolet d'Or* nel 2016 per una nuova via sulla Est del Cerro Kishtwar, aperta assieme al connazionale Urban Novak, allo statunitense Hayden Kennedy e al francese Manu Pellissier. Vive e lavora come guida alpina in Slovenia ed è considerato uno dei maggiori fautori a livello mondiale dello stile alpino.

Assassiniamo l'ego

L'avvenuto assassinio dell'impossibile in arrampicata risale all'epoca delle *direttissime*. La maggior parte di quelle vie oggi viene scalata in libera, spingendo quell'assassinio a un livello per il quale spesso sentiamo parlare di movimenti e di gradi specifici. Credo comunque che le vecchie forme di assassinio abbiano sì trasformato il panorama delle scalate, ma che il loro fascino sia ancora presente. Ai miei occhi sembra che i "perché" dell'epoca di *L'assassinio dell'impossibile* non fossero poi tanto differenti dai "perché" del presente.

Sono nato nel 1965, poco più di sei mesi dopo che Walter Bonatti, uno dei più forti scalatori nella storia dell'alpinismo, aveva salito in solitaria (dopo un tentativo con due amici) una via nuova sulla parete Nord del Cervino, via scelta per festeggiare il centenario della prima ascensione della montagna e come glorioso finale di carriera.

Bonatti voleva scalare in solitudine. Il quinto giorno, quando arrivò a ergersi accanto alla croce di vetta, attorno alla montagna a bordo di aerei stavano già girando i giornalisti, gli stessi che poi lo attesero a valle con le telecamere e con le loro domande. Non poté sottrarsi all'incontro con i media. Le varie riviste stamparono tra le immagini anche alcune di quelle prese direttamente in volo. La sete di storie di prima mano era chiaramente simile a quella dei nostri giorni.

Dopo la scalata del Cervino, all'età di trentacinque anni, Bonatti si ritirò dal mondo delle scalate per diventare un giornalista e fotoreporter *free-lance*.

In un'intervista rilasciata poco prima della sua morte disse:

«Spesso eravamo soltanto io e la natura selvaggia per giorni e giorni; completa solitudine e nessuno che sapesse dove io fossi o cosa stessi facendo fino al momento del mio ritorno. Con telefoni cellulari e *GPS*, la dimensione della solitudine assoluta è del tutto scomparsa; perfino a metà di una salita di una montagna si rimane sempre connessi al mondo esterno e questo non è che sia bene o male, è semplicemente differente».

Da allora, dunque, cos'è davvero cambiato?

Lo sviluppo dell'attrezzatura ha preso direzioni inimmaginabili, ma tutto ciò come ha trasformato le nostre menti e il nostro pensiero? Quando vengono create nuove attrezzature queste vanno subito a colpire la mente dell'utente bramoso. I giovani scalatori oggi si scambiano le coordinate e le tracce *GPS* su foto, video, descrizioni dettagliate. Idee ed esperienze vengono copiate e incollate da o su varie fonti digitali.

Rimane davvero ben poco spazio per le piacevoli sorprese dell'incerto. Aspettative surrettizie ci portano a ricercare tutte le informazioni possibili sulle azioni che stiamo per intraprendere. Il risultato finale di tutto ciò spesso si risolve in un post sui *social media*, una sorta di clone di altri post esaminati prima dell'esperienza vera e propria. Una cultura del "copia e incolla"?

Viviamo nell'epoca dell'informazione, un'epoca dell'immagine mimetizzata in un'apparenza perfetta. Questo è un fatto al quale non possiamo sottrarci, anche se cerchiamo di far finta di non collaborare alla parata della società moderna.

Noi umani siamo vittime devote della nostra mente, della nostra natura narcisistica, del desiderio di essere notati e di piacere. Sentirsi apprezzati fa parte dell'evoluzione umana. I *social media* sono studiati scrupolosamente proprio per questi tipi di dipendenza.

Possiamo proteggere le nostre menti da tutte quelle varie connessioni digitali e da tutte quelle distrazioni? Possiamo proteggerci da tutti quegli schermi che ci circondano?

È possibile "andare" (quasi) ovunque senza dover abbandonare le nostre comodissime abitazioni. Finché abbiamo la connessione mobile ci sentiamo "sicuri" e informati. Il (falso) senso di sicurezza dura per lo stesso periodo in cui abbiamo carica sufficiente per connetterci al segnale digitale. Questo senso di sicurezza, però, non arriva gratis. Dobbiamo acquistare prodotti nuovi e abbonarci a servizi di vario tipo. In questo modo la sete di "connessione" viene garantita in modo permanente e il bisogno di informazioni ha ormai sostituito il bisogno di cibo.

I dispositivi intelligenti hanno silenziosamente cambiato le nostre vite. I telefoni portatili sono diventati parte delle nostre menti e dei nostri corpi. Anche se li spegniamo, risulta davvero difficile spegnere la

nostra connessione mentale. Parecchi sono gli applicativi creati allo scopo di "aiutarci". Con tutto ciò, le nostre menti e i nostri approcci alle differenti problematiche sono cambiati irreversibilmente.

Esporsi all'ignoto e all'incertezza sta diventando sempre più un qualcosa di irresponsabile a livello sociale e, per quanto riguarda l'alpinismo, addirittura di folle. Qual è il tipo e qual è la quantità di avventura che ci possiamo permettere in montagna in un'epoca in cui siamo circondati da segnali digitali e gadget intelligenti posti ovunque? Quale tipo di alpinismo ci rimane se lo affrontiamo con droni e con videocamere sul casco e senza esporsi realmente all'incertezza e all'ignoto, ovvero all'essenza del gioco? Quando ero giovane se qualcuno cercava di far arrivare un'immagine di sé idealizzata veniva visto come uno che si metteva in mostra. Adesso ci stiamo trasformando tutti in specialisti dell'auto-commercializzazione, idolatri del "mi piace". Tutti a cercare continuamente di frapporsi l'uno all'altro. Le scelte coscienti sono meno comuni di quanto pensiamo. Noi sentiamo, pensiamo e viviamo infettati dalle aspettative di "like" immediati e di distrazioni digitali. Ci preoccupiamo davvero troppo di ciò che gli altri pensano.

Ai tempi di Bonatti, per esempio, ad andare in spedizione erano forti squadre nazionali. I media dovevano aspettare il collegamento "classico" con il mondo. Una sorta di periodo di "digestione" aiutava a dar forma a storie destinate a durare nel tempo. Perfino l'esperienza di Bonatti sul K2 ha dimostrato che "la popolarità non è una garanzia di verità e il clamore è solo raramente produttivo". Attualmente nel concetto di spedizione sono compresi piccoli gruppi composti da singoli, così come gruppi totalmente sponsorizzati con uno o più fotografi ingaggiati per fornire grandi quantità di materiale da utilizzare a fini di commercializzazione. Una storia interessante può essere presentata attraverso i canali dello sponsor o addirittura "venduta" ai media come pubblicità occulta. Un altro vantaggio delle spedizioni totalmente sponsorizzate sta nel fatto che lo sponsor che fornisce tutta l'attrezzatura riceve poi il materiale fotografico con immagini esattamente di ciò che voleva pubblicizzare. Le aspettative degli sponsor sono scolpite, incise nella storia vera e propria, che non è presentata (almeno non la si vorrebbe presentare) come mera commercializzazione. Quando un piccolo gruppo di alpinisti parte per un viaggio "privato", per il quale ognuno ha la propria attrezzatura e magari ottenuta da sponsor diversi, le immagini provenienti da quel giro hanno uno scarso valore commerciale per un potenziale sponsor, in quanto nelle immagini sono presenti e compaiono troppi brand differenti.

Gli atleti sono liberi di decidere, tenendo ben presente che qualsiasi decisione che non crei una quantità sufficiente di "mi piace" può avere come risultato la perdita di interesse da parte degli sponsor.

Ai giorni nostri, l'attenzione rivolta all'apparire al pubblico sembra maggiore che ai vecchi tempi semplicemente per il fatto che ogni singola persona ha la possibilità di raggiungere con facilità ogni tipo di pubblico. Il successo è direttamente collegato alle reazioni in forma di "mi piace", di *follower*, di condivisioni. L'opinione degli altri sta chiaramente diventando più importante della nostra. Stiamo seguendo comportamenti da drogati, alimentati da algoritmi attentamente studiati, che calcolano la nostra paura di vivere senza essere notati o di perdere qualcosa di importante.

Il gioco cambia quando entrano in campo spettatori e sponsor. Quanto maggiore è l'attenzione di cui si ha bisogno, tanto più ci daremo da fare a tale scopo. In questo modo saremo sempre meno indipendenti e sempre più faremo ciò che piace agli altri. Anche questo, peraltro, non è nuovo, come potremmo tranquillamente pensare osservando la società contemporanea. Scalatori di velocità, collezionisti, esperti di comunicazione e simili esistevano già da ben prima dell'invenzione di tutti i nuovi dispositivi.

Grazie alla presenza di cifre chiare (tempo, metri), l'arrampicata *speed* su terreno ben conosciuto, contrapposta alla creatività attiva di chi affronta un terreno ignoto, ha guadagnato una certa popolarità e, certo, tra dati di Google Earth, immagini, informazioni ottenute da eventuali tentativi precedenti e ancoraggi fissi la creatività la fa proprio da padrona... L'incertezza maggiore è se riusciremo o meno nel tempo concesso a compiere tutti i movimenti che si aspettano da noi.

Pensando al cosiddetto "assassinio dell'impossibile", dell'incertezza o dell'ignoto, sento che un basso livello di impegno sta assurgendo sempre più a norma generalmente accettata. Sono davvero pochi quelli che spingono in alto i limiti, in vari campi. Non è facile trovare la motivazione a fare cose semplici quando la maggior parte delle persone agisce guidata dal bisogno di ottenere l'approvazione. Io mi sento libero solo se non ho bisogno di tali approvazioni. Vivere il momento e la pura sensazione della libertà sono incentivati in rarissimi casi. La libertà non si adatta bene all'idea del "mondo nuovo", dove si aspetta di sentire o di leggere chiunque e di veder approvata la nostra realtà virtuale.

Il piacere della curiosità viene spesso ridotto a una ricerca su Internet, i cui meccanismi si concentrano sui post maggiormente visti, dando così avvio a una spirale magica di risultati simili. Se poi consideriamo il fatto che le tracce delle singole ricerche influiscono sui risultati delle ricerche future, sarà facile comprendere come mai il piacevole gioco della curiosità arrivi a perdere quasi tutto il gusto.

Il confine tra marketing alpinistico e informazione alpinistica è scomparso da quando la tirannia di un'immagine è andata a soffocare il significato del contenuto. Sembra quasi che, se non condividi immediatamente le tue avventure, non abbia alcun senso viverle.

Quale sfida mentale possiamo affrontare e di quanta reale esposizione a incertezza e ignoto abbiamo bisogno per poterci sentire veri, autentici? Come ai tempi che furono, la vita è una questione di scelte coscienti e di priorità. Può essere che avere una gamma illimitata di scelte gonfi le aspettative e crei un sentimento di ansia sul processo decisionale.

Condividere un sentimento è ben più complesso del semplice postare o condividere un'immagine. Senza le continue sorprese che richiedono decisioni responsabili da parte mia, mi sentirei "assassinato". Alla stessa stregua della musica, dell'arte, della danza, della letteratura o di qualsiasi altra opera creativa, l'unico omicidio degno di essere commesso in alpinismo è quello dell'ego.

Fossero stati disponibili ai suoi tempi, Bonatti avrebbe scelto di usare i telefoni cellulari, le videocamere sul casco e i *social media*?

PAUL PRITCHARD

Nato nel 1967 a Bolton, nel Lancashire, Inghilterra, inizia ad arrampicare all'età di 16 anni diventando prestissimo uno dei migliori scalatori britannici. A 19 anni si trasferisce in Galles, nell'area di Llanberis, dove si impone ai vertici dell'arrampicata britannica con le sue ripetizioni e per le vie nuove o liberate. Nel 1990 inizia a girare il mondo praticando anche l'alpinismo, parallelamente all'attività di ricerca di nuove zone per arrampicata. Nel 1998 la sua vita subisce un cambiamento drastico a causa di uno spaventoso incidente su un monolito di eccezionale bellezza sul mare in Tasmania, il Totem Pole. Un sasso lo colpisce sulla testa e gli provoca una frattura che gli costerà, dopo svariati mesi di degenza, un'emiplegia a tutto il lato destro del corpo. Tornato a nuova vita, non si dà per vinto e inizia a praticare attività outdoor come atleta con disabilità. Sale il Kilimangiaro ed effettua un viaggio con il "trike reclinato" partendo dal Tibet per arrivare al campo base dell'Everest e da qui poi scendere sul versante nepalese. Tornato al Totem Pole e ad arrampicare, riesce addirittura a salire da primo vie facili ad Arco di Trento. Nel 2017, assieme ad altre 4 persone con disabilità, porta a termine un viaggio dal punto più basso a quello più alto dell'Australia usando mezzi a ruote mossi dalla "sola forza umana": da Kati Thanda-Lago Eyre, -15 m rispetto al livello del mare, fino ai 2228 m. del Kosciuszko -Targangil, per un totale di 2152 chilometri.

Tranquilli, Sigfrido è stato richiamato in servizio

Da giovane mi piaceva moltissimo rileggere i vecchi numeri della rivista *Mountain* e il numero 15 era quello che mi era rimasto fisso nella mente, non solo per la foto di copertina del monte Asgard fatta da Doug Scott che mi aveva ispirato ad andarci, ma anche per un articolo presente all'interno della rivista stessa: *L'Assassinio dell'Impossibile*. La polemica di Messner arrivò davvero a toccarmi nel profondo, nonostante fosse stata scritta quando il sottoscritto non aveva che un anno d'età. Per un giovane scalatore britannico aveva una significato davvero notevole. L'ultimo paragrafo, con quella frase "portate con voi una corda e un paio di chiodi per le soste, ma nient'altro" ha sempre continuato a girarmi per la testa in tutti gli anni in cui sono andato a scalare.

L'etica del *clean-climbing* era ben presente nei miei pensieri nel dicembre del 1991 quando Sean Smith, Simon Yates, Noel Craine e io andammo a tentare una linea nuova sulla parete Est della Torre Centrale del Paine, nella Patagonia cilena. Prendemmo coscientemente la decisione di non inserire

MARKUS PUCHER

AUSTRIA
Gendorf

Nato nel 1976 a Gendorf, nella Maltatal, valle laterale della Carinzia, in Austria, vi svolge la sua attività di guida alpina e maestro di sci. Inizia ad arrampicare nel 1990, a 14 anni. La sua attività e la sua sete di esplorazione lo portano a scalare una grandissima quantità di vette nelle Alpi, in Tibet, e in Patagonia, compiendo tra l'altro anche numerose prime ascensioni. Attualmente è considerato uno degli alpinisti con maggiore esperienza a livello mondiale e ama sottolineare come il mondo dell'alpinismo lo apprezzi per le sue capacità tecniche e per il suo spingere verso l'alto l'asticella del limite per le sue imprese. I suoi clienti lo stimano e lo ricercano soprattutto per la sua affidabilità. Il 13 gennaio 2013 scala in *free solo* la *Via dei Ragni* sul Cerro Torre. Ripete la stessa via, sempre in *free solo*, il 27 dicembre 2014, stavolta nel pieno di una bufera e in condizioni di totale *whiteout*. Cerro Torre e Patagonia sono in un certo qual modo la sua seconda casa, tanto che nel 2017 riesce nella prima solitaria invernale all'Aguja Guillaumet e nel gennaio del 2018 nella prima invernale del Cerro Pollone.

Le montagne sono sempre più grandi di noi

Ho passato un certo numero di notti solitarie in Patagonia e spesso, nelle lunghe ore notturne, mi è capitato di trovarmi a pensare agli spit, all'avventura e a tutte le discussioni che ultimamente circolano nel mondo dell'alpinismo e che su quei temi vertono. Un pensiero tira l'altro, e in più di un'occasione mi sono chiesto cosa sia realmente successo e cosa invece non abbia avuto luogo sul Cerro Torre. Con il tempo, però, c'è una cosa che mi è diventata chiara e lampante, ovvero che non spetta a me andare a sindacare o a esprimere giudizi su altri alpinisti e su tutte le loro storie.

Ho anche capito che giudicarli sarebbe un qualcosa che non gradisco assolutamente e spiego subito il perché: per qual ragione occorre sempre mettere in dubbio qualsiasi cosa? Tutti gli scalatori, e tra loro mi ci metto anch'io, hanno una propria storia e una propria avventura: alcuni si limitano solamente a portarla a temine, altri invece la vogliono anche raccontare. L'unica cosa che alla fine rimane certa è il fatto che ognuno di noi deve comunque portarsi lo zaino da solo e fino alla fine.

Ciò che invece rimarrà per sempre sono le montagne.

Poco importa se saliamo sulle loro vette o se invece le guardiamo dal basso: esse sono e rimangono quanto di più grande e importante esiste per tutti noi alpinisti!

IVO RABANSER

ITALIA
Val Gardena

Nato nel 1960 a Santa Cristina, Val Gardena, in Italia, a soli 23 anni entra a far parte del Club Alpino Accademico. Nel suo notevole palmarès vanta 450 salite, con 97 prime ascensioni, 7 prime invernali su pareti Nord e alcune prime solitarie. La sua è una attività alpinistica iniziata all'età di 11 anni, scalando per la prima volta il Sassolungo con il padre. Dal 1985 inizia a ripetere numerose classiche delle Dolomiti: dalla *Vinatzer* alla *Via dell'Ideale* e a *Tempi moderni* in Marmolada, dalle vie *Cassin* e *Carlesso* sulla Torre Trieste alla *Aste* e alla *Solleder* in Civetta. E poi la *Comici*, la *Cassin* e la *Hasse* alle Tre Cime, la *Soldà* e la *Messner* al Sassolungo, le altre vie di Vinatzer, non disdegnando le Alpi Centrali con il Pizzo Badile e Occidentali con il Grand Capucin, mantenendo sempre un forte legame con l'alpinismo storico. Il 1986 segna l'inizio della sua attività esplorativa vera e propria, partendo dalle montagne di casa, sulle Dolomiti gardenesi. Tra le sue prime di maggiore rilievo sulla Furchetta la *Via del Tempo* (800 m; VI+); sulla Steviola la *Diretta Luca Demetz* (350 m; VI+); sulle Meisules dla Biesces, vie *Franz* (350 m; VII-) e *Maghi i Maghetsch* (300 m; VII+); sul Sassolungo, *Monumento* (1050 m; VII e A2), *Linea Gotica* (1000 m; VII), *Pilastro Tschucky* (1100 m; VI+), *Principessa di cuori* (1000 m; VII-); sul Salame, *Hypersalame* (350 m; VII-) e *Salame piccante* (350 m; VII); sul Catinaccio, *Via della Ganes* (500 m; VII-) e *Via dei Gardenesi* (250 m; VI+ e A1); sul Piccolo Dain, *Freccia nel cielo* (350 m; VI+ e A1) e *Vecioti e Zovenotti* (350 m; VII- e A1).

Il mondo dei tempi moderni

«Mentre Dio andava lentamente abbandonando il posto da cui aveva diretto l'universo e il suo ordine di valori, separato il bene dal male e dato un senso ad ogni cosa, Don Chisciotte uscì di casa e non fu più in grado di riconoscere il mondo. Questo, in assenza del Giudice supremo, apparve all'improvviso in una temibile ambiguità; l'unica Verità divina si scompose in centinaia di verità relative, che gli uomini si spartirono fra loro. Nacque così il mondo dei Tempi Moderni.» Milan Kundera

Era l'epoca in cui le vie sulle pareti dolomitiche venivano tracciate seguendo l'ideale della "goccia cadente". Gli anni delle direttissime, delle salite tecnologiche, ricercando una linea astratta, ottenuta a colpi di chiodi e di perforatore.

Fino allora l'arrampicata aveva seguito un'evoluzione del tutto naturale: dopo la conquista delle mag-

tmund, escogitò tecniche che gli permisero di risolvere i problemi alpinistici più ambiti dell'epoca. Ambedue provenivano da famiglie benestanti e potevano permettersi di seguire senza condizionamenti la loro passione per le scalate. Ambedue morirono tragicamente e prematuramente: il dogmatico sui monti, l'innovatore sul fronte di guerra.

Negli anni Sessanta Reinhold Messner era disposto a servirsi di corda e chiodi, ma rifiutò categoricamente l'impiego dei chiodi a pressione, che in teoria permettono di espugnare qualsiasi parete rocciosa. Questo stile *by fair means* esige che sia l'uomo a superare le difficoltà che la montagna oppone, senza ricorso all'intermediazione della tecnologia. Vorrebbe dire che ogni aiuto esterno, dai chiodi trovati già infissi in parete, alla via preparata in precedenza da altre persone, non corrisponde a un approccio "con mezzi leali". Approccio che tuttavia si "vende" bene, come marchio di qualità, anche se in realtà è proprio la pista preparata a consentire le *performances* dell'atleta di turno. Certe imprese molto mediatizzate degli ultimi tempi dimostrano capacità di marketing senz'altro maggiori di quelle alpinistiche. Ma in fondo chi è senza peccati, cerchi di ricordare meglio...

Pare che esista una fase nella vita in cui si abbandonano vanità, egoismo, false ambizioni e non si desidera più nient'altro che la realtà. È l'età della ragione, l'età della rassegnazione, come sosteneva Sartre. Non è ancora la vecchiaia, ma bisogna stare attenti: quel flusso tumultuoso, quel tutto o niente tipico degli anni giovanili si rivela davvero il meglio che poteva riservarci la vita? Sicuramente la cautela e la saggezza, l'accortezza e l'esperienza valgono poco se non sono riscaldati dal fuoco sacro della passione. Per conto mio, con il passare degli anni mi interessa più la validità estetica di un risultato che l'etica deontologica, che anche nel mondo dell'arrampicata si rivela molto relativa. Sarà per rassegnazione, ma tra la tesi e l'antitesi, come suggeriva Hegel, mi sforzo di ricercare la sintesi fra le due istanze contrapposte.

La scalata in montagna sembra evolversi sempre più su due binari ormai distanti fra di loro: da una parte l'arrampicata intesa come piacere edonistico, su roccia bella, lungo un percorso preconfezionato e focalizzata sulle difficoltà; dall'altra la scalata d'ingaggio, dove la soddisfazione deriva dalla propria autonomia, ovvero il riuscire a salire una parete anche senza che qualcuno abbia precedentemente preparato il terreno, accettando di gestire in modo auto responsabile l'esposizione al rischio. Del resto ogni nuova generazione svilupperà la forma di alpinismo che sembrerà più consona al proprio modo di sentire e allo spirito del tempo.

Disse lo scrittore austriaco Richard Nikolaus Coudenhove-Kalergi: «Dipende dall'etica se la tecnica conduce l'uomo verso l'alto o verso il basso. Tuttavia la tecnica non porterà l'uomo in cielo. Nel regno dell'eterna bellezza ci porta qualcosa d'altro. Che cosa? Questo alla fin fine ognuno deve sceglierlo da sé». Penso che al di là del filosofeggiare sul senso e non-senso dell'alpinismo, sulle concezioni e finalità delle varie generazioni, l'arte della sopravvivenza rimane il sommo valore, che racchiude in sé tutti i principi etici.

MAREK RAGANOWICZ

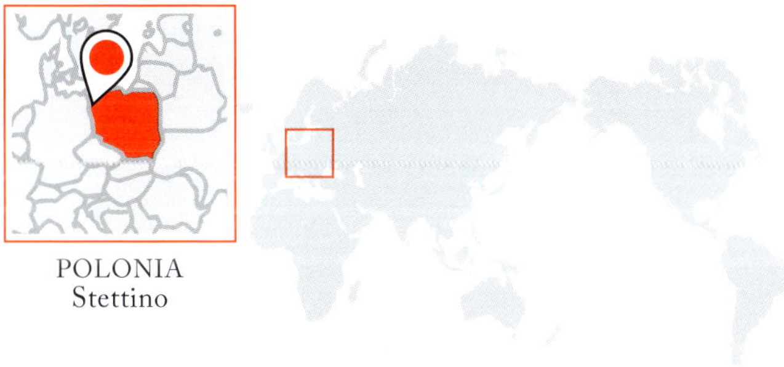

POLONIA
Stettino

Nato nel 1961 a Stettino (Szczecin), in Polonia, ai piedi dei Monti Tatra e cresciuto come alpinista nelle Alpi e in Himalaya, ha scoperto le sue vere passioni, arrampicarsi in solitario e su grandi pareti, nella Yosemite Valley. Affascinato dall'arrampicata in ogni suo aspetto e fedele al suo ideale di *clean climbing* (no chiodi, no spit, nessun supporto da altre persone, ecc.), tra le sue ascensioni spiccano la prima solitaria di *Secret of Silence* (VI/A4), versante nord del Ship's Prow, Isola di Baffin, Canada; la prima solitaria di *MantraMandala* (VI/A3+), versante orientale del Ship's Prow; la prima solitaria invernale dell'*SG Harryland* (6/A3), Troll Wall, Romsdal, Norvegia; la solitaria di *Plastic Surgery Disaster* (A5/5.9), El Capitan, Yosemite, California; la prima di *Katharsis* (VI/A4/M7), Troll Wall, Romsdal, Norvegia; la solitaria di *Surgeon General* (A5/5.9), El Capitan, Yosemite, California; la prima ascensione di *Bushido* (VII-/A4/VII-), Great Trango Tower, Karakorum, Pakistan e di *Superbalance* (VII/A4/M7+), Polar Sun Spire, Isola di Baffin, Canada.

Sceverare la pula

Qualche anno fa sono andato a un festival di montagna al quale erano presenti moltissimi scalatori famosi. Gli spettacoli e i film avevano richiamato un pubblico di più di 5000 appassionati di montagna e di arrampicata. Alla fine sono stati consegnati i premi per il migliore film, per la migliore ascensione e per il miglior libro. Lungo la strada di ritorno, una volta sedutomi in treno, mentre assieme al rumore monotono delle ruote sui binari andava progressivamente scemando l'emozione lasciatami dagli spettacoli, dal sensazionalismo mediatico, dalle presentazioni degli sponsor e dagli incontri, mi sono trovato a pensare che l'arrampicata ormai si sta avviando verso il declino. Il vuoto sfarzo esteriore e i coriandoli dei mezzi di comunicazione di massa offuscano le vere imprese. Da un lato c'era l'amarezza di questa riflessione che mi infastidiva, dall'altro ricordavo con affetto gli anni in cui i colleghi tornavano dalle spedizioni, dalle montagne, dalle pareti, portando con sé le più variegate narrazioni. Ci sedevamo a tavola nel rifugio oppure nella sede del club alpino e ascoltavamo, poi chiacchieravamo per ore e per intere serate. Alla fin fine eravamo in pochi e per incontrarci non avevamo certo bisogno di festival. Ai premi, poi, nessuno osava nemmeno pensarci. Quei momenti, però, sembrano ormai appartenere al passato remoto, per il quale non c'è ritorno e io vado fiero del fatto di aver iniziato ad arrampicare proprio in quei tempi così belli. Con il passare degli anni siamo passati dalle discussioni seduti a tavola alle relazioni mediatiche rilasciate a caldo dalle spedizioni, addirittura direttamente dalle pareti. Ho anche osservato l'esistenza di qualcosa di simile alla concorrenza persino sul modo di annunciare la spedizione, su chi abbia i progetti più pazzi e chi li sappia presentare nel modo più accattivante. Cosa mai posso farci, pensavo tra me e me, i tempi son questi e bisogna venire a patti, anche se poi per me l'arrampicata rimane sempre e comunque un atto molto personale tra l'uomo, la parete e la montagna, un'azione che si svolge di fronte alla natura.

Dopo essere tornato a casa mi sono tuffato nelle attività di preparazione per la successiva spedizione. Nel mio studiolo era in bella vista la lista, piuttosto lunga, del materiale necessario, il bilancio preventivo con un enorme segno meno alla voce entrate e la lista dei numeri di telefono degli sponsor. Tutto sembrava indicare che se avevo intenzione di andare in montagna dovevo seguire quella stessa strada a cui stavo pensando sul treno, quella che avrebbe portato al declino dell'alpinismo. Durante le settimane successive sono poi riuscito a organizzare la spedizione, siamo andati sulla nostra parete e siamo tornati col successo in saccoccia. Qualche mese dopo il mio compagno di cordata è salito sul palco di un altro festival per ricevere un premio a nome della nostra cordata. Il premio principale era andato a una spedizione più grande, più meritevole e più "nazionale", ma non fa niente, la cosa più importante era che grazie al premio sarebbe stato più semplice ottenere nuovi sponsor e poter salire la prossima parete. Io del resto ho l'impressione che quei premi vivano di vita propria e che i premiati non siano altro che un piccolo orpello commerciale, dato che, purtroppo, l'organizzatore di quell'evento non era riuscito a trovare il mio indirizzo di posta elettronica per potermi comunicare l'assegnazione del premio. Quindi, se non fosse stato per il messaggio del mio compagno, non ne sarei mai venuto a conoscenza. Le sue e-mail, peraltro, inviatemi per tutta la durata del festival, erano piene di descrizioni e di quell'autoironia che fa tornare la fiducia nel fatto che l'arrampicata sia molto più importante dei premi. Nelle mail mi scriveva di chi si era presentato, quali erano i film ammessi e quali le congetture sui futuri premiati. L'ultimo dei messaggi, invece, fu piuttosto breve: "Ci hanno dato il premio. Vado di fretta". Tre giorni dopo nelle mail ho trovato un'ampia descrizione degli ultimi avvenimenti. Sono così venuto a sapere che dopo il gala di assegnazione dei premi c'era stato un banchetto e a tavola avevano preso posto tutti i premiati, i candidati al premio, i colleghi e anche compagni che non si vedevano da anni. Il tema principale delle discussioni era il premio che era stato assegnato per la migliore ascensione dell'anno e che era presumibilmente andato a finire in mani sbagliate. Alcuni dicevano che avrebbe dovuto riceverlo X, mentre secondo altri l'avrebbe dovuto avere Y, ma quasi tutti (premiati compresi) erano d'accordo sul fatto che il premio non doveva andare a chi invece l'aveva ricevuto, ovvero a me e al mio compagno. A quanto pare

questo tipo di discussioni ha luogo ogni anno e di volta in volta ai banchetti è possibile venire a sapere chi c'è dietro a chi ha ricevuto il premio, quale sponsor e quale pompaggio mediatico sia riuscito a portare qualcuno all'apice della gloria, nonché quante corde fisse, quanto ossigeno, quanto lavoro di trapano e di ferratura abbia permesso di arrivare al successo. Durante la serata in onore dei vincitori in mezzo alle bottiglie di vodka e ai resti degli stuzzichini spiccavano le statuette che parevano guardare con aria stupita i rossi volti dei partecipanti alla discussione.

Sembrava proprio che, come avveniva tempo fa in rifugio, la discussione a tavola fosse simile a quando ci si trovava nelle case a sceverare la pula e a dividerla dal grano. Così, dai titoli a caratteri cubitali e dalle presentazioni a effetto venivano soffiati via il vuoto sfarzo esteriore e gli abbellimenti dei mezzi di comunicazione che andavano a coprire le pecche di stile, tutto ciò che non era stato riportato nelle relazioni, oppure le fantasie che rasentavano la menzogna. Concludendo la descrizione, il mio compagno ha scritto che al banchetto ormai nessuno più si preoccupava del kit del festival e tanto meno si vedevano volti minacciosi, mentre dalle finestre, quasi fossero in quel rifugio, sembrava di poter vedere, invece dei grattacieli e dei cartelloni pubblicitari intermittenti, i profili delle montagne.

Ho chiuso il laptop con un senso di pace e di fiducia nell'arrampicata e nella forza che ci viene data dalle nostre tradizioni. Questo perché, fintanto che saremo in grado di sederci attorno a una tavola, non saranno i mezzi di comunicazione, i festival e le presentazioni a effetto a creare i nostri eroi. Non saranno la moda e la gloria a indicarci le pareti da conquistare e a portarci via in quel modo la libertà. Ovviamente nessuno potrà trattenere i pazzi scatenati che per gli applausi, le statuette o per il proprio ego ipertrofico andranno a trapanare le loro direttissime dei sogni; allo stesso modo nessuno potrà difendere le montagne dai conquistatori di vette, per i quali gli zaini vengono portati dai portatori e tanto meno potrà andare a bacchettare tutti quegli "scultori" che si modellano gli appigli. Finché saremo però in grado di metterci attorno a un tavolo a sceverare la pula dal grano e a rendere omaggio ai grandi scalatori, alle montagne e alla natura, finché senza distinzione tra vincitori e vinti saremo in grado di esprimere la gratitudine per chi ha compiuto imprese stimolanti, l'alpinismo non si avvierà mai sulla strada del declino. Non dobbiamo far altro che restare semplicemente fedeli alla più semplice delle sfide, quella lanciata un giorno dal primo uomo che, trovatosi alla base della montagna, ha alzato la testa verso l'alto.

ANGELIKA RAINER

ITALIA
Merano

Nata nel 1986 a Merano, in Italia, comincia presto a seguire la madre nelle gite sulle montagne dell'Alto Adige e subito scopre la sua passione: arrampicarsi sugli alberi. Quando a 10 anni, facendo la sua prima via ferrata, tocca la roccia per la prima volta, non può più pensare ad altro che al desiderio di arrampicare. Due anni dopo a Merano viene aperta una palestra d'arrampicata artificiale e Angelika ha la possibilità di vivere la sua passione. Negli anni seguenti partecipa a gare regionali, nazionali e internazionali e, nel 2007, dopo essersi aggiudicata varie volte la medaglia d'oro ai Campionati Italiani giovanili d'arrampicata sportiva, vince il titolo ai Campionati Italiani assoluti. Due anni dopo, l'evento sensazionale: Angelika vince l'oro ai Campionati Mondiali di arrampicata su ghiaccio a Saas Fe, Svizzera. Si avvera il sogno che faceva da bambina. Nel 2011 riesce a bissare il successo a Busteni in Romania. A inizio 2013 conquista il terzo titolo mondiale consecutivo. Nel 2015 è seconda ai Campionati Mondiali di casa, a Corvara in Val Passiria e vince per la seconda volta (come nel 2012) la classifica generale di Coppa del Mondo. In inverno non partecipa solo alle gare, ma ripete e libera diverse tra le piú difficili vie di ghiaccio, misto e *drytooling*. Nel novembre 2017 sale *A line above the sky*, via di *drytooling*, e diventa la prima donna a scalare il grado D15. In falesia arrampica su difficoltà fino al grado 8c. Con la prima salita femminile in libera di *Italia 61* sul Piz Ciavazes in Dolomiti , via *multipitch* , riesce a conquistare un bel successo anche a livello alpinistico.

Tante discipline, tanti "impossibili"

L'articolo originale di Reinhold Messner fu pubblicato esattamente 18 anni prima che io nascessi. Oggi, 50 anni dopo la sua pubblicazione, fortunatamente gli alpinisti e gli arrampicatori sanno ancora sognare l'impossibile e questo grazie alla nascita di molte, nuove discipline verticali. Dall'alpinismo sulle grandi montagne e dall'arrampicata alpinistica, che allora erano le uniche discipline, si sono sviluppate dapprima l'arrampicata sportiva e quella su cascate di ghiaccio, e da queste sono nate il *bouldering*, l'arrampicata di misto e il *drytooling*. L'arrampicata alpinistica si può ormai distinguere in *multipitch* con spit, in arrampicata *trad*, nelle grandi vie classiche con chiodi e nelle *big wall*, in più ci sono le gare di arrampicata sportiva e di ghiaccio che si svolgono su strutture artificiali e anche tutto il movimento delle palestre *indoor*.

La parola arrampicata oggi include tutte queste discipline e questi modi di giocare in verticale.

Ognuna di queste specialità ha aperto un mondo pieno di "impossibile", di nuove pareti da affrontare, di nuove vie da scalare, di movimenti da risolvere, di soluzioni da trovare e di gradi da liberare.

Oggi l'allenamento specifico gioca un ruolo importante nell'alpinismo e nell'arrampicata. 50 anni fa si andava in montagna ad affrontare semplicemente vie sempre più difficili e, man mano che si scalava, aumentavano l'esperienza e la forma fisica. Oggi esistono innumerevoli studi e programmi di allenamento e la grande massa di arrampicatori può scalare su vie che negli anni Settanta e Ottanta erano riservate soltanto ai migliori di allora, mentre i migliori di oggi affrontano vie impensabili in altri tempi.

Le discipline crescono influenzandosi reciprocamente: le capacità acquisite in una sono utili per alzare il livello in un'altra e viceversa. Sono diversi i giovani, io compresa, che sono cresciuti in palestra e nell'ambiente delle gare, dove hanno acquisito un alto livello di tecnica d'arrampicata e di forma fisica, e che poi sono usciti, prima in falesia e facendo *bouldering*, per poi misurarsi anche con le pareti più grandi di roccia e di ghiaccio e spingendo in alto i gradi. Sono state così liberate vie la cui arrampicata in libera era impossibile e anche impensabile fino a pochi anni fa. Anche se le varie discipline si specializzano sempre di più e quindi si diversificano – basta pensare alla recente ammissione dell'arrampicata sportiva alle Olimpiadi –, prevalgono i benefici. L'atleta ha solo un periodo limitato per eccellere nelle gare, come in tutti gli sport, ma quello che rende speciale l'arrampicata, e con essa l'alpinismo, è che praticando le altre discipline uno scalatore può continuare a vivere la propria passione per il verticale ed essere attivo a livello altissimo. Ce l'hanno mostrato sin dagli anni Ottanta gli scalatori e le scalatrici che, partendo dalle prime gare di arrampicata, si sono messi alla ricerca delle pareti più difficili e remote al mondo. Non è uguale per ogni singolo atleta, ma sono sicura che alcuni dei giovani di oggi abbatteranno limiti incredibili.

Ma qual è il mio impossibile? Personalmente, penso di avere un carattere ambizioso e da quando ho iniziato ad arrampicare, 20 anni fa, ho sempre partecipato alle gare: per i primi 10 anni a gare di arrampicata sportiva e per i 10 seguenti a quelle di arrampicata su ghiaccio. Confrontarmi direttamente con gli altri e cercare di dare il massimo nei pochi minuti disponibili in gara mi è sempre piaciuto. Però con il tempo l'arrampicata all'aperto mi ha attratto sempre più. Prima era l'arrampicata in falesia a interessarmi, poi anche le vie *multipitch*, dove ho sempre cercato di migliorare il mio livello personale. Qualche anno fa grazie a un amico ho provato la mia prima via di grado 8b+. Non volevo neanche iniziarla, avevo la convinzione che fosse troppo dura per me: nel mio subconscio l'avevo catalogata come impossibile. Dopo averla provata per la prima volta ho cambiato idea, ho messo da parte il grado e ho pensato solo alla via. Sapevo che volevo farla, anche se alcuni movimenti erano davvero al mio limite. Non riuscivo ancora a farli, ma le impressioni che avevo erano buone: potevo riuscire. La linea, la via e i suoi movimenti mi stimolavano.

Provare una via al nostro limite vuol dire anche lavorare sulle nostre debolezze. Su quella via in particolare andavano preparati i movimenti dinamici e io ero poco pratica. Da sempre come stile

preferivo un bloccaggio statico a un lancio, ma per fare la via dovevo lanciare e ho imparato a farlo: il regalo più grande che ho ricevuto scalandola. Non diventerò mai l'arrampicatrice più dinamica del mondo, ma ora so che riesco a lanciare se devo. In questo senso, ogni via difficile che proviamo ci insegna qualcosa e ci fa evolvere.

In seguito ho scoperto il ghiaccio e negli ultimi anni mi sono molto specializzata nell'arrampicata di misto e nel *drytooling*, anche se amo ancora scalare su roccia in primavera ed estate.

Fare *drytooling* significa arrampicare con piccozze e ramponi sulla roccia, mentre il misto alterna parti di ghiaccio e di roccia, sempre da affrontare con piccozze e ramponi. Sono nati come allenamenti per l'arrampicata su ghiaccio e per le grandi pareti alpinistiche, ma negli ultimi anni si sono sviluppati come vere e proprie discipline di arrampicata e i gradi possibili sono sempre cresciuti. All'inizio si trattava anche qui solo di migliorare personalmente e ho cercato di scalare vie sempre più difficili dal punto di vista fisico e tecnico, fino ad arrivare al punto dove il mio limite incominciava ad avvicinarsi a quello massimo, al limite del possibile. Ho scalato vie di misto di grado M13+ quando la via più difficile liberata era l'M14+ e ho liberato una via di D14 quando è stata salita la prima via di D15. Da quel momento mi sono resa conto che investendo altra energia nei miei allenamenti, lavorando sulle mie debolezze e continuando a credere nelle mie capacità potevo raggiungere questo grado massimo. Le vie di *drytooling* e di misto difficili spesso hanno movimenti molto lunghi. Essendo io una donna di statura media con braccia relativamente corte, questi movimenti al primo tentativo spesso mi sembravano ancora impossibili. Ho spesso dovuto provarli più volte e trovare soluzioni particolari per poterli fare. Nel caso del D15 mi sono allenata per una stagione in modo mirato per riuscire a fare alcuni movimenti lunghissimi.

Ma il fascino del poter limare il proprio limite di "impossibile" mi ha sempre dato motivazione. Sconfitte in gara o movimenti che al primo tentativo sembravano impossibili non mi hanno mai scoraggiata. Anche se mi sento frustrata, dentro di me vince la voglia di provarci ancora, di trovare soluzioni adatte a me. Essere la prima donna che ha scalato una via di *drytooling* di D15 mi riempie di gioia, ma in tutta sincerità non so ancora se mi misurerò anche con le vie di D16 che sono state proposte di recente. Dopo un traguardo per me così importante, mi piace anche l'idea di voltare pagina e concentrarmi su altro. Il mio obiettivo è sempre stato crescere come arrampicatrice in generale e non è solo una questione di gradi, ma anche di evoluzione personale. Per esempio, dopo anni in cui mi sono dedicata molto alla scalata con le piccozze, vorrei tornare a concentrare la mia energia sull'arrampicata sportiva per vedere dove si trova il limite delle mie possibilità, oppure buttarmi in una nuova disciplina o in uno stile di arrampicata dove cominciare da capo, imparare la tecnica e fare esperienza. Così facendo vedo ancora molti stimolanti "impossibili" al mio orizzonte: tanti resteranno tali per sempre, ma alcuni spero di raggiungerli e renderli possibili.

Per tornare all'arrampicata artificiale messa nel mirino da Reinhold Messner nel suo articolo, si può dire che queste vie sono state trasformate in qualcosa di positivo, sono diventate a loro volta una ricerca dell'impossibile quando si progetta di scalarle in libera. Molte di queste vie in Dolomiti, o anche altre come la famosissima *Via del Compressore* sul Cerro Torre, sono state scalate in libera negli anni recenti, altre rimangono per ora impossibili.

L'impossibile era stato abbattuto con l'arrampicata in artificiale ma, fortunatamente, invece di fermarsi in una strada senza uscita, l'arrampicata si è evoluta, è diventata adulta, il contatto tra la pelle delle mani e la roccia ha avuto la meglio. Ogni via e ogni progetto sono tornati a essere non certi, il fallimento è dietro l'angolo, ciò che prima era scontato è divenuto incerto. Questo suona come un passo indietro per l'uomo orgoglioso e conquistatore, ma non lo è! A volte per evolversi bisogna tornare sui propri passi e cambiare strada.

Le nuove tecnologie ci hanno dato la possibilità di evolverci e il progresso insieme agli allenamenti specifici ci porterà ad alzare ancora il livello, ma soprattutto renderà possibile sognare nuovi limiti: l'impossibile, quindi, ci sarà sempre. L'asticella si alza ma le prospettive cambiano, come anche i modi di scalare. Nasceranno nuove discipline, anche le gare si evolveranno, e, benché io consideri ancora la disciplina della "velocità" abbastanza lontana dall'arrampicata tradizionale, penso che essa sia comunque un modo in più per coinvolgere i giovani a sfidare l'impossibile in questo sport.

TOM RANDALL

SUDAFRICA
Randfontein

Nato nel 1980 a Randfontein, in Sudafrica, cresce in Gran Bretagna dove dopo gli studi lavora a lungo nel mondo della finanza. Conosce l'arrampicata a scuola e per lui diventa un hobby da curare parallelamente alla vita professionale e da gustare sfruttando sistemi e regimi di allenamento mutuati da altri sport. Frequenta soprattutto la zona di Sheffield, nota per la sua roccia particolare, il *gritstone*, aprendo numerosissime vie nuove, difficili e assai ardite, nel Peak District. Dovendo decidere tra carriera professionale e arrampicata a tempo pieno, sceglie di diventare *climber* professionista e inizia a viaggiare per tutto il Regno Unito e poi per tutto il mondo, per salire vie dure in stile *trad* in Valle Dell'Orco, a Cadarese e sullo Utah White Rim, tanto per citarne alcune. Dopo un incidente che gli preclude per qualche tempo la possibilità di scalare su tacche e tacchette, si concentra sulla scalata in fessura, con una vera ossessione per quelle *offwidth*. Un viaggio nel Sud-Ovest degli Stati Uniti, centro mondiale delle fessure *offwidth*, lo vede riuscire nella prima della *Century Crack* (5.14b), la più dura fessura del suo genere. Un viaggio a Squamish gli permette di centrare la ripetizione della *Cobra Crack* (5.14) e, dopo aver ripetuto un gran numero delle linee in fessura più dure al mondo e una cospicua quantità di vie nuove, ora punta, insieme al suo compagno di scalate Pete Whittaker, a rompere la barriera del 5.15 nelle scalate *trad*. Il progetto si chiama *The Crucifix Project* nello Utah, e ha l'ambizione di diventare la scalata *trad* e in fessura di gran lunga più dura al mondo.

Il coraggio di tentare quel passo in più

Nella vita non capita spesso di trovare il nostro paradiso personale. Un luogo dove, magari fugacemente, per un solo attimo, sentiamo di poter realmente esprimere la nostra natura avventuriera interagendo con la pietra in modo gratificante. Per me quel posto si trova certamente nei Canyonlands, nello stato dello Utah, USA. Sono venuto a conoscenza di quella zona all'incirca un decennio fa, mentre leggevo vecchie riviste di arrampicata. Immediatamente ho compreso che quello poteva essere un sito per arrampicata *trad* stravagante, avventuroso, tutto da sviluppare, proprio nel cuore dei grandi Stati Uniti d'America.

Il primo viaggio che intrapresi fin laggiù, assieme al mio compagno di cordata Pete Whittaker, ebbe luogo sotto la tutela di una vecchia leggenda del deserto, Crusher Bartlett, uno che aveva fatto parte della generazione di scalatori precedente alla nostra e che condivise con noi le sue cono-

scenze. Ci insegnò la conservazione dell'ambiente, a ridurre il più possibile il nostro impatto e a restare concentrati su ogni possibilità d'esplorazione. In quell'occasione fu lui ad accompagnarci a tentare di liberare una vecchia linea di artificiale, una gigantesca fessura *offwidth* su un tetto; quella via, una volta liberata, divenne poi la *Century Crack*, 5.14. Crusher ci lasciò col dubbio che forse saremmo potuti andare anche oltre...

Dopo aver lasciato quell'area, mi trovai a sentire un forte legame con la solitudine, la sfida e la durezza dell'ambiente desertico. Capivo che l'area offriva una quantità di vie nuove tale da bastare per tutta una vita, ma anche che il deserto presentava barriere reali per la pratica dell'arrampicata. Credo che ciò sia per molti davvero un grande problema e che perciò essi preferiscano viaggiare e andare a scalare da altre parti, dove tanto gli obiettivi che i risultati sembrano essere più sicuri. Per me, invece, quello è il paradiso. Non ho la minima idea di quanto dure siano le linee, non ci sono assolutamente protezioni fisse, spesso si incontrano sfide notevoli a livello di qualità della roccia e la solitudine è garantita. Siete soltanto voi con il vostro compagno di scalata. Non ci sono manuali o guide, nessuna informazione e quasi nessuna certezza.

Quest'anno torneremo nuovamente nei Canyonlands per andare a tentare quella che sarà la via più difficile delle nostre vite, il "Progetto Crocefisso", *The Crucifix Project*. Si tratta di un tetto con un'enorme fessura che divide in due una caverna di arenaria al di sotto dello strato geologico del White Rim e che prende curiosamente la forma di un crocefisso, da cui il nome. Finora abbiamo fatto quattro viaggi per provare la via e non abbiamo ancora avuto successo. Non è che tutto ciò ci intimidisce e ci fa sentire come qualcuno che sta facendo i passi più lunghi della gamba? Certo che sì! Ma è esattamente quel che stiamo cercando! Vogliamo spingerci dentro l'ignoto e vedere cosa succede.

Adesso, dopo parecchie stagioni passate nei Canyonlands a imparare come scalare in totale autosufficienza e senza quasi nessuno dei comfort moderni, tipo l'elettricità, l'acqua corrente e campo per i telefonini, mi sto rendendo conto che è questo lo stile di scalate d'avventura che tutti noi dovremmo provare a praticare ogni tanto. Magari potrebbe non essere semplice, potrebbero anche verificarsi disastri e sconvolgimenti lungo il cammino, ma quasi tutti abbiamo iniziato ad arrampicare perché volevamo "qualcosa di differente" e metterci alla prova in prima persona. Se farete anche voi quel passo, credo proprio che potreste davvero rimanere sorpresi.

ERMANNO SALVATERRA

ITALIA
Pinzolo

Nato nel 1955 a Pinzolo, in Italia, è alpinista, maestro di sci, guida alpina, scrittore e autore di numerosi e premiati film. La sua famiglia gestiva il rifugio XII Apostoli, nel gruppo del Brenta, così inizia a scalare giovanissimo, ovviamente sulle pareti "di casa". Dopo aver aperto numerose vie, nel 1982 va per la prima volta in Patagonia, dove sale fino al Compressore l'omonima via aperta da Cesare Maestri sul Cerro Torre. Da quel momento il Torre diventa la "sua" montagna. Nel 1983 ne raggiunge per la prima volta la vetta, sempre dalla *Via del Compressore* e poi lungo la parte finale aperta da Jim Bridwell. Nel 1985 realizza la prima invernale. Dieci anni dopo, sempre in invernale, apre la via *Infinito Sud* (senza riuscire a superare il Fungo). Nel 1999 sul versante Sud apre una variante della *Via del Compressore*. Nel 2004 apre una nuova via sulla parete Est e nel 2005 con Rolando Garibotti e Alessandro Beltrami apre *El Arca de los Vientos*, che ripercorre la via che Maestri afferma di aver salito nel 1959 insieme a Toni Egger, morto nella discesa. Salvaterra e i suoi compagni non trovano però alcuna traccia del passaggio di Maestri sulla parete Nord, per la quale arrivano in vetta.

Patagonia, fortezza di incredibili salite

La vita si evolve. Non è certo una novità. E quindi anche l'alpinismo. Quanti prima di noi sono saliti su qualche montagna! Certamente i monti venivano saliti per scopi militari o religiosi; o semplicemente per vedere dall'alto... Senza parlare delle salite effettuate nei secoli avanti Cristo.

Veniamo a un passato che tanto remoto non è. Siamo nel 1336 quando il grande scrittore Francesco Petrarca sale il Monte Ventoso (Ventoux), 1912 m, in Provenza. Questo monte era già stato salito in precedenza, ma Petrarca lo fece per gusto, per il proprio piacere. Quando tornò scrisse il racconto dell'itinerario da lui percorso con tanti particolari e tanta poesia. Forse è per questo che la sua ascesa viene vista come la nascita dell'alpinismo.

Poco più di cent'anni dopo un altro Grande della storia, Leonardo da Vinci, venne attratto dai monti. Lo testimoniano i suoi innumerevoli tentativi di salita a montagne come il Monte Bo, non solo per cercare la pietra da scolpire che tanto amava, ma anche perché nelle montagne e nelle loro incredibili formazioni rocciose il suo genio riusciva a vedere molto di più, come si può capire anche solamente osservando gli sfondi di taluni suoi dipinti, quale, per esempio, *La vergine delle rocce*.

Poi venne la salita che sicuramente ha dato il via, se così si può dire, ufficiale alla storia dell'alpinismo: quella incredibile del Monte Bianco nel 1786. E non passò molto che si cominciarono a salire le montagne per versanti sempre più difficili.

E le *direttissime*? Quando parliamo di quelle, pensiamo subito a ciò che è stato fatto sulle Dolomiti. Qualcosa del genere però era già stato realizzato tanti anni prima. Il Mont Aiguille, 2087m, è una torre del Vercors a circa 60 km da Grenoble e originariamente era chiamato Mont Inaccesible, nome che spiega tutto. Nel 1492, per ordine del Re Carlo VIII di Francia, Antoine de Ville con 7 servi utilizzando scale, pioli e attrezzi di ferro raggiunse la vetta del Mont Aiguille. Sicuramente quella fu la prima "scalata" a una montagna inaccessibile. Una sorta di preludio alle *dirette* sulle Dolomiti.

E oggi cosa possiamo dire di ciò che accade sulle montagne del mondo? Come si potrebbe parlare solo di certe vette? Da tutte le parti accadono le stesse cose. Vengono realizzate salite sempre più dirette e quindi ardite. Dall'Alaska all'Himalaya o al Sud America. Forse però di quelle montagne posso dire poco, se non per letto o per "sentito dire". Magari potrei permettermi di dire qualche parola in più della Patagonia, che è la mia seconda casa.

Ho da sempre ammirato gli alpinisti patagonici. Già agli albori. È difficile per noi immaginare gli sforzi che quegli uomini dovevano fare anche solamente per poter giungere alla base di quelle lontanissime montagne. Forse pochi fra gli alpinisti giovani pensano a quel passato.

Tentando la salita al Cerro Torre, montagna impossibile, come si può non pensare a Lionel Terray e Guido Magnone al Fitz Roy o a Cesare Maestri e Toni Egger? O alle "tribulate", ovvero le grandi fatiche dei Ragni di Lecco per arrivare in cima al Cerro Torre dalla parete Ovest? O, poco dopo, ai "mostri" sloveni Janez Jeglič, Silvo Karo, Franček Knez al Fitz Roy, alla Torre Egger e al Cerro Torre? Il nome della via sulla parete Est del Cerro Torre la dice tutta: *Direttissima dell'Inferno*. Alla fine possiamo dire che si cerca qualcosa di logico, una linea lungo la quale si dovrebbe poter – in effetti si può – salire.

I giovani talenti stanno dando un grosso contributo alla storia di quelle affascinanti montagne. Vie dirette sulle pareti più inaccessibili e con stili puliti, come quelle salite in libera al Torre, al Roy e al Paine: grandi scalate con difficoltà inimmaginabili fino a pochi anni fa. E poi le salite in velocità, ascensioni veramente incredibili, ognuna delle quali meriterebbe almeno un libro. Realizzate da alpinisti che forse, proprio loro, non si definivano tali e che hanno effettuato concatenamenti per descrivere i quali non riesco a trovare aggettivi adeguati.

Preferisco non far nomi, visto che molti li conosco di persona. Umilmente mi accontento di inchinarmi di fronte a loro.

STEPHAN SIEGRIST

SVIZZERA
Berna

Nato nel 1972 a Berna, in Svizzera, a soli 23 anni diviene guida alpina, sua attuale professione. Inizia a scalare a 16 anni e quattro anni dopo sale per la prima volta la parete Nord dell'Eiger. Nel 1999 partecipa alle riprese di un film-documentario sulla storia alpinistica di quella stessa parete e, a partire dal 2000, si impone all'attenzione del mondo dell'alpinismo per una serie di vie nuove di altissima difficoltà: *La vida es silbar*, sull'Eiger (2000, fino al 7c); sulla stessa montagna, con l'amico Ueli Steck, *The Young Spider* (2001, EX+, 7a/A2, WI6/M7); sempre sull'Eiger con Michal Pitelka ripete la via classica sulla Nord in abiti e con attrezzatura utilizzati dai primi salitori, mentre sempre assieme a Steck compie in 25 ore il concatenamento di Nord dell'Eiger, Mönch e Jungfrau. Nel 2004 i due battono il record precedentemente detenuto da Reinhold Messner e Peter Habeler per la più veloce salita in cordata della Nord dell'Eiger. Attivo con successo in Himalaya (Thalay Sagar, Arwa Towers), in Patagonia (Fitz Roy, Aguja Desmochada), in Nord America (Yosemite) e in Antartide, con altre apprezzatissime prime ascensioni tra il 29 ed il 30 dicembre 2016, assieme agli amici Thomas Huber e Roger Schaeli, riesce nella prima ripetizione della mitica via *Metanoia*, sempre sulla temibile parete Nord del suo Eiger, confermandosi così come uno dei migliori e più completi alpinisti a livello mondiale.

I *social media* soffocano la passione

Oggi sembra che il numero di *like* e di *follower* che un alpinista riesce a generare sui *social media* conti addirittura di più di quel che riesce a fare sulle montagne. Ancora più importante è che gli spettatori, bramosi di sensazioni, possano essere sfamati e dissetati da notizie freschissime in arrivo dai luoghi il più possibile vicini a quello dell'azione, magari e meglio di tutto direttamente dal campo base o addirittura dalla parete. L'alpinista perde così di vista la montagna, la concentrazione sul progetto e, soprattutto, finisce col non percepire le emozioni che gli arrivano dal contatto con la natura: così non sa goderne.

Questi ultimi anni ci hanno dimostrato che per poter ottenere notorietà come alpinista è molto più determinante quanto, cosa e come si posta sui *social media* che le reali e comprovabili azioni sulle montagne. A causa dell'estrema velocità della rete, spesso capita di diffondere, senza alcun filtro e senza la necessaria verifica dell'attendibilità e della corrispondenza al vero, notizie che si rivelano

mezze verità o addirittura veri e propri falsi. La maggior parte dei *follower*, poi, non è in grado di giudicare se ciò che viene pubblicato sia davvero un'ascensione di eccezionale portata, se ha davvero avuto luogo in quel modo oppure no.

Per questo motivo ci troviamo ad aver più che mai bisogno di informazioni generali verificabili e comprovabili. Scalatori e alpinisti vengono elevati al rango di stelle soltanto perché sono in grado di "accecare" i propri *follower* e la società. Per loro vale quanto segue: "Per poter ottenere gli allori o per essere conosciuti non importa ormai più *cosa* tu fai, bensì *come* lo presenti al pubblico, ovvero *quanto* riesci a ottenere grazie alle storielle che racconterai in giro".

Oddio, magari è sempre stato così: è possibile. Eppure la grande, enorme differenza rispetto al passato sta nel fatto che oggi le notizie arrivano immediatamente al pubblico, prive di filtri. Ognuno di noi è diventato il giornalista di sé stesso e a venir meno sono state le ricerche e l'analisi critica.

Così alcuni sportivi riescono a creare attorno a sé un vero e proprio impero: quello mediatico dell'autopromozione. Hanno inoltre a disposizione, pronti a lavorare per loro, responsabili dell'ufficio stampa e manager della comunicazione, prodighi dei consigli necessari o pronti a guidarli direttamente. Grazie al grado di notorietà acquisito, quegli alpinisti diventano in una certa misura inattaccabili e non criticabili. È questo l'inizio del circolo vizioso per il quale una grande reputazione porta con sé un grado di notorietà ancora maggiore e con ciò richieste sempre più grandi e pressanti per lo sportivo.

In questo modo si arriva al punto in cui la passione è inghiottita dall'ossessione della propria immagine e dalla bramosia del profitto. Così, improvvisamente, vengono dimenticati il fuoco interiore e, spesso, perfino i colleghi con i quali si è andati a scalare e che hanno contribuito al successo. Molto semplicemente per loro non c'è più tempo, i responsabili dell'ufficio stampa e i manager della comunicazione sono divenuti molto più importanti degli amici con cui prima si andava per monti.

Con le possibilità attuali offerte dall'attenzione mediatica sugli sport di montagna è evidente che per tutti gli alpinisti e gli scalatori sussiste il pericolo di essere risucchiati nel vortice dei media e del marketing. Il che può risultare facilmente comprensibile, se si pensa alla pressione da parte degli sponsor. Quindi è necessario il continuo interrogarsi sulle proprie azioni. Capita ancora anche a me – e pure spesso – di scoprire di essere finito in un vortice, in un *loop* al cui interno non mi trovo in alcun modo bene.

Basta una minima disattenzione e ci si trova proprio dove mai saremmo voluti finire, tra espressioni e azioni che non corrispondono alla nostra filosofia. Di certo seguire i propri ideali e ammettere i propri errori è ben più difficile che lasciarsi portare dalla corrente.

Per alcuni il successo personale e la notorietà sono più importanti dell'avventura in sé. Certo, anche questo atteggiamento è degno di rispetto, ci mancherebbe, anche perché alla fin fine sta a ciascuno di noi sapere quale sia, o almeno quale sia stata, la propria filosofia alpinistica. Questo significa anche confrontarsi con la domanda se si intenda cedere o meno alla pressione della comunicazione e del marketing.

Qual è il valore delle ultime libertà e delle ultime vere avventure? Cosa significano l'isolamento e una vita spartana, arcaica, rispetto al nostro mondo occidentale, pieno di tutto all'eccesso?

Significa inserirsi nella cultura del posto e cercare di stringere amicizie con chi ci vive, oppure significa atteggiarsi a sovrano occidentale il cui obbiettivo è far sì che un'avventura generi il massimo del profitto finanziario?

Alla fin fine, dipende sempre da ciò che per noi è realmente importante nella vita, da come e con chi si desidera riuscire a diventare vecchi.

Non ci rimane altro che sperare che i giovani alpinisti in futuro non vendano più la propria anima agli sponsor o ai mezzi di comunicazione di massa. I giovani appassionati sono particolarmente esposti a questo pericolo e vulnerabili, in quanto sono quelli più facili da condizionare.

Oggi più che mai rientra tra le responsabilità degli sponsor e dei direttori commerciali incaricati del marketing il non manipolare per i fini meramente commerciali delle aziende il carattere di giovani talenti ancora candidi e cristallini e l'evitare che gli alpinisti abbandonino il proprio sistema di valori originario.

Negli anni a venire si vedrà chi, tra gli alpinisti attualmente in fase di crescita, sarà in grado di resistere alla tentazione e chi invece si lascerà trascinare e rimarrà prigioniero dell'attenzione dei *media* e di presunte fama, gloria e notorietà. Di certo non potrà diventare più semplice riuscire a resistere alle tentazioni, vista la sempre crescente commercializzazione di ogni iniziativa alpinistica.

MARCIN "YETI" TOMASZEWSKI

POLONIA
Stettino

Nato nel 1975 a Stettino (Szczecin), in Polonia, fin da giovane si appassiona alla montagna e sui Tatra trova la sua culla alpinistica, cui arriva dopo essersi "salvato" dalla vita di città grazie allo *street climbing*. Sui Tatra riceve un'istruzione di eccellenza e tra il 1992 ed il 2003 sale praticamente tutte le linee più interessanti di quelle montagne, divenendo un breve tempo maestro non solo di arrampicata, ma anche di scalate su ghiaccio e di *drytooling*. Inizia poi a frequentare le Dolomiti e le Alpi, salendo sia le vie classiche sia quelle moderne più ambite, come *Tempi Moderni* e la *Via attraverso il Pesce* in Marmolada e la *Diretta Americana* al Petit Dru. Diventa nel contempo uno dei maggiori fautori dell'arrampicata sportiva in Polonia. Istruttore di questa disciplina dal 2005, è un fervente attivista "della causa" fin dal 1997, sostenendo la nascita di scuole e club dedicati all'arrampicata, compreso un "fight club" arrampicatorio con tornei annuali a livello nazionale. Nel 2000 inizia anche un'intensa attività di esplorazione che lo porta in Groenlandia (2000), in Pakistan (2001), all'Isola di Baffin (2002), in Alaska, in Norvegia e in Nepal (2003), al Meru (2004), a El Cap in Yosemite (2005), in Norvegia, in Cina e al Cerro Torre in Patagonia (2006), di nuovo in Alaska (tra il 2007 ed il 2009), in Patagonia (2009), Venezuela (2010), Cina (2010), Baffin (2012), Cerro Torre (2012), Great Trango Tower nel 2013, di nuovo Alaska tra il 2014 ed il 2016 e Norvegia (2015), fino a tornare a chiudere i conti con l'Eiger, assieme a Tom Ballard, con il quale lo stesso anno apre una nuova via di VII grado in Civetta. Apprezzato conferenziere e motivatore, è anche scrittore e dal 2009 ispiratore del progetto "4 elementi vitali", che propugna scalate in quattro regioni del mondo che maggiormente rappresentano questi quattro elementi: Alaska (il freddo), la Patagonia (il vento), l'Isola di Baffin (l'acqua) ed il Venezuela (il caldo dei Tropici). L'obiettivo è quello di scalare le pareti più grandi e più difficili di quelle quattro regioni del mondo.

Il conflitto interiore di chi buca la parete

Quando mi è stato chiesto di commentare l'articolo di Reinhold Messner *L'Assassinio dell'impossibile* già sapevo che per me sarebbe stato un compito straordinariamente difficile. Mi sono reso conto che avrei dovuto fare i conti con me stesso e con alcune decisioni prese nel passato. Devo riconoscere che questo testo per me rappresenta una notevole sfida. Nelle mie elucubrazioni penetrerò più in profondità di quanto in realtà basti per piantare nella roccia uno spit come quelli di cui stiamo parlando. Ritengo corretto iniziare partendo da me stesso.

Dopo tre giorni passati a scrivere sono arrivato alla prima versione del testo, che, peraltro, è finita

rapidamente dentro il cestino. Ancora non ero pronto per una sfida di quel tipo. Sentivo di non aver centrato in pieno i pensieri che mi giravano per la testa. Dopo qualche altro giorno ho guardato più in profondità dentro di me e mi sono rimesso al computer.

Agli inizi degli anni Novanta, ancora ragazzino, ho iniziato la mia avventura con l'arrampicata sulle montagne della Polonia. I Tatra sono stati la mia scuola per le scalate classiche, tanto d'estate che d'inverno. Ho percorso all'incirca trecento vie su quelle montagne, parecchie delle quali nuove, in solitaria, assicurandomi e a volte senza assicurarmi. La maggior parte di quelle vie, proprio a causa dell'assenza di assicurazioni e del grande pericolo di farsi davvero molto male in caso di caduta, a tutt'oggi non hanno avuto ripetizioni. Sono così diventate il museo all'aperto di un'arte bella e stimolante, tuttavia dimenticata. A tutt'oggi sui Tatra non ho piantato nemmeno uno spit, sebbene abbia ripetuto anche vie aperte su placche compatte grazie a una linea di placchette luccicanti. Avevo accettato la loro esistenza allo stesso modo in cui si devono accettare altre religioni o altri punti di vista. Alcuni anni dopo ebbero inizio le mie spedizioni verso montagne lontane. Lo stile *big wall* divenne la mia via attraverso la vita e io allineai a esso quasi totalmente il mio modo di vivere. Identificava le difficoltà che avevo affrontato nella vita e come ne ero venuto fuori. Fin dalle prime spedizioni, comunque, mi trovai a utilizzare spit per predisporre le soste e i bivacchi sospesi, per issare il sacco col materiale e per le doppie. In alcuni casi sporadici arrivai anche a usarli per la progressione durante la scalata. All'epoca prendevo a modello gli scalatori più anziani ed esperti. Adesso so quanto importante sia l'esempio che diamo ai colleghi più giovani, perché saranno loro un domani a creare il futuro dell'alpinismo.

Muti testimoni del processo che ha modellato la mia coscienza sono sempre state le pareti sulle quali andavo a scalare con i miei compagni. Saremmo riusciti a conquistarle senza piantare spit? Ci sono stati casi in cui non vedevo la possibilità di farlo a causa della struttura della roccia e altri in cui invece sono riuscito a venirne fuori senza farne uso. A un certo punto sono arrivato a fare una riflessione: se per caso uno non è in grado di correre una maratona, a quel punto ha per caso il diritto di farla in bicicletta? Quella domanda mi tormenta ormai da parecchio tempo. Piazzare spit su una via nuova vuol dire portar via quel progetto alle generazioni future, che magari lo risolverebbero senza usare gli spit, che, fuori di dubbio, rovinano la roccia molto più di quanto faccia un chiodo normale.

Ogni singolo spit da me piantato è andato in quel punto a uccidere l'impossibile, ma, d'altra parte, ha anche aperto grandi possibilità per una esplorazione sicura delle pareti. Anni prima, sulla spinta della macchina delle spedizioni, mi sono azzardato a spittare un tiro in un'area dove questa possibilità non era prevista o ammessa. L'ho fatto senza chiedere il permesso alla comunità locale. Le montagne non sono una nostra proprietà e questo era ciò che in quel momento non avevo preso in considerazione. Come un fulmine mi arrivò addosso un'ondata di critiche, grazie alle quali potei comprendere l'errore commesso. Non feci passare molto tempo e tornai a quella via, dalla quale tirai via tutti gli spit, per poi cercare di mascherare i fori rimasti con una miscela di sabbia e di resina. Chiesi scusa per la mia azione, riconobbi apertamente di aver commesso un errore. La parete di una montagna non è come una delle pareti di casa, per le quali a ogni buco malfatto è possibile porre rimedio dando una passata di stucco. Quelle tracce rimangono per sempre.

Osserviamo il tutto da un'altra prospettiva. Negli ultimi tempi ho aperto assieme a Tom Ballard una via nuova sull'Eiger, per la quale ho piazzato una gran quantità di spit. La nostra decisione è derivata dal desiderio di preparare l'assicurazione per l'ascensione estiva. Lo stile dell'assicurazione non si differenziava da quello utilizzato sulle vie aperte nelle immediate vicinanze. Gli spit sono stati posizionati soltanto nei punti in cui non c'erano altre possibilità di assicurazione a causa della roccia friabile e consumata. Oggi, dovessi rifare quella linea, rifarei esattamente la stessa cosa. Riassumendo, ritengo che non si devono applicare le stesse misure per tutte le vie che ci sono nel mondo.

Non mi sento autorizzato a esprimere giudizi in merito alla questione. Non ho il diritto di dire agli altri cosa si possa fare in montagna e cosa no, e soprattutto non sono tenuto a dire a nessuno in che modo si debba assicurare. Non voglio stabilire io cosa sia "impossibile" per altre persone, poiché per molti può esserlo anche solo un semplice giro in montagna. Questo testo rappresenta unicamente una forma di ricerca, una mia riflessione personale. Magari mi farà ripartire per un viaggio spirituale verso l'ignoto, per trasformarmi un'altra volta.

Come di certo avrete notato, in merito alla questione degli spit e delle spittature non ho un'opinione definita. Il mio conflitto interiore è sempre stata la migliore delle mie carte vincenti, perché è sempre stata quella caratteristica a spingermi allo sviluppo, nonostante gli errori commessi, o, forse, proprio grazie a essi.

Nell'ambiente si percepisce un'atmosfera pesante, l'argomento è molto controverso e non terminerà mai con la pace tra le parti in conflitto. Lo scontro tra gli atteggiamenti estremisti dei tradizionalisti, di chi arrampica in montagna, di chi pratica arrampicata sportiva e di chi scala sulle grandi pareti è tranquillamente paragonabile a una guerra di religione. Negli ultimi cinquant'anni sono comparse parecchie discipline legate alle scalate, discipline delle quali i nostri "padri dell'Alpe" non avrebbero nemmeno mai sognato l'esistenza. L'alpinismo è diventato uno sport per tutti, meno elitario. Oggi poi lo spit è un qualcosa di paragonabile a uno smartphone, un dispositivo che consente di arrivare rapidamente là dove prima era necessaria una lunghissima strada. Lo spirito dei tempi è penetrato fin negli angoli più remoti e isolati delle zone di montagna.

Osservando la questione, le domande che mi pongo sono le seguenti: l'alpinismo dev'essere uno sport di massa e largamente diffuso? Oppure è forse meglio lasciarlo esclusivamente a coloro che possono permettersi di scalare basandosi solo sulle proprie assicurazioni? D'altro canto, le persone che conducono una vita normale, che hanno famiglia, che vanno a scalare solo di tanto in tanto, che non hanno la possibilità di acquisire le basi per farsi un'assicurazione tradizionale non dovrebbero forse avere il diritto di approfittare del progresso tecnologico per poter arrivare nei luoghi dei loro sogni? Dove si trova il confine tra la distruzione della natura e l'utilizzo delle sue risorse? Seguendo il ragionamento si dovrebbe mettere in discussione l'esistenza di tutte le vie ferrate, poiché sono l'identificazione delle linee artificiali di vie su pareti fino a quel momento irraggiungibili. L'esistenza di quei percorsi consente alle guide alpine locali di guadagnarsi di che vivere e consente anche al nostro sport di diventare popolare e con ciò anche lo sviluppo dell'industria dell'*outdoor*, grazie al quale l'arrampicata diviene più sicura.

Oggi le nostre montagne sono devastate più dal turismo commerciale che dall'attività degli scalatori, ma, come ricordavo prima, questo non deve tradursi nel piantare una quantità ingiustificata di spit. Credo che valga anche la pena di chiedersi quale sia la quantità ingiustificata. Delicatina come domanda, vero? Potrei passare l'eternità a pensarci. Alcuni di voi mi darebbero ragione, altri mi darebbero del fuori di testa. A tutti voi stringerei la mano.

Credo invece che dovremmo soffermarci sulla nostra incapacità di comprensione reciproca. Un autista che è in ritardo per andare al lavoro non avrà comprensione per uno che, a velocità di lumaca, parte per andare con la moglie a fare una bella gita. E viceversa. Lo stesso vale per il nostro ambiente, dove ognuno ha una propria velocità e un proprio ritmo di vita, possibilità, salute e motivazioni differenti l'uno dall'altro. A differenziarci è il senso del bello, la purezza dello stile. Non resta che fare tutto il possibile per stabilire pacificamente e nel rispetto della legge stili e principi di sicurezza nei vari siti rocciosi oggetto di tutela. Regole ben precisate e pubblicate, che dovranno formare un codice indipendente dalle preferenze personali. Questo magari si risolverà in una espansione dell'uso degli spit. Magari dalle mie osservazioni risulterà che l'astio tra i gruppi estremisti nasce dalla necessità degli uni di interferire con il comportamento degli altri.

Adesso potete comprendere in modo più chiaro questo mio conflitto interiore: piantare o non piantare gli spit? A dire il vero ho la sensazione di trovarmi a mezza via. Adesso ho 42 anni e faccio di tutto per non rinchiudermi tra quattro mura tappezzate dalle mie sole opinioni. Se mai un giorno dovessi trovare la risposta a tutte le domande, quella sarebbe anche la fine del mio viaggio. Io con il cuore sto con la purezza dello stile, ma esistono comunque situazioni in cui decido di scendere a compromessi. Il nostro ambiente è litigioso, a volte l'aggressività e l'odio sono il risultato della mancanza di dialogo e di comprensione da ambedue le parti. Fonte di ciò sono quei pezzetti di acciaio inox o di lega al titanio. Nessuno fermerà il progresso della tecnologia, che allontana le persone da se stesse. Cerchiamo comunque di far di tutto affinché quello sviluppo possa essere il più civile e il più pacifico possibile.

Tornando a me, mi soffermerò ancora a lungo sull'argomento. Mi fa piacere che sia stato sollevato e penso che continuerò a cercare quegli equilibri che, spero, riusciranno ad aumentare il senso di comprensione anche in coloro per i quali l'utilizzo degli spit è – e sarà sempre – l'assassinio dell'impossibile.

NICOLA TONDINI

ITALIA
Verona

Nato nel 1973 a Verona, in Italia, è alpinista, guida alpina, istruttore nazionale delle guide alpine, ingegnere gestionale. Attualmente dirige il centro d'arrampicata King Rock di Verona e la scuola di Guide Alpine XMountain. Ha aperto oltre 30 vie nuove di difficoltà estrema di stampo sia sportivo/moderno (arrivando a difficoltà obbligatorie di 7c+ e massime di 8c), sia tradizionale e ha realizzato prime invernali di rilievo. Le vie nuove di spicco aperte in Dolomiti sono: nel 2010 *Menhir* al Pilastro di Mezzo del Sass dla Crusc (250m IX-), nel 2011 *Quo Vadis* sempre al Sass dla Crusc (450m, X-), nel 2012 *Colonne d'Ercole* alla Nord-Ovest del Civetta (1200m, IX), nel 2017 *Non abbiate paura di sognare* alla Cima Scotoni (750m, X). Tra le prime salite invernali: nel 2005 *Moulin Rouge* alla Roda di Vael (450m, IX-) e *Loss lei, heb schun* al Sass dla Crusc (250m, IX-); nel 2010 *Capitan Sky-hook* (900m, IX-, in giornata) e nel 2012 *Kein Rest von Sehnsuch* (1200m, VIII+) entrambe alla Nord-Ovest del Civetta.

Per salvare il drago lasciamoci il dubbio

Leggo e rileggo l'articolo di Messner del 1968 sull'assassinio dell'impossibile. Che, grazie al cielo, è sopravvissuto anche all'evoluzione tecnologica, perché Messner ci aveva dato un segnale: fare un passo indietro per poter andare avanti. Praticare un alpinismo capace di darsi per scelta delle "privazioni". Usare meno tecnologia e arrampicare solo con le nostre capacità fisiche, tecniche e mentali. Tornare a una dimensione più umana. Così ha fatto nelle sue amate Dolomiti, non utilizzando mai i chiodi a pressione per salire, così ha fatto in Himalaya, non utilizzando l'ossigeno per realizzare le sue ascensioni

Mi domando: come possiamo noi oggi non uccidere il drago, non assassinare l'impossibile?

Io pratico un alpinismo prettamente dolomitico, di chi cerca di salire con le proprie mani gli spazi ancora liberi sulle grandi pareti. La risposta che mi do e che vorrei suggerire alle nuove generazioni è quella di realizzare nuovi itinerari lasciandoci fino alla fine il dubbio sul risultato.

Ma cosa può lasciare il dubbio della riuscita? Lo lascia la scelta che faccio su come salire. Vedo due strade: la prima è quella di non forare la roccia, concedendomi di progredire in artificiale solo con ciò che la parete offre; la seconda non ammette l'artificiale ma unicamente la scalata in libera, lasciandomi la possibilità (più remota possibile) di forare la roccia unicamente per proteggermi. In entrambi i casi l'avventura è mitigata. Nel primo, con *cliff, rurp, copperhead* e altri attrezzi si possono superare tratti estremamente repulsivi, anche se serve maestria. Nel secondo, un'ottima protezione (come è un *fix*) toglie un po' di adrenalina, anche se alzarsi per vari metri sopra la protezione cercando centimetro per centimetro gli appigli con ripetuti e lunghi voli richiede una certa preparazione mentale, tecnica e fisica. Io che adoro scalare, ho scelto la seconda strada: mi sembra che nell'era dell'arrampicata sportiva sia qualcosa di nuovo rispetto all'arte dell'artificiale (anche quella più raffinata) già sperimentata sia in Dolomiti sia in Yosemite.

Sicuramente le letture di alcuni libri di Messner, e in particolare di *La libertà di andare dove voglio* nel quale sono presentate la maggior parte delle sue grandi ascensioni sulle Dolomiti, ha condizionato questa mia scelta. In particolare la sua "noia" nel ripetere vie puramente in artificiale e per contro il suo amore per l'arrampicata libera. Scrive al termine del capitolo 13 (L'enorme tetto - Seconda ripetizione della parete sud della Spiz di Roè di Ciampedié):

«Quando mi fu accanto, Günther mi diede una gomitata e disse: 'Quest'arrampicata su chiodi è una burla' e poi, come a se stesso: 'Una volta imparata la tecnica, addio fascino: non cambia più'.... Quel giorno decidemmo di ricominciare da dove avevamo smesso un anno prima: dalle grandi scalate in arrampicata libera». Nel capitolo successivo parla della seconda ripetizione della parete sud-ovest della Cima Scotoni da lui compiuta. A un certo punto scrive: «Quella era l'arrampicata che mi piaceva: roccia solida, appigli piccoli e un'unica, logica via fattibile in arrampicata libera. Allora c'erano due tendenze fra i sestogradisti: l'arrampicata artificiale e quella libera. Gli uni ricorrevano a ogni immaginabile supporto tecnologico pur di raggiungere il loro obiettivo. Gli altri – fra i quali annoveravo anche me stesso – si imponevano volontariamente dei limiti per non alterare troppo il rapporto uomo-montagna. Un alpinista può correggere in meglio i propri limiti allenandosi, perfezionandosi e raccogliendo esperienze, e così scalare anche pareti estremamente difficili in arrampicata libera; oppure, senza correre molti rischi e anche senza disporre di molta abilità, può salire dappertutto con l'aiuto della tecnologia». Queste parole mi sono entrate in testa e non ne sono uscite più. Quindi sulle vie che ho aperto mi sono portato dietro gli spit, ma li ho usati il meno possibile. Avevo i *cliff*, ma non li ho mai usati per fare artificiale e per riposarmi dentro una sequenza obbligatoria in arrampicata libera. Avrei potuto forzare in A0 un passaggio, ma non l'ho fatto. Tutto questo per dare più importanza al percorso per arrivare in cima, al come ci si arriva, più che alla cima stessa. Ogni via nuova l'ho preparata e pensata con cura sapendo che il fallimento era sempre dietro l'angolo e sfiorandolo ogniqualvolta, dopo una giornata di tentativi, non portavo a casa nemmeno un metro non avendo trovato la sequenza di appigli per continuare in libera. Indipendentemente dalla strada scelta, dovrebbe rimanere nell'apritore la forte consapevolezza che lo stile di apertura che mantiene il livello di purezza più elevato è quello non artificiale e che non fora la roccia. A questo bisogna sempre puntare. Allora non sarà il singolo passaggio di artificiale su protezione tradizionale o il singolo spit per proteggere un lungo *runout* a uccidere il "drago", ad annullare l'avventura.

In un'epoca in cui dilaga la passione dell'arrampicata sportiva, in cui in questo sport sono stati raggiunti livelli impensabili fino a pochi anni fa, il sogno è di vedere questi livelli trasferiti sulle grandi pareti (e già qualcosa si è visto con la salita della *Dawn Wall*). Ma ai giovani dico di non perdersi la bellezza dell'avventura nell'aprire le vie. Non conta solo il grado e la salita *rotpunkt*, ma anche come si riesce ad aprire un itinerario. Nel percorso di apertura di una via nuova c'è una dimensione di avventura e scoperta impareggiabile. Il rischio per il futuro è di vedere vie durissime ma preparate in artificiale o addirittura dall'alto, senza nemmeno il tentativo di partire dal basso e scovare centimetro per centimetro la sequenza di appigli che permetta di arrivare in cima.

CHRISTIAN TROMMSDORFF

FRANCIA
Grenoble

Nato nel 1964 a Grenoble, in Francia, è ingegnere e alpinista. Lavora da 13 anni come guida d'alta montagna professionista e vanta numerose ascensioni classiche nelle Alpi oltre a parecchie spedizioni in giro per il mondo, soprattutto in compagnia di Yannick Graziani e Patrick Wagnon: tra queste, le prime ascensioni del Kusum Kanguru, del Lobuche, della parete Sud del Nemjung in Nepal; vie nuove sulla Sud dell'Annapurna, l'Everest solo e senza ossigeno, il Makalu, la prima ascensione del Chomolonzo Nord e centrale in puro stile alpino, e la difficilissima prima ascensione della Sud del Pumari Chhish, sempre in perfetto stile alpino. Guida Alpina certificata UIAGM a Chamonix presso l'ENSA, scuola nazionale francese di sci ed alpinismo, attualmente ricopre la carica di presidente del GHM, Gruppo d'Alta Montagna ed è l'organizzatore dei *Piolets d'Or*, il più prestigioso premio di alpinismo. Vice presidente dell'associazione francese delle guide SNGM, sindacato nazionale delle guide alpine, è inoltre membro del direttivo di "Coordination Montagne", organizzazione che raggruppa tutte le istituzioni francesi che hanno a che fare con l'alpinismo.

L'impossibile è vivo ma arrivano nuovi pericoli

La buona notizia è che cinquant'anni dopo la pubblicazione dell'articolo di Messner l'impossibile esiste ancora per gli alpinisti. Anche se nel 2004 l'"omicidio" perpetrato con la *diretta* alla parete Nord dello Jannu da parte di un team russo, grande per numero e per competenza e con chilometri di corde fisse, ha fornito la prova che qualsiasi parete può essere superata in stile "assedio". Però ora nell'alpinismo moderno c'è un ampio consenso sul fatto che lo stile viene per primo e come base di riferimento c'è lo stile alpino puro, nonostante siano ancora presenti alcune tracce dello "stile assedio", come avvenuto con il tentativo invernale al K2 del febbraio 2018.

Linee tecnicamente e lealmente sostenibili come la cresta Nord del Latok II, la cresta Sud-Est dell'Ultar II, la cresta Sud-Ovest dell'Annapurna III sono estremamente impegnative, ma dovrebbero poter essere vinte in puro stile alpino in un futuro prossimo. Resta però poco probabile che possano mai diventare delle classiche. Oltre a ciò, ci sono parecchie linee molto tecniche e molto sostenute da immaginare e da sognare sui Settemila e anche sugli Ottomila e che al giorno d'oggi persino gli alpinisti di punta conside-

rerebbero assolutamente impossibili in stile alpino. In questo campo c'è ancora una gran quantità di terreno selvaggio ed estremo, in modo particolare nella catene del Karakorum e dell'Himalaya.

Dal modo e dalla velocità con cui la nostra società si sta sviluppando, le cattive notizie potrebbero arrivare perlopiù dagli aspetti sociali e culturali con le numerose questione correlate. Ci si potrebbe chiedere se nel giro di pochi anni ci sarà ancora una vera libertà di pratica su una quantità sufficiente di catene montuose sparse per il mondo e con una quantità di terreno ancora non sfruttato, tale da consentire alle future generazioni di alpinisti di crearsi e di vivere le proprie esperienze in puro stile tradizionale e alpino, su vie poco o per nulla attrezzate e di aprire nuove vie! Solo se quella possibilità continuerà a esistere sulle nostre montagne di casa e sarà accettata a livello sociale potrà perpetuarsi la cultura dello stile alpino, perché per poter raggiungere l'impossibile è necessaria una grandissima quantità di esperienza, a partire dalle nostre montagne "di casa". Così nel corso degli ultimi cinquant'anni si è rivelato essenziale l'aver saputo mantenere la cultura dell'arrampicata *trad*, rinunciando a sfruttare e spittare i nostri terreni d'arrampicata, per esempio nelle Dolomiti o in molte aree del Regno Unito e degli USA.

Siamo in un periodo storico in cui la nostra società va alla ricerca di "avventure" senza però accettarne i rischi. Il modo in cui la cultura del diritto si sviluppa nelle Alpi potrebbe portare presto, per esempio, a considerare alcune forme di alpinismo come non sufficientemente "sicure" e a porre restrizioni alla pratica tramite l'imposizione di regolamenti o di strumenti per la gestione dei rischi (strumenti formali per la riduzione dei rischi sono già in uso per esempio in strutture come il Club Alpino svizzero o presso il DAV Summit Club tedesco).

Sono tutte questioni destinate a diventare più invadenti con la penetrazione della tecnologia digitale in comunicazioni, navigazione tramite mappe digitali di estrema precisione, tecnologie per la localizzazione, intelligenze artificiali in grado di prendere decisioni. Si possono immaginare anche ascensioni assistite da un drone intelligente. La società accetterà alla lunga una libertà di pratica in base alla quale si può rinunciare all'utilizzo della maggior parte o addirittura di tutti questi strumenti di supporto? Possiamo provare appieno tutte le dimensioni dell'alpinismo, compresi la vera incertezza e il vero impegno, solo se andiamo verso catene montuose selvagge e poco esplorate in piena autonomia, con nulla eccetto gli abiti, l'attrezzatura per la scalata, il cibo e il combustibile che riusciamo a caricarci sulla schiena! Nessuna squadra di supporto, niente ossigeno, niente corde fisse. E in futuro niente supporto digitale e strumenti di comunicazione. Saranno ancora consentite le ascensioni "prive di connessione"?

Uniamoci e facciamo in modo di garantire che la nostra società anche in futuro comprenda e accetti il valore dell'alpinismo puro, un confronto leale tra un uomo pressoché nudo e la natura selvaggia. In questo senso l'iniziativa avviata dai *Piolets d'Or* e volta a ottenere il riconoscimento da parte dell'UNESCO dell'alpinismo in stile alpino come patrimonio culturale immateriale dell'umanità, iniziativa sostenuta *in primis* dalle città di Chamonix e Courmayeur, seguite poi da Francia, Italia e Svizzera, dovrebbe essere vista come pietra angolare a supporto di tutti i progetti locali finalizzati a preservare la cultura delle scalate in stile tradizionale e alpino.

SIMON YATES

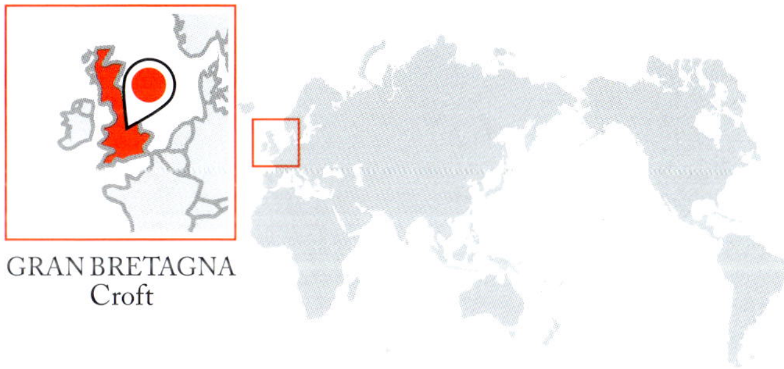

GRAN BRETAGNA
Croft

Nato nel 1963 a Croft, Leicestershire, in Inghilterra, per completare gli studi e contemporaneamente assecondare il suo desiderio di andare a scalare si trasferisce a Sheffield, dove si laurea in biochimica. Il giorno dopo la laurea parte per una serie d'avventure, una delle quali lo porta alla ribalta internazionale: nel 1985 assieme all'amico Joe Simpson sale l'ancora inviolata parete Ovest del Siula Grande. Durante la discesa si verifica la nota vicenda dell'incidente a Joe, del taglio della corda e del quasi incredibile lieto fine poi raccontati nel libro e nel film *Touching the Void*, tradotto in italiano con *La morte sospesa*. A differenza di Joe, comunque, continua nel suo alpinismo dedicato alla ricerca di aree poco battute se non addirittura sconosciute e di vie mai percorse, attività che lo porta a spedizioni di successo sul Laila Peak e sul Nemeka in Pakistan, sul Pik Lenin e in altre aree dell'Asia Centrale. E soprattutto nella Cordigliera Darwin, Terra del Fuoco, nella catena Wrangell-Saint Elias, sul confine tra Yukon ed Alaska, e nella Groenlandia orientale. Autore di tre libri di successo, è apprezzato conferenziere, oltre a essere organizzatore di spedizioni esplorative e alpinistiche.

I profeti molto acrobati del più che possibile

Il processo di scalare le montagne prevede sostanzialmente fatti e non parole, ma, di tanto in tanto, è piacevole anche rallentare un po', fare il punto e riflettere sul passare del tempo. Ormai sono più di trent'anni che viaggio senza sosta verso le montagne più grandi del mondo alla ricerca di avventure che non siano solo alpinistiche, ma che prevedano anche l'esplorazione. È stato davvero un gran bel viaggio, uno di quelli che nonostante l'avanzare dell'età e l'essere diventato padre non accenna minimamente a voler terminare. Ecco dunque le mie riflessioni su quanto il mondo sia cambiato in quel periodo e quanto quel cambiamento sia andato a riflettersi su ciò che noi facciamo come scalatori.

Torniamo alla metà degli anni Ottanta, quando cominciavo a partecipare al gioco dell'alpinismo d'esplorazione e a girare tutto il globo alla ricerca di nuove visuali e degli obiettivi che queste avrebbero rivelato in termini di scalate importanti. Il mondo era invero diverso, ma alcuni grandi cambiamenti stavano già avendo luogo. Nelle aree montuose dei Paesi in via di sviluppo aveva già preso avvio un periodo di costruzione di arterie stradali che avrebbero portato le infrastrutture per i trasporti verso alcune delle comunità più isolate e povere di tutto il pianeta. Conosco un posto in Pakistan, Shimshal, dove ai genieri dell'esercito ci sono voluti tredici lunghi e difficili anni per costruire una traccia che dall'arteria principale, la *Karakoram Highway*, portasse verso un villaggio di sole 650 anime. Questa attività di costruzione delle strade portò e rese più semplici parecchie cose: l'amministrazione governativa, le scuole, gli ospedali, i viaggi, scambi e commercio. Permise, inoltre, a scalatori, escursionisti e viaggiatori, insomma a persone come me, di poter avere più facilmente accesso alle montagne che si trovavano oltre quelle strade. Allo stesso tempo nel mondo sviluppato i voli a lungo raggio stavano diventando sempre più accessibili e a buon prezzo. Attrezzatura e capi di abbigliamento migliori, più leggeri e sofisticati avevano già fatto la propria parte per incoraggiare gli scalatori ad adottare un approccio in stile alpino per le scalate, comprese persino quelle ad alcune delle vette più alte e isolate. Visitarle era diventato più semplice dal punto di vista logistico, meno impegnativo in termini di tempo e meno costoso. Cioè si poteva fare di più spendendo meno, e così, senza rendermene conto lì per lì, ero entrato a far parte di un'Era dell'oro per le esplorazioni alpinistiche in stile "leggero" e per le ascensioni nei maggiori gruppi montuosi. Era che, a certi livelli, continua ancora in questi giorni.

In quel periodo mi trovai così in un gruppo eterogeneo di persone che vagavano per le montagne del Pakistan settentrionale ogni estate. L'apertura della *Karakoram Highway* alcuni anni prima ci aveva facilitato l'accesso e aveva fatto aumentare il nostro interesse. Questi incontri fluttuanti a cadenza annuale comprendevano un mucchio selvaggio ed eclettico composto da alpinisti, escursionisti, viaggiatori, studiosi e volontari. Se alcuni si erano portati fin laggiù soprattutto per lavorare, altri erano arrivati per divertirsi. Tutti noi, comunque, in pochi anni veramente speciali riuscimmo a vivere i nostri sogni, almeno fino a un certo punto, andando a esplorare la catena montuosa più vasta e più scenograficamente bella del Pianeta. Il fatto che alcuni stessero fuggendo da lavoretti precari, senza prospettive e che in quella parte del mondo potessero invece essere ricchi, di certo rappresentava un motivo d'attrazione non secondario. Con l'avvicinarsi dell'autunno la migrazione continuava verso India e Nepal e per un certo periodo montagne, paesi e città del subcontinente diventavano una sorta di seconda casa.

Riguardando il passato a una distanza di trenta e più anni, i personaggi che ne avevano fatto parte sembrano ora strani e improbabili, attirati in quei luoghi da un insieme di fattori fisici e culturali davvero unici. Il mondo stava già diventando un posto ben più piccolo, ma la rivoluzione delle comunicazioni aveva appena preso avvio e ancora non aveva raggiunto quelle aree di frontiera così isolate. Non c'era Internet, non c'era la posta elettronica e non c'erano i cellulari e le poche linee telefoniche presenti nei villaggi di montagna erano controllate dall'esercito, i cui rappresentanti esigevano che la richiesta di fare una telefonata venisse presentata il giorno prima. Le informazioni venivano passate verbalmente, o, in alternativa, scrivendo lettere. Le agenzie che organizzavano trekking, gli albergatori e i proprietari di negozi di tappeti erano diventati i nostri *hub*, i nostri centri di riferimento e i nostri punti di scambio messaggi. Biglietti passati di mano in mano riuscivano di solito ad arrivare fino ai villaggi di montagna più remoti e isolati e addirittura fino ai campi base situati a intere giornate di cammino. Gli incontri resi possibili da questo flusso di informazioni avevano regolarmente luogo nei posti più improbabili. In quell'ambiente si sono create amicizie davvero forti, ci aiutavamo l'un l'altro e ci scambiavamo favori e informazioni. Escursionisti e geologi condividevano con noi scalatori i loro possibili obiettivi e noi in cambio consigliavamo vallate remote da esplorare e andavamo a raccogliere sulle vette campioni di roccia. Per molti aspetti era una sorta di comune mobile e fluida. Sono rimasto in rapporti d'amicizia con molti dei personaggi dell'epoca, nonostante la maggior parte di questi abbia poi deciso di partire, metter su famiglia e svolgere lavori convenzionali; ancora adesso ricordo il tempo che abbiamo passato assieme come uno dei periodi più felici della mia vita.

In quel periodo ho imparato le basi pratiche dell'alpinismo di spedizione, ovvero logistica e tattica. Ho anche esplorato una gran quantità di territori e mi sono riempito la testa di futuri obiettivi per le mie scalate. Quello è stato il mio apprendistato e, una volta portatolo a termine, mi sono spostato e ho trasferito quelle conoscenze per andare ad ampliare le aree di azione. Ho sempre cercato di fare in modo di essere un passo avanti agli altri, spostandomi verso l'Asia Centrale dopo la dissoluzione dell'URSS, oppure verso altre aree del Sud America e dell'Himalaya prima di essere attratto da montagne che si trovano in luoghi non antropizzati come l'Alaska, la Groenlandia e la Terra del Fuoco, che adesso assorbono buona parte del mio tempo. Se guardo indietro a tutta questa sequenza di eventi la sento come una sorta di progresso e di sviluppo naturali per me tanto come alpinista quanto come persona. Non è mai stato un qualcosa che io abbia pianificato fin dall'inizio, e anche adesso, non ho la più pallida idea di dove andrà a parare in futuro. Tutto il viaggio è un'avventura contrassegnata da singole avventure lungo il cammino.

Qui in Gran Bretagna è ancora presente un piccolo gruppo, uno zoccolo duro di alpinisti d'esplorazione "vecchia scuola", che continuano a viaggiare per il mondo e a scalare vette, pareti e creste mai conquistate prima. Sono persone che si lanciano regolarmente verso l'ignoto e, facendolo, si assumono i loro rischi e vivono vere avventure. Credo che in questo modo essi tengano in vita cuore e anima dell'alpinismo, ma sento che più passa il tempo più il loro numero si assottiglia, mentre le loro imprese tendono a essere ignorate sempre più da parte del grande pubblico. In un ambiente culturale che tende a evitare il rischio – e, ricordiamo, le prime ascensioni di montagne alte e poste in aree remote sono rischiose – il business dell'alpinismo esplorativo forse non esercita più il fascino di una volta. A dirla in breve, è un lavoro duro e pericoloso che richiede anche un forte esborso in termini di tempo e di denaro. Completamente circondati da una cultura ossessionata dalla celebrità, veniamo portati a credere di poter avere tutto immediatamente e, sorprendentemente, c'è gente che ci riesce. A volte sembra proprio che, se si è in grado di gestire bene il proprio profilo sui *social media* e se si ha un qualche scopo che sia quantificabile per il pubblico, ne possa venir fuori una carriera interessante. Mi capita spesso di sentirmi porre da personaggi dei principali mezzi di comunicazione domande relative alle imprese di sportivi da poco ritiratisi o di presentatori TV i quali hanno fatto poco più che inanellare una serie di scalate come clienti di spedizioni commerciali, raggiungendo obiettivi alpinistici che hanno già visto migliaia di ascensioni prima della loro. Farò in modo di essere diplomatico: in termini alpinistici non valgono assolutamente nulla, sono solo acrobati, il cui unico contributo è di fare pubblicità a questo nostro passatempo. Questo non è un caso di assassinio dell'impossibile: no, è molto peggio! Ciò che siamo spinti a credere è che un qualcosa che per il mondo delle scalate è chiaramente più che possibile sia invece una grande impresa.

Come per molti oggi la mia vita è guidata dalla posta elettronica, una serie di brevi messaggi abbaiati da una parte all'altra del cyberspazio. La mia calligrafia si è arrugginita ed è a malapena leggibile. Di tanto in tanto mi torna in mente la gioia pura e semplice di raccogliere i fogliettini, gli incontri che questi bigliettini permettevano, la bacheca posta in cucina piena zeppa di cartoline a colori, frammenti di viaggi attorno al mondo, e il regalo, fattomi dai miei genitori, di tutte le lettere che avevo mandato loro e che io poi ho usato per scrivere i miei primi due libri. Adesso la vita di un alpinista viaggiatore è più solitaria, il punto di riferimento più prezioso è rappresentato dall'accesso a Internet e il guru di oggi si chiama Google. È vero che siamo collegati alla rete e informati in modo migliore, ma è altrettanto vero che siamo sempre meno collegati alla gente e al mondo che ci circonda.

BARBARA ZANGERL

Nata nel1988 a Strengen, nella Stanzertal, in Tirolo, Austria, lavora come tecnico radiologo presso l'ospedale di Bludenz. Nel 2011 decide di dedicarsi come atleta professionista all'arrampicata, alla quale arriva seguendo il fratello in una struttura *indoor* e, dopo qualche tempo, inizia a frequentare soprattutto le aree di *bouldering* della Svizzera. Per sei anni circa gira il mondo per conoscere differenti aree per l'arrampicata in quello stile fino a quando, nel 2009, un incidente la costringe a rivedere per qualche tempo il suo approccio all'arrampicata. Non potendo dedicarsi al *bouldering* per non sollecitare troppo una vertebra infortunata, inizia a scalare lungo vie sportive facili, considerando quell'attività una sorta di terapia per la schiena. Gira il mondo alla ricerca del piacere di salire vie tradizionali, vie sportive, vie lunghe e, soprattutto, di poter seguire uno stile di vita caratterizzato da sempre nuove sfide da vincere. Tra le sue principali ascensioni ci sono anche alcune prime femminili: in area alpina e dolomitica *Silbergeier*, *Kaisers neue Kleider*, *End of Silence*, *Prinzip Hoffnung*, *Bellavista*, mentre su El Capitan a lei sono dovute le prime femminili di *El Nino*, *Zodiac* e *Magic Mushroom*.

Mettersi alla prova e dimenticare il grado…

Negli ultimi tempi, di pari passo con il grande boom dell'arrampicata, sta crescendo anche l'interesse da parte delle associazioni turistiche e delle regioni alpine per gli investimenti in questo sport. Il che, tutto sommato, non sembra poi essere una cosa malvagia. A guardare il tutto più attentamente, però, si evince che non si tratta solo di marketing, di soldi investiti per aprire, forse, nuove aree d'arrampicata e per piazzare qua e là un paio di WC mobili per mantenere quelle aree pulite anche nel futuro. No, naturalmente vengono bonificati anche i siti storici, quelli classici. E se si vuole pubblicizzare e rendere appetibili quelle aree, in primo piano ovviamente va posta la sicurezza dei principianti dell'arrampicata, la possibilità di scalare legati a una corda e senza rischi. Ovviamente si è pensato anche alle giornate di maltempo. Le sale da arrampicata *indoor* stanno spuntando come funghi dal terreno nel pieno della foresta. Quindi, se uno per caso non ha voglia di andare ad avventurarsi sulla roccia, esiste sempre la variante n.1, la palestra da arrampicata *indoor*. Lì sì che ci si può concentrare per bene sull'arrampicata. La base è sempre ottima e sicura in caso di un volo e la distanza tra le protezioni è quasi sempre pari a circa mezzo metro. Spesso ci si trova a non sapere nemmeno se rinviare allo spit sopra o a quello sotto, visto che l'altro, quello già moschettonato, è all'altezza della faccia.

Così ci si sente proprio bene: "Sosta!!!". Quindi si respira a fondo e poi si guarda se è fattibile arrivare fino al prossimo ancoraggio intermedio senza volare. Ecco, se poi per caso qualcuno dovesse sentirsi un po' "ghisato", c'è sempre la possibilità di lasciarsi andare e fare una piccola pausa. Credo sia un sentimento noto a tutti i principianti. Il rischio percepito è enorme, nonostante, in realtà, non ci sia alcuna ragione per aver paura.

Ognuno dovrebbe poter avere la propria introduzione all'arrampicata, semplice e senza paure. Terminata la prima lezione di scalata con una guida alpina o con un istruttore d'arrampicata, eccoci pronti a ricevere la tessera oro che dà l'accesso alla libertà, al divertimento a più non posso sulla roccia e che permette di assistere alla rapida metamorfosi di quella che originariamente era una semplice vacanza in un'avventura indimenticabile.

Una volta terminato il proprio corso di avviamento intensivo all'arrampicata, si parte pieni di motivazione per la stagione di scalate su roccia. La paura è superata, si scala ormai da uno spit all'altro senza pensarci troppo. Si vola tranquillamente sulle corde e ci si sente così privi di timore come mai prima. Ovviamente si aumenta anche il livello e ben presto ecco che si arriva a chiudere la prima verde, la prima blu o la prima rossa di grado XY! "Ma allora ce la posso fare anche in ambiente", diciamo a noi stessi. "E allora vado a cercarmi un bel progetto che sia al mio limite personale: il grado XY su roccia sarebbe davvero una figata!".

Ed eccoci su roccia iniziare il primo 5c e subito, appena partiti, urlare "blocca!" e poi a restare lì, seduti sull'imbrago e appesi alla corda. Il tutto magari pensando che la distanza tra gli spit è davvero grande: "Cavoli, l'ultimo spit è proprio sotto i piedi e per riuscire a rinviare quello successivo mi devo allungare al massimo. Pazzesco!". Con buona probabilità si pensa che "In palestra non ci sarebbe stato proprio nessun problema. Su vie come queste di solito vado a far riscaldamento".

Eh, l'arrampicata su roccia è "frustrante". Il progetto XY viene dunque messo nel congelatore e si va a scalare altre vie, con la corda dall'alto, oppure si va a cercare quelle aree da arrampicata "nuove, moderne", che presentano la stessa distanza tra le protezioni alla quale siamo abituati nelle a noi ben note palestre *indoor*. Così, come esito, si arriva ai propri limiti anche a livello fisico e si abbandona prima del tempo, in quanto cresce la paura di far voli troppo grandi.

Ma come facevano gli scalatori, quando ancora non esistevano le sale per l'arrampicata al coperto, quando non c'erano protezioni veloci di cui potersi fidare e quando i primi spit venivano forgiati nelle cantine degli scalatori stessi? Quelli sì che erano eroi veri. Anch'essi avevano le loro paure e dovevano di certo darsi da fare più che "al giorno d'oggi" per superarle, per poter arrivare ai loro obiettivi personali. Quasi sempre fare un volo non rientrava proprio tra le opzioni praticabili!

Ma sicuramente quelle esperienze erano ben più intense e con ogni probabilità anche indimenticabili.

Torniamo lì da dove eravamo partiti!

Riuscire a vincere i nostri istinti più profondi e radicati: non è forse proprio questa l'essenza dell'arrampicata? Non sarebbe male arrampicare, all'inizio, su vie piuttosto facili, sulle quali è possibile avere tutto sotto controllo, e dove ciò nonostante rimane del timore, perché è comunque un po' più "selvaggio", e questo proprio perché quella via non è assicurata dall'alto! Non sarebbe questa una buona sfida per chi è agli inizi? Beh, si può tranquillamente decidere se affrontare il rischio o meno, se attaccare quella via oppure optare per un'altra, magari strapiena di spit. Cosa mai potrebbe capitare? I voli sono lunghi, ma il terreno su cui si vola è ottimo e anche se il rischio percepito è grande, in realtà quello effettivo è davvero minimo. Anche se si dovesse cadere non ci si farebbe male.

Una volta chiusa quella via, si sarà guadagnato in termini di sicurezza e si avrà già alle spalle il primo volo lungo e addirittura si arriverà a trovare il tutto davvero divertente. Ci si concentrerà esclusivamente sull'arrampicata e presto non si penserà più alla distanza tra gli spit e ai voli che tanto timore incutono. Non è forse questo il senso di libertà? Non è questo il senso di orgoglio che si prova quando si superano per la prima volta i propri istinti? Non si sentono forse sensazioni ben più intense, una concentrazione di gran lunga maggiore e una tensione ben più forte? Quella sensazione di nausea prima dell'attacco e poi, in sosta, dopo avercela fatta, quell'incredibile sensazione di gioia...

È possibile avere queste esperienze anche su vie spittatissime dove ci si trova a dover pensare più a rinviare che a scalare? No!!!!

Fa dunque la propria comparsa una domanda: ma ha davvero senso bonificare e sistemare vie seguendo uno stile differente? Ovvero piazzando spit supplementari e distruggendo in questo modo la via originaria? E con essa anche la tensione e il senso di avventura che all'epoca i primi salitori hanno affrontato con non poco coraggio, soprattutto quando queste vie sono state salite dal basso? Non corrispondeva forse questo allo stile perfetto e alla sfida perfetta? Non ho forse voglia di provarlo pure io? Non è forse il caso di scalare le vie facili-facili anche quando se ne ha ancora un po' timore? E questo anche a costo di "strozzare" il proprio ego, visto che nelle palestre per l'arrampicata *indoor* si riesce a salire già vie di grado XY e invece su roccia anche le vie facili sembrano dure, selvagge e difficili. Non è forse il caso di dimenticare per un po' il grado di difficoltà e mettersi poco per volta alla prova? Magari sarà proprio quella la vera grande esperienza, il miglior processo di apprendimento.

A noi non resta altro che sperare e portare il nostro piccolo contributo affinché anche in futuro non venga meno l'avventura nell'arrampicata sportiva. Per far sì che non venga "sistemata" nello stile sbagliato e riempita di spit superflui. Se tutto l'ambiente dell'arrampicata dà importanza all'etica, allora non deve avvenire che le grandi aziende, le associazioni o gli stessi Giochi olimpici gestiscano l'arrampicata sportiva a mero livello burocratico e che così questo sport sia ridotto solo a una questione di gradi di difficoltà! Che non siano solo le ascensioni più difficili e veloci a trovare apprezzamento e valutazione adeguata, ma che possano essere scelte come obiettivi da raggiungere anche le più belle vie su roccia, anche se magari questo non vuol dire centrare un qualche nuovo record.

Per far sì che i principianti possano conoscere l'arrampicata così com'è davvero e possano vivere una vera e propria avventura! Per far sì che in futuro non ci siano norme standardizzate per la distanza tra gli spit e, ancor meno, scalette che portano all'attacco delle vie, oppure tabelloni informativi che ci ricordano che l'arrampicata è pericolosa e dai quali magari possiamo scaricarci la relazione delle vie, o roba simile.... Per far sì che i soldi investiti dalle associazioni turistiche, dai Club Alpini e da altre organizzazioni, Olimpiadi comprese, possano avere effetti positivi e non essere più di danno che di aiuto.

MAURIZIO ZANOLLA "MANOLO"

ITALIA
Feltre

Nato nel 1958 a Feltre, in Italia, è non solo uno dei pionieri ma anche un vero mito dell'arrampicata libera italiana, pur avendo sempre seguito un'evoluzione personalissima, che lo porta dalle scalate classiche fino al *free solo* su gradi estremi di difficoltà, come l'8a di *Masala Dosa*, sulla falesia di San Silvestro nel 1992. La sua è una carriera lunghissima e sempre ai vertici, sul filo della sperimentazione. Inizia a scalare a 17 anni. Nel 1977 sale in libera la via *Cassin* alla Torre Trieste e la *Bonatti-Ghigo* al Grand Capucin, ma già negli anni successivi comincia ad aprire vie in montagna con maggiori difficoltà e anche con poche protezioni: da *Lucertola Schizofrenica* in Totoga nel 1979 a *Supermatita* sul Sass Maor nel 1980. Nel 1984 realizza un'eccezionale impresa con la prima ripetizione della *Via attraverso il Pesce*, in Marmolada. Nel 1986 è il primo italiano a salire una via di difficoltà 8b (*Ultimo Movimento* in Totoga, nelle Pale di San Martino). In falesia sale difficoltà riservate ai numeri uno al mondo: da *Il Mattino dei Maghi*, 7c+ nel 1981 in Totoga a *Ultimo Movimento*, 8b nel 1986; da *The Dream*, in Val Noana nel 1991, primo 8c, ad *Appigli Ridicoli* nella falesia del Baule, nel 1988. A 48 anni sale il suo primo 9a, *Bain de Sang*, nella falesia svizzera di Saint-Loup, e nel 2008, a 50 anni, con *Bimbaluna*, arriva al 9a+. Nell'autunno 2016, 35 anni dopo la sua prima salita, ha ripetuto la mitica via *Il mattino dei maghi*. È autore del bellissimo libro autobiografico *Eravamo immortali*.

L'impossibilità di conoscere i limiti

Avevo 10 anni quando Reinhold Messner scrisse quelle righe sull'assassinio dell'impossibile. Ai tempi non conoscevo il nome di alcun alpinista e di alcuna montagna, nemmeno di quella stampata sulla confezione del cioccolato che mio padre mi portava dalla Svizzera: perché quella era davvero l'unica montagna che entrava nella nostra casa. E se devo essere sincero – ammettendo tutta la mia ignoranza – questa è la prima volta che leggo la sua interessante riflessione di quel lontano 1968. Forse è stato meglio così, perché questa mia ignoranza mi ha permesso di fare la mia strada e, senza condizionamenti, pensare ostinatamente quasi come lui.

Cosa mi ha spinto ad allontanarmi dalla sicurezza dei chiodi, dalla scalata artificiale e ancor di più dal chiodo a pressione? Cosa mi faceva trovare anche soltanto la loro presenza fra gli strapiombi quasi irritante, tanto da aggrapparmi a qualsiasi cosa pur di non usarli? Non lo so, sinceramente non lo so... Ma mi sembrava più onesto confrontarmi con la montagna in quel modo e sono con-

tento di aver fatto da subito quella scelta, lontana dalla "carpenteria" alla quale in quel periodo si ricorreva per scalare certe montagne e certe vie.

Non condividevo quel modo di scalare, ma rispettavo il fatto che fossero tutti liberi di farlo, di procedere come credevano meglio. Anche se penso che pochi riflettessero su quello che inevitabilmente avrebbero lasciato e di certo sembrava che non avessero alcuna voglia di ritornare su quelle vie per scalarle in un modo diverso.

Tuttavia devo precisare un fatto non secondario. Quando a metà degli anni Settanta, ignorando tutto ciò, ho incominciato ad arrampicare, i chiodi, a pressione o no, che incontravo sulle vie che decidevo di provare a ripetere, con la loro semplice presenza e garanzia di sicurezza mi hanno permesso di spingermi oltre più in fretta. Di poter osare di più.

Quello che consideravo "l'errore di qualcuno" mi ha aiutato nel progredire sulla strada pericolosa che avevo scelto, soprattutto quando l'incoscienza si è fatta da parte. A quel punto ormai non c'erano più i chiodi ad aiutarmi nel superare difficoltà e paure sconosciute... Ma era proprio quello che mi ero riproposto.

Una ricerca libera e personale in un mondo e un alpinismo che spalancava ancora spazi e libertà alle idee; luoghi dove poterle cercare.

Salire, seguendo l'ambizione, il più dritto possibile senza le protezioni sembrava una deviazione; lontana, cocciuta e contraria alla logica, ma ritenevo fosse l'unica scelta per avvicinarmi a nuove conoscenze. Sono fortunatamente riuscito a sopravvivere a quelle esperienze a volte pericolose, che però mi hanno concesso il privilegio di conoscermi e di arricchirmi come non sarei mai riuscito a fare altrimenti.

Quando poi questa furiosa ricerca iniziale mi ha portato a guardare da un'altra parte, mi sono ritrovato in mezzo a pareti che sembravano ridicole quanto a dimensioni. Ma presto sono diventate così lisce da costringermi a mettere il mio primo chiodo a pressione. Non è stata per niente una decisione facile: anche se si trattava di una falesia, io quella scelta l'ho avvertita come una vera sconfitta. Sarebbe bastato rinunciare, ma avevo fretta di impadronirmi di chissà che cosa... Ero ambizioso, volevo farlo. Però, in quel caso, senza correre il rischio di morire.

La prima volta sembrava solo una ferita leggera, e tuttavia in qualche modo anche questa ha contribuito a cambiare l'arrampicata libera, ma, forse, anche a imprigionarla.

Da quel momento tutto ha accelerato e continua a farlo, ma rallentare un attimo e riflettere su quello che ci rimane sembra quasi necessario. Sono convinto che un punto di riferimento, quale possono essere solo le montagne e in particolare le pareti "selvagge" e *sprotette* da assicurazioni artificiali, debba essere mantenuto.

Gli spit hanno concesso di accelerare il cambiamento e hanno formato arrampicatori e alpinisti fortissimi.

È difficile abbandonare alcune sicurezze e non penso sia nemmeno un passaggio che possiamo rendere obbligatorio e pretendere da tutti. Però è importante riflettere con coraggio e con responsabilità su cosa vogliamo lasciare, se un giorno qualcun altro avesse voglia di vivere un'esperienza diversa. Che è quella di aprirsi la propria traccia lontano da qualsiasi certezza, in cerca dei propri limiti.

Quali siano quei limiti non possiamo saperlo, perché il limite di qualcosa non è parte di essa.

PARTE TERZA

ALPINISMO E FISICA

Nella sua autobiografia *La parte ed il tutto* (*Conversazione sulla fisica atomica*, Monaco di Baviera), Werner Heisenberg azzarda un paragone audace:

> «Paul Divac è rimasto meno impressionato di me dalla disponibilità dimostrata dai fisici americani ad accettare anche gli aspetti meno intuitivi della nuova fisica atomica. Anche lui recepiva lo sviluppo della nostra scienza come un processo più o meno continuativo per il quale, più che porci domande sulla struttura concettuale da noi applicata in ciascun singolo stadio dello sviluppo, tendiamo piuttosto a porcele sulla metodologia adottata per un progresso della scienza che possa essere quanto più veloce e sicuro possibile. Il tutto visto come un processo in incessante adeguamento del nostro pensiero all'esperienza sperimentale in costante aumento e senza alcuna soluzione di continuità. A tali fini non dev'essere recepito come principio il risultato temporaneo, bensì la metodologia seguita per ottenere l'adeguamento.
> «Anche Paul era fermamente convinto del fatto che, in ultima analisi, in occasione di questo processo compaiano, oppure, come preferisco dire, siano portate alla luce semplici leggi naturali. Metodologicamente, però, per lui punto di partenza erano le singole difficoltà e non il grande contesto. Quando si trovava a disquisire utilizzando il proprio metodo, avevo spesso la sensazione che per lui la ricerca nel campo della fisica avesse lo stesso aspetto che può avere una difficile scalata su roccia per alcuni alpinisti. Infatti, capita che essi appaiano totalmente protesi solo al superamento dei tre metri di roccia che si trovano di volta in volta davanti. Se tutto va bene alla fine riusciranno presto o tardi a raggiungere la vetta. Provare invece a immaginarsi tutto l'itinerario di scalata con tutte le sue difficoltà li porterebbe solo allo scoraggiamento. Inoltre, i veri problemi vengono riconosciuti solo quando uno se li trova di fronte nei punti difficili.

> Un simile paragone per me sarebbe piuttosto inadeguato. Io potrei iniziare, tanto per restare in tema, solo prendendo una decisione in merito all'itinerario di arrampicata nel suo insieme, in quanto sono convinto del fatto che se e solo se si trova la via giusta è possibile poi superare le singole difficoltà. L'errore in quel paragone consisteva per me nel fatto che non c'è modo di essere sicuri che un torrione di roccia sia stato fatto per poter poi essere salito. Nel caso della natura, però, credevo fermamente che tutte le sue connessioni fossero in ultima analisi semplici; è mia convinzione che la natura sia fatta in modo tale da poter essere compresa. Forse dovrei invece esprimermi nel modo esattamente opposto, ovvero che la nostra capacità di ragionare è fatta in modo tale da poter comprendere la natura».

Proiettando il concetto su noi alpinisti, potremmo dire che la nostra natura umana e la natura della montagna sono tali da poter essere capite solo quando esse si incontrano.

CIÒ CHE RESTA DELL'IMPOSSIBILE

Nel 1968, cinquant'anni or sono, una valanga antiautoritaria si è abbattuta contro le rigide strutture dei Club Alpini, associazioni per la maggior parte conservatrici, che mai hanno perdonato i miei atteggiamenti. Il nostro alpinismo, all'epoca, rappresentava un distacco da modelli comportamentali in montagna ormai cristallizzati, un rifiuto degli slogan vuoti, una ribellione della fantasia contro la realtà, dell'individuo contro le istituzioni. Con il mio *L'assassinio dell'impossibile* avevo posto in opposizione al consumismo la rinuncia agli aiuti tecnologici per la progressione. E poco dopo con il libro *Settimo Grado* avevo fatto virare di 180 gradi la rivendicazione. Erano le grandi richieste nei nostri stessi confronti a segnare la differenza tra noi scalatori e i "sessantottini" con i loro "sit-in" davanti alle università. Tutto ciò che era obsoleto – soprattutto i demoni dell'alpinismo eroico del periodo interbellico, i demoni degli antenati – se ne doveva andare con quel che lo riguardava. Una nuova epoca richiedeva un nuovo spirito. L'abbigliamento da scalatore era diventato multicolore, i capelli erano diventati lunghi e, assieme ai Beatles, cantavamo *Revolution* e, con Bob Dylan, *The Times They Are a-Changin'*.

Noi, giovani scalatori, eravamo presi da un grande desiderio di spazi liberi, di "mondo", nonostante noi stessi non sapessimo con precisione cosa volevamo davvero. Noi, figli del Dopoguerra, cresciuti nel silenzio sui crimini del conflitto non volevamo però sprecare le nostre energie vitali tenendo in mano il libretto di Mao durante le proteste per strada. Non mettevamo in discussione solo l'alpinismo di quei tempi, ma anche noi stessi. Fu così che portammo il neoliberalismo in montagna, cementando allo stesso tempo il nostro tentativo di liberazione in termini esistenzialisti con il concetto di "conquista dell'inutile" di Lionel Terray.

L'alpinismo di rinuncia ha permesso all'arrampicata libera, dopo l'apertura della "scala Welzenbach", una rinascita inaspettata, anche se nel frattempo ciò che sembra contare di più sono i campionati su strutture artificiali e gli alpinisti che salgono in fila indiana sulle vette più famose, come l'Everest e gli altri Ottomila, il Denali, il Kilimanjaro e le altre Seven Summits (le ultime quattro montagne più alte del rispettivo continente sono Aconcagua per il Sud America, Mount Vinson per l'Antartide, Elbrus per l'Europa, Carsztens per l'Oceania, *n.d.r.*). Con la sconsiderata moltiplicazione di punti di assicurazione e di itinerari attrezzati e anche con l'utilizzo degli elicotteri è arrivato in montagna, come ovunque, il consumismo. È quel che chiamo l'alpinismo della pista.

Però la storia dell'alpinismo oggi non viene più scritta sull'Everest, bensì su montagne alte sei o settemila metri che si trovano in regioni remote dell'Himalaya, del Karakorum, delle Ande, oppure sulle verticali pareti granitiche della Patagonia, dell'Isola di Baffin, della Groenlandia. Per i migliori il *non plus ultra* non è più rappresentato dal più alto, ma dal più isolato, dal più difficile, dal più sconosciuto.

L'alpinismo – divenuto nel frattempo un fenomeno globale con parecchie discipline differenti – è, per la maggior parte dei praticanti, solamente uno sport. Oppure turismo, tipo le lunghe ferie con il supporto degli sherpa sulla "pista" fino alla vetta dell'Everest; i campionati di mountain bike nelle Alpi Centrali; la Ötzi Alpin Marathon; la Maratona dles Dolomites con 9000 partecipanti...

A lasciare un'impronta profonda nella futura storia dell'alpinismo saranno quegli scalatori che andranno a tracciare i loro sogni sulle pareti più difficili o in spedizioni grandiose: se poi sia più importante la "più difficile scalata" di Adam Ondra nella grotta Hanshelleren a Flatanger, la sua salita in libera della Dawn Wall su El Capitan dopo la prima di Tommy Cadwell e Kevin Jorgeson, oppure la salita *free solo* di Alex Honnold sulla via *Freerider* di El Capitan è un qualcosa di secondario.

La storia dell'alpinismo, comunque, continua a essere scritta dalle sfide in aree remote e spesso sconosciute, mentre le attività alpine da pista, le classifiche mondiali e i record sono tutti fenomeni di breve durata. L'alpinismo, esattamente come prima, è sogno e azione, si compone di possibilità e ne resta sempre una quantità infinita. In più c'è lo s*torytelling*, che conferisce all'alpinismo la dimensione culturale: un fascino che nessun'altra pratica sportiva può nemmeno pensare di eguagliare. Spero che anche questo libro ne sia una conferma, grazie al generoso contributo di tanti *climber*, famosi e meno conosciuti - ma non per questo meno forti -, giovani e più "sperimentati", specialisti della verticale o dell'alta quota, delle gare o delle falesie. A loro va il mio più sentito grazie. Con qualcuno ho avuto modo di discutere anche in pubblico di questi temi legati all'alpinismo. Altri, invece, sino a oggi non ho avuto il piacere di conoscerli. Ma tutti loro hanno dimostrato di aver ben compreso quanto dobbiamo e dovremo sempre all'impossibile.

Reinhold Messner al termine della serata del Film Festival di Trento 2018 intitolata "L'assassinio dell'impossibile". Accanto a lui, da sinistra a destra, Nicola Tondini, Tommy Caldwell, Hansjörg Auer, Hervé Barmasse, Adam Ondra e Maurizio Zanolla "Manolo".

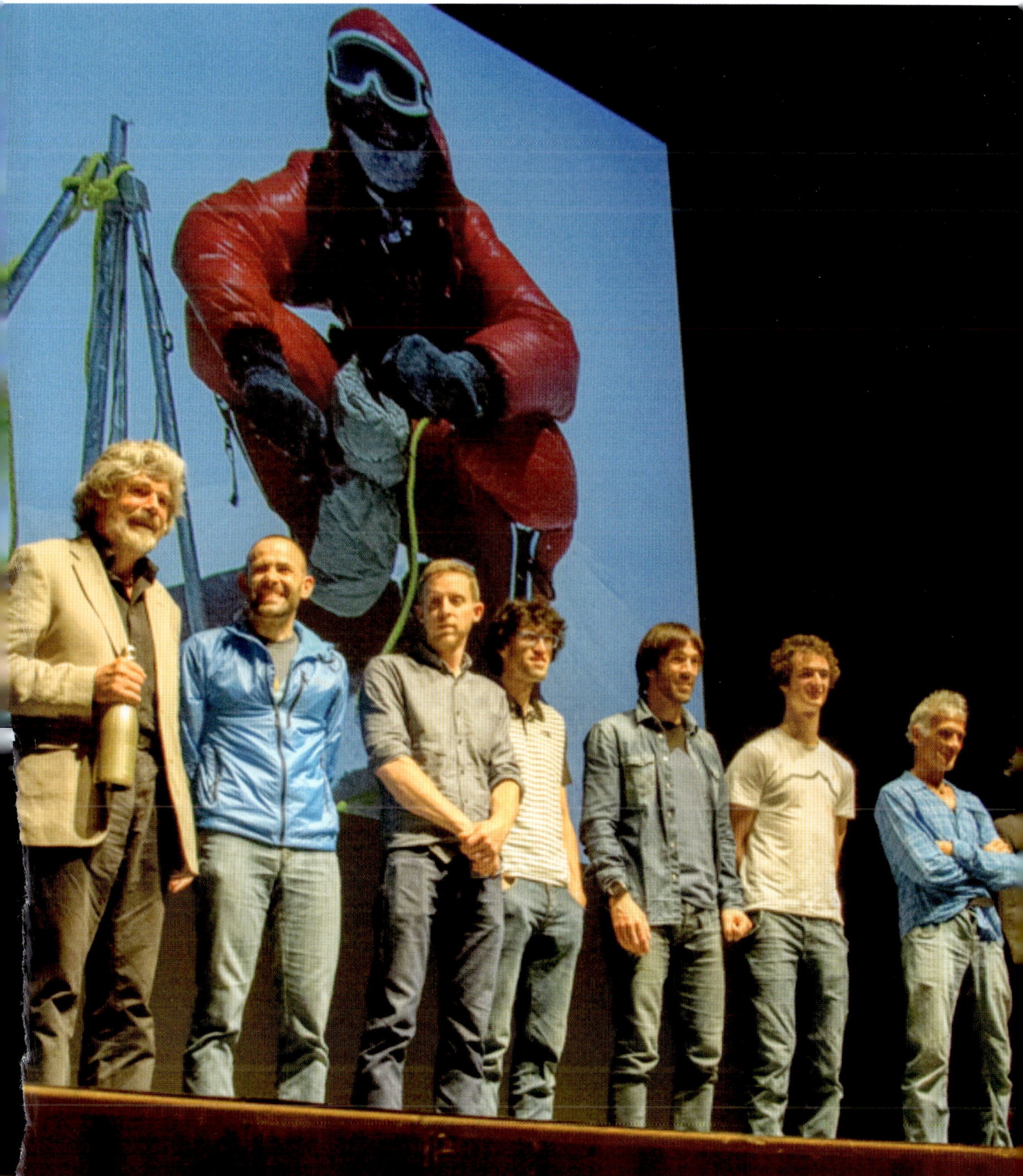

Immagini
Archivio Reinhold Messner, archivio Simon Messner, archivio Ivo Rabanser, archivio Trento Film Festival, archivio TheNorthFace e archivi degli autori dei contributi eccetto:

Valery Babanov (J. Košelenko)
Pavel Blazek (A. Ondra)
Roberto Carnevali (ritratti di T. Caldwell, A. Ondra, M. Zanolla)
Klaus Dell'Orto (J. Larcher)
Gianmarco Dodesini Valsecchi (S. Moro ritratto)
E. Holzknecht (H. Auer ritratto)
Abazal Khayami (A. Honnold)
François Lebeau (B. Zangerl)
Damiano Levati (H. Barmasse e J. Larcher ritratto)
Matteo Mocellin (M. Zanolla e H. Auer)
Urban Novak (M. Prezelj ritratto)
Patagonia Archives (Y. Chouinard)
Cory Richards (T. Caldwell e S. Moro)
Mark Sedon (L. Houlding)
Thomas Senf (S. Siegrist, azione e ritratto)
Marco Servalli (A. Rainer)
Patrick Wagnon (C. Trommsdorff e Y. Graziani)